KB205697

다산의 목민심서와

# 선비 설교자

김안식 지음

다산의 목민심서와
선비 설교자


| | |
|---|---|
| **초판 1쇄** | 2014년 11월 1일 |
| **지 은 이** | 김안식 |
| **펴 낸 이** | 김현애 |
| **펴 낸 곳** | 예배와 설교 아카데미 |
| **주 소** | 서울특별시 광진구 광장동 272 – 12 |
| **전 화** | 02 – 457 – 9756 |
| **팩 스** | 02 – 457 – 1120 |
| **홈페이지** | www.wpa.or.kr |
| **등록번호** | 제18 – 19호(1998.12.3) |
| **디 자 인** | 디자인집 02 – 521 – 1474 |
| **총 판 처** | 비전북 |
| **전 화** | 031 – 907 – 3927 |
| **팩 스** | 031 – 905 – 3927 |
| **I S B N** | 978-89-88675-61-8 |

값 14,500원

• 잘못 만들어진 책은 교환해 드립니다.

# 다산의 목민심서와 선비 설교자

이런 선비 정신을 종합하면 예수 그리스도가 떠오른다. 예수 그리스도는 선비 중의 선비이시다. 그의 위대한 인격은 선비 정신을 내포하고 있다. 평화의 왕으로 오신 예수 그리스도는 누구와도 화이부동(和而不同)하셨다. 잇속에 치우쳐 경건함을 잃고 성전을 오염시킨 이들에게는 분연히 저항하셨으나 삶의 짐이 무거운 이들에게는 온유 겸손한 마음으로 쉼을 주셨던 분이다. 그는 친히 십자가에 달려 멸사봉공하심으로 하나님의 의, 곧 온 인류가 따라야 할 대의를 완성하셨다. 그뿐 아니라 자신의 피 값으로 하나님과 사람 사이에 막힌 담을 허시고 친히 평화와 생명의 길이 되셨다. 그러면서도 인간을 사랑하신 그의 인애는 타의 추종을 불허한다. 불의한 재판으로 십자가를 지셨으나 죄와 죽음에 굴복하지 않으시고 마침내 사망의 권세를 깨뜨려 부활하심으로써 정의와 진리의 승리를 성취하신 선비가 예수 그리스도이시다. 그리고 오늘의 설교자들은 선비이신 그분께 부름을 받았으며 그분의 뜻을 받들어 그분의 복음을 전해야 한다.

김안식 지음

# 목차

# 목사의 필휴서로 추천하면서

한국 개신교의 추락하는 소리가 끊임없이 들리고 있다. 종교로서의 성스러움과 신비스러움의 흔적은 거의 보이지 않고 있다. 사회의 지탄은 멈추지 않고 이어지고 있다. 복음에 매료되어 운집하던 발길들은 타 종교로 향하고 있다. 이러한 현상은 기독교 선교 역사상 성장의 기적을 이룩했던 한국 교회가 이제는 가장 빨리 쇠퇴하는 교회로 기록을 남기게 되리라는 우려의 목소리를 낳고 있다.

무엇 때문인가? 그 원인은 물질 만능의 시대 변천이나 종교를 외면하는 현대인들의 심성 변화에 주원인이 있지 아니하다. 교회의 구조적 문제나 대사회적 봉사의 손길이 느슨함 때문도 아니다. 일차적인 원인은 이른바 소명을 받아 나선 '하나님의 종'들 때문이다. 한국 교회 초기의 목회자들과 그 유전자를 받은 목회자들은 우리의 문화권에서 존경받는 선비의 상을 갖추려고 땀과 눈물을 흘렸으며 말씀을 외치는 사역에 최선을 다하였다. 그 결과 한국 교회는 부흥의 기적을 이루었다.

그러나 지금의 형편은 실망을 안겨 주는 일들로 가득 차 있다. 헌신적인 희생과 사랑과 섬김의 실천을 다짐하고 나선 목사들의 변질이 속출하고 있다. 자신의 설교에 매료되어 모여든 무리들이 많아질수록 자만하여 교주적(敎主的)이고 반신적(半神的)인 존재로 둔갑해 버리는 경우가 너무 많이 발생한다. 한국 교회의 몰락을 부추기는 범인들로 전락한 목회자들이 여기저기서 등장하고 있다. 최근 들어 대형 교회를 비롯하여 지방의 교회에 이르기까지 목회자들의 탈선에 대한 사례가 부지기수이다. 한국 교회의 부흥 발전을 이룩하셨던 성령님의 탄식이 뜻있는 사람들의 심장을 지금 울리고 있다.

이 추천자는 33년간 설교의 이론과 실제를 가르치면서 목사후보생들에게 강조하는 말이 있다. "제군들은 한국인으로 한국 사람들에게 한국어로 한국에서 설교함을 마음에 간직하라."는 의미 깊은 부탁이다. 이 말을 할 때마다 우리의 문화권에서 오늘의 설교자와 연관 지을 수 있는 가르침을 수록한 다산 정약용의 『목민심서』가 연상되었다. 『목민심서』에 나타난 목민관을 향한 준엄한 외침은 바로 오늘의 목사가 경청해야 할 진수(眞髓)이기 때문이다. 예를 들어 목민관은 수령으로 부임할 때부터 그의 삶이 청렴하고 검소한 생활을 고수해야 한다고 강조한다. 그리고 자신을 바르게 다스려 공인으로서 취해야 할 심신의 자세, 백성을 사랑하는 길, 어려운 환경에 직면했을 때 백성을 구제하는 법, 그리고 퇴임할 때 갖추어야 할 주의 사항에 이르기까지 방대한 가르침이 그 안에 담겨 있다. 이 교훈은 오늘 한국 교회를 섬기고 있는 목회자들이 마음 깊이 새겨야 할 우리 민족의 심성이며 문화의 호소이다.

이러한 주옥같은 가르침이 가득한 『목민심서』를 읽은 후부터 목민관을 향한 준엄한 가르침을 오늘의 한국 교회 목사들 세계에 접목시킬 기회를 찾고 있었다. 그러나 그 꿈을 나의 손으로 이루기에는 무거운 짐이었다. 결코 포기할 수 없는 소중한 작업을 마음에 두고, 『목민심서』를 바탕으로 바른 설교자상을 그려낼 수 있는 문제(門弟)를 찾고 있었다. 그러나 적당한 인물을 찾기가 쉽지 않았다. 그 이유는 이 연구를 진행할 인물은 다산이 강조한 것처럼 자신의 사람됨이 주변의 존경을 받아야 하고 모범된 소명의 실천자여야 하기 때문이다. 그리고 매주 쉼 없이 외치는 설교와 그 삶이 일치되어야 할 뿐만 아니라 차분한 선비적 성격으로 학문적인 탐구를 할 수 있는 사람이어야 하기 때문이다.

한일장신대 총장으로 부임하여 박사 과정의 문을 열면서 이 막중한 일을 수행할 수 있는 인물이 떠올랐다. 바로 본서의 저자 김안식 목사였다. 그는 나의 문하생으로 교역학 석사와 신학 석사를 마치면서 그 인격과 학구성이 이미 인정을 받은 바 있기에 그가 이 연구를 이루어 박사 학위를 취득할 수 있다는 확신이 섰다. 그 예상은 적중하였다. 그는 바쁜 목회 생활을 수행하면서 엄격했던 학위 과정을 우수한 성적으로 이수하였고 마침내 『목민심서』로 오늘의 바른 설교자상을 세우고자 하는 훌륭한 연구를 마치고 학위를 취득하였다. 그 결실로 한 권의 책을 한국 교회 앞에 선을 보이게 되었다.

본서는 한국의 신학계에 최초로 내놓는 소중한 설교자의 필휴서이다. 이 특별한 한 권의 책이 날개 없이 추락하는 한국 교회와 목회자들에게 하나의 날개가 되어 추락을 멈추게 할 수 있기를 바라는 마음 간절하다. 뜻을 새겨 가며 자세히 본서를 읽노라면 하나님이 선별한 종을 통하여 한국의 설교자들에게 들려주시는 메시지가 가득함을 느낀다. 뿐만 아니라 다산이 외친 목민관의 삶의 철학을 곧 받아들이고 싶은 충동이 일어난다. 한국에서 한국인으로 한국인들에게 한국어로 설교를 해야 하는 설교자는 이 땅의 문화의 소리에 귀를 기울여야 한다. 그래서 주저함 없이 본서를 추천하는 바이다.

주후 2014년 8월 26일

정장복 (장신대 명예교수, 한일장신대 명예총장)

# 감사의 말

오늘의 나 됨은 오로지 하나님 아버지의 은혜입니다. 이미 젊은 날 흙이 되고 말았을 이 몸을 살리시고 도우시며 인도하셔서 오늘에 이르게 하셨습니다. 나의 주, 아버지 하나님께 영광과 찬송과 경배를 드립니다.

이 책은 필자의 박사 학위 논문을 자르고 깎아 다듬었습니다. 뜻 깊게도 논문의 마무리를 막내아우 고(故) 김창식 · 박은희 선교사 내외가 묻힌 러시아 우수리스크에서 했는데, 이 책의 다듬질 역시 총회가 아우를 순교자로 지정하여 그 추서식을 준비하며 했습니다. 이 책을 읽는 이마다 주님 위해 목숨 바친 사명자들의 순교 정신이 핏물 들게 하셔서, 그 가슴이 순결한 복음 열정으로 타오르게 하시기를 간구합니다.

삶은 빚입니다. 사랑도 빚입니다. 주님은 사랑 외에는 빚을 지지 말라 하셨는데, 필자는 사랑의 빚을 많이 졌습니다. 결코 잊을 수 없는 학문의 스승 정장복 교수님, 이 책에 내놓을 만한 점이 있다면 모두 스승의 도움입니다.

또한 여러 모로 부족한 담임목사를 신뢰하고 사랑하여 주신 한맹연 원로목사님과 강서 가족께 감사드립니다. 더욱이 이 책을 강서 교회

창립 50주년 기념 책자로 발간케 되니 기쁘기 그지없습니다.

아울러 선비답게 살아오신 삶으로 제호를 써주신 큰나무 교회 임종수 원로목사님께 감사드리며, 늘 기도로 도운 가족에게도 사랑을 전합니다.

2014년 가을, 까치산 곰달래 목양실에서

김안식

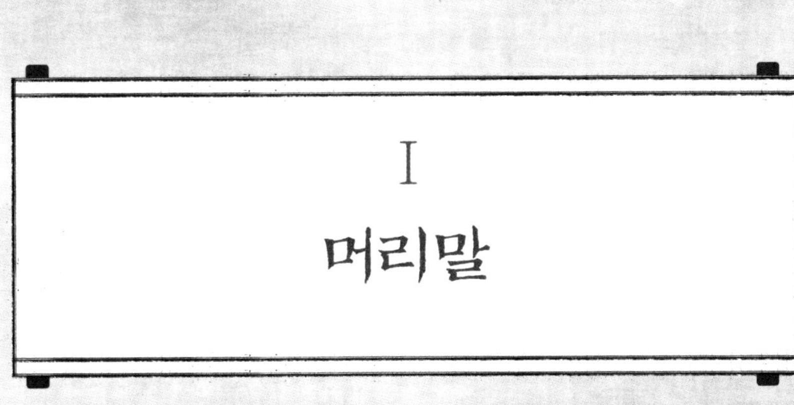

# I
# 머리말

# I 머리말

"예수님께서는 설교하러 오셨다. 설교자들이여, 그분 역시 설교하실 때 누리셨을 모든 기쁨을 헤아려 보라."[1]

인류 구원의 대역사를 설교로 시작하신 예수님께서는 갈릴리 지역을 두루 다니시며 회당에서 가르치시고 천국의 복음을 설교하시며 병든 자들을 고치셨다. 그 후로 지금까지 예수 그리스도의 복음 사역을 이어받은 사도들을 비롯하여 수많은 설교자들이 세계 도처에서 설교를 계속해 오고 있다. 그러기에 존 브로더스(John A. Broadus)의 말처럼 "설교는 기독교의 특징"이며, 포사이드(P. T. Forsyth)의 주장처럼 "기독교는 설교와 함께 성하거나 쇠한다." 할 수 있다.

### 설교 사역, 어떤가?

그러나 진리의 말씀이 빈번히 선포되지만 과연 설교 사역은 제대로 이루어지고 있는가? 진정 이 시대의 기독교는 설교와 함께 성하는가?

---

1 George A. Buttrick, *Jesus came Preaching: Christian Preaching in the New Age* (New York: Scribner's Sons, 1931), 26.

로이 브랜슨(Roy L. Branson)은 많은 교회들이 하나님의 말씀을 전하는 능력 있는 설교 위에 교회를 세우려 하기보다 여러 가지 목회 프로그램이나 흥미 위주의 프로그램 위에 교회를 세우려는 경향에 대해 대단히 부끄러운 일이라면서, "교회는 하나님의 말씀을 전하는 것에 세워져야 한다. 교회를 그 외의 다른 것 위에 세우고자 한다면 성경 원리에 어긋나는 것"[2]이라 지적하였다. 그만큼 하나님의 말씀을 전하는 설교는 교회를 세우는 기초 사역이다. 그러기에 설교자의 책임은 어느 시대나 크고 무겁다. 로이드 존스(D. M. Lloyd-Jones)는 성경의 원리들에 대한 신념이 사라지고 설교가 윤리적 강연이나 훈계, 도덕 향상 운동, 사회 · 정치적 대화로 자리바꿈한 상태를 지적한다. 또한 쇼맨십을 가지고 사람들의 감정을 움직이며 설교 사역을 직업으로 알고 강단을 점령해서 강단과 사람들을 지배하려는 이들을 가리켜 설교자(preacher)가 아니라 설교꾼(pulpiteer)이라고 꼬집었다.[3]

그렇다면 한국 교회의 설교 사역은 어떠한가? 한국 교회 설교자들은 설교자의 가장 중요한 자질을 개인의 영성 및 경건 생활이라고 함으로써[4] 인격의 중요성을 인정하고 있다. 많은 설교자들이 본받기 원하는 이동원은 "설교는 인격을 변화시키려는 목적을 지니고 있기에 설교자 자신의 인격이 늘 뒷받침되어야 한다."고 하였다.

그러나 한국 교회의 설교 현장은 위기이다. 주승중은 한국 교회 설교 사역의 위기를 몇 가지로 열거하였는데, 기윤실의 설문 조사에 근

---

2 Roy L. Branson/박광철 옮김, 『나는 설교자로 부름 받았는가?』 (서울: 생명의 말씀사, 1996), 200.

3 D. M. Lloyd-Jones, *Preaching & Preacher* (Grand Rapids: Zondervan,1971), 13-14.

4 목회와 신학 편집부 엮음, 『한국 교회 설교 분석』 (서울: 두란노아카데미, 2009), 33.

거하여 설교의 복제와 표절 문제를 첫째로 꼽았다. 그는 피설문자 중 과반수의 설교자가 표절을 부정적으로 보지 않거나 설문의 답을 피하고 있다는 점에서 한국 교회 강단의 위기라 진단하였으며, 설교의 잦은 횟수와 본문을 떠난 설교의 범람도 문제로 지적하였다.[5] 이 점에 대해서는 복음이 상품화되어 설교가 본문에서 떠나 재미있는 이야기 모음이 되었다는 지적도 있다.

이러한 현상은 설교자들이 자신의 설교와 삶의 일치를 이루지 못한 결과이다. 최초의 설교 신학자인 어거스틴의 설교 이론을 연구하고, 메시지와 삶의 일치를 강조한 점을 그의 설교학적 공헌 중 하나로 열거한 정장복은 현대 설교 사역에서 설교자의 자질이 문제임을 지적하였다.

> 현대의 설교 사역에서 가장 큰 문제가 되는 것은 설교자의 자질 문제이다. 오늘날은 '무엇을 말하는가?'의 문제보다 '누가 말하는가?'의 문제가 우선적으로 시급하게 다루어져야 할 설교 사역 환경이 되었다.[6]

틸리케(Thielicke)도 현대 사회가 설교를 불신하는 원인을 지적하여, "목사 자신은 그가 행한 설교대로 살고 있지 않고 있다. 오히려 설교와 동떨어져서 살고 있다."[7]고 하였다. 주승중도 심각한 문제 하나를 언급하였는데, 그것은 "인격적으로 문제가 있어도 설교만 잘하면 목

---

5 주승중, "한국 교회의 예배, 설교의 위기," 「敎會와 神學」 제50호 (2002), 13.

6 정장복, "最初의 說敎神學者 Augustine의 說敎理論에 關한 考察 (2)," 「長神論壇」 제16집 (2000. 12), 487.

7 Helmut Thielicke/沈一燮 옮김, 『現代敎會의 고민과 說敎』 (서울: 大韓基督敎出版社, 1982), 15.

회에 성공할 수 있다."[8]는 설교자들의 성공 지향적 성향이다. 현재 한국 교회의 많은 설교자들이 목회의 성공이라는 경쟁의식에 사로잡혀, 건강한 신앙과 경건에 기초한 인격의 소중함을 간과하고, 설교를 단지 목회 성공의 수단으로 생각하는 잘못에 빠져 있다. 그러나 "우리의 설교가 목회적 수단으로 이용되는 효과적인 이기(利器)로 전락된다면 거기에는 밝은 내일이 있을 수 없다."[9]

## 인격과 방법론의 균형

이러한 문제점은 어떻게 극복될 수 있는가? 이 시대의 설교 위기를 여러 가지로 진단한 크래독(Fred B. Craddock)은 오늘의 설교자들이 처한 상황을 가리켜 "아이는 가졌으나 출산할 힘이 없는 산모"[10]에 비유한다. 설교의 방법론에서 해답을 찾은 그는 "설교자는 무엇을 설교할 것인가가 아니라 어떻게 설교하는가에 대해서 깊이 관심을 가져야 한다. 방법론이 바로 메시지이다."[11]라고 주장하였다. 그의 주장은 "매체가 메시지다(The medium is the message)."라고 한 마샬 맥루한(Marshall McLuhan)과 맥을 같이한다.

그러나 오늘의 설교 위기를 해결할 비결이 설교의 방법에만 있는가? 설교란 하나님의 말씀을 회중에게 전달하여 그 말씀에 감동을 받고 새로운 삶을 결단케 하는 설득이다. 그러기에 설교학에서는 하나

8 주승중, "한국 교회의 예배, 설교의 위기," 14-15.

9 정장복, 『설교학 서설』 (서울: 엠마오, 1993), 36.

10 Fred B. Craddock/김운용 옮김, 『권위 없는 자처럼』 (서울: 예배와 설교 아카데미, 2003), 50.

11 Ibid., 60.

님의 말씀을 효과적으로 전달할 방법론의 연구가 활발하다. 그렇지만 설교학이 방법론에 치우칠 때 자칫 근본을 간과하기 쉽다. 근본은 방법을 활용하는 설교자의 인격이다. 아무리 좋은 설교 방법이 개발되었다 할지라도 실제로 그 설교를 하는 설교자가 어떤 인격의 사람이냐에 따라 성패가 갈릴 수 있기 때문이다. 설교의 위기를 생각할 때, 방법도 중요하지만 더 중요한 것은 설교자 자신이다. 오히려 문제의 해결책이 설교자에게 있다. 맥루한도 인정하였듯이 매체가 메시지라는 명제는 성육신하신 그리스도에게서 완벽하게 일치를 이룬다. 메시지이신 그리스도가 세상에 메시지를 전하러 성육신하셨다. 로버트 웨버도 그리스도의 성육신은 죄로 인해 하나님과 커뮤니케이션이 붕괴된 인간에게 최고의 커뮤니케이션 사건일 뿐 아니라 "커뮤니케이션의 완전한 모형(the perfect model of communication)"[12]이라 하였다. 그런 점에서 완전한 인격자이신 예수 그리스도는 설교의 내용이자 설교의 효과적인 매체이시다.

그렇다면 성육신하신 그리스도를 대신하여 이 시대에 복음을 전할 설교자의 모습은 어떠해야 할까?

다산은 "지금 사람이나 옛 사람이 마찬가지다."[13]고 하였거니와 실로 옛 시대의 설교자나 지금의 설교자가 마찬가지다. 설교는 이미 옛 역사 속에 주신 하나님의 말씀을 오늘의 회중을 위해 해석하고 전달하여 적용케 하는 것이다. 이때 기록된 하나님의 말씀은 설교자를 통해

---

12 Robert E. Webber, *God Still Speaks: A Biblical View of Christian Communication* (Nashville: Nelson, 1980), 101.

13 『牧民心書』 卷十四 賑荒六條 第六條 竣事, "今之人猶古之人也."

회중에게로 옮겨지며 설교자의 실존과 상황을 꿰뚫고 들어와 오늘의 언어로 전해진다.[14] 그러기에 옛 시대의 말씀과 오늘의 회중을 만나게 하는 설교자는 하나님의 사명자이며, 이때 설교자에게 요구되는 바가 예나 지금이나 동일하다. 설교자는 배가 파선하여 바다에 빠진 조난자의 생명을 구하려는 구조대처럼 사람의 영혼을 구원하려는 열심이 있어야 한다.[15] 그 점을 한국 교회 최초의 설교학 교수로서 36년 동안 신학생을 가르쳤던 곽안련[16]은 말한다.

> 세인들은 자기의 마음을 해부하고 자기의 죄를 노출케 함을 간절히 원하나니 무엇을 행하야써 구속을 엇는지 지도함을 요함이다. 맹렬한 열심 잇는 강도(講道)를 요구하기는 고금이 동일하니 이러한 강도인의게 칭송이 따름은 역사적 사실이다. 목사가 자기의 책임을 철저히 각오하엿으면 맹렬한 열심이 있을 것이다.[17]

또한 곽안련은 한국의 설교자들에게 유언처럼 남긴 설교학 서문에서, 새로운 시대에는 여러 난제에 부딪칠 것인데, "이 어려운 문제들을 견디고 해결할 수 있는 유일한 방법과 힘은 지난날 한국의 옛 교역자

---

14 H. J. Pieterse/정창균 옮김, 『설교의 커뮤니케이션』 (수원: 합동신학대학원, 2002), 47.

15 Charles Allen Clark/高麗偉 옮김, 『講道學』 (京城: 耶蘇敎書會, 1932), 23.

16 郭安連, 『說敎學』 (서울: 大韓基督敎書會, 1970), 5. 평양 장로회 신학교가 1901년 평양에 세워지고, 1905년에는 감리교의 협성 신학교가 서울에 세워졌다. 곽안련은 평양 장로회 신학교에서 1902년부터 36년간 실천 신학을 가르쳤다.

17 Charles Allen Clark/高麗偉 옮김, 『講道學』, 24.

들이 가지었던 신앙과 열심과 헌신"[18]이라 하였다. 그의 충고는 오늘의 설교자들에게 의미심장하다. 한국 교회에 산재한 많은 문제의 해결은 이 시대를 향해 하나님의 뜻을 밝혀야 할 설교자들이 초기 한국 교회 설교자들의 신앙과 열심과 헌신의 정신을 회복함으로써 시작될 것이다.

현 설교학계가 방법론에 치중할수록 바람직한 인격의 설교자상을 세우는 일이 중요하다. 그것은 설교자로 하여금 인격과 방법론의 균형을 갖추게 할 것이다. 따라서 필자는 도탄에 빠진 백성을 뜨겁게 사랑했던 다산의 『목민심서』와 초기 한국 교회 설교자들을 살펴서 한국 문화권에 알맞은 선비 설교자상을 세우려 한다. 시대를 앞서간 다산은 훈련된 선비였고 기독교 신앙에 귀의한 그리스도인이었으며, 이론 유교를 극복한 실학자였을 뿐 아니라 실제로 백성을 다스려 본 목민관이었다. 이런 다산이 심혈을 기울여 쓴 『목민심서』를 통해 선비 설교자상을 세움으로써, 필자를 비롯한 설교자들의 자각과 실천을 촉구하며, 한국 교회의 강단을 건강하게 만드는 데 힘을 보태고자 한다.

그러나 가독성을 높이기 위해 대부분의 한자를 삭제했으며 크게 중요치 않은 출처들은 생략했다. 더 상세한 자료 확인은 필자의 논문을 참고하기 바란다.

---

18 郭安連, 『說教學』, 3.

# Ⅱ
# 다산과 『목민심서』

# Ⅱ 다산과 『목민심서』

## 1. 다산 정약용

다산(茶山)은 1762년(영조 38) 6월 16일 경기도 광주(廣州) 초부면 마현리에서 부친 정재원과 모친 해남 윤씨의 4남 2녀 중 4남으로 태어났다. 다산은 그의 「자찬묘지명」에서 자기를 소개하여 "본명은 약용(若鏞)이고, 자는 미용(美庸)이며 또 송보(頌甫)라고도 한다. 호는 사암(俟菴)이고 당호(堂號)는 여유당(與猶堂)이니 '주저하기를 겨울에 내를 건너듯 하고 조심하기를 사방 이웃을 두려워하듯 한다'는 뜻을 취한 것"이라 하였다.

부친은 압해 정씨로 여러 고을의 수령을 지낸 명관이며 학자였고, 모친은 고산(孤山) 윤선도의 후손으로 공재(恭齋) 윤두서[1]의 손녀였다. 공재는 널리 글을 배우기 좋아하였는데 특히 경제 실용의 책을 많이 소

1 윤선도의 증손자인 윤두서는 한국 회화사에 걸작인 자화상을 남겼는데, 정약용의 용모가 외증조인 윤두서를 닮았다 한다. 정약용의 외사촌 형인 윤지충은 정약용 형제들을 통해 천주교 신앙에 깊이 빠져들었고, 1791년 제사를 폐지한 사건으로 처형되어 당시 유교 사회에 큰 파문을 일으켰다.

장하고 있었다. 다산은 자신의 정분을 외가에서 많이 받았다고 하였다.

다산은 9세에 어머니를 여의고, 10세부터 경서와 사서(史書)를 부지런히 수학하였으며, 15세에는 풍산 홍씨에게 장가들었다. 16세에 다산은 성호(星湖) 이익의 유고를 처음으로 보고 그를 사숙하였는데, 성호를 사숙하며 깨달은 것이 많다고 고백할 정도였으니 이때부터 성호학파의 학풍을 받아들이기 시작했다고 볼 수 있다. 다산은 계속 학문에 정진하다 1783년 22세에 증광감시[2]에 합격하여 성균관에 들어갔다. 이때 다산은 정조와 첫 만남을 가졌다.

1784년 다산이 23세 되었을 때, 그의 생애에 가장 큰 영향을 끼친 일을 겪는다. 그해 4월 고향에 내려가 큰형수의 제사를 지냈는데, 큰형수의 동생으로서 제사에 참석한 이벽(李檗)에게서 천주교의 교리를 들었다. 그때의 충격과 감동을 다산은 그의 둘째 형 정약전의 묘지명[3]에 기록하였다.

> 갑진년 4월 보름, 맏형수의 제사를 지내고 우리 형제와 이벽이 한 배를 타고 물길 따라 내려왔다. 그 배 안에서 이벽에게 천지가 창조된 태초와 신의 형상대로 지어진 인간의 살고 죽는 이치를 듣고, 황홀함과 놀람과 의아심에 마치 은하수가 끝이 없는 것 같았다. 서울에 오자 다시 이벽을 따르며 『실의』와

---

2 나라에 경사가 있을 때 기념으로 생원(生員), 진사(進仕)를 뽑는 과거. 이 해에는 세자 책봉을 경축하는 과거가 있었다.

3 다산은 중형인 정약전의 사적을 1816년에 기술하였는데 그것이 바로 "先仲氏墓誌銘"이다. 정약전은 1816년 6월 6일 귀양지 내흑산도 우이보(牛耳堡)에서 59세를 일기로 생을 마쳤다. 그가 유배 중 지은 『자산어보(玆山魚譜)』는 우리나라 최초의 수산학 관계 서적이며, 흑산도 근해의 수산생물을 실제로 조사 · 채집 · 분류하여 각 종류별로 명칭 · 분포 · 형태 · 습성과 그 이용에 이르기까지 자세히 기록한 실학적 성격의 책이다.

『칠극』 등 여러 권의 책을 읽고는 흔연히 마음을 기울이기 시작했다.[4]

이때부터 다산은 천주교에 귀의하여 이벽에게 천주교 신앙을 배우면서 성균관과 집을 오가며 학문의 깊이를 더하였고, 여러 차례 반제[5]에 뽑혔으며 그 밖의 시험에 좋은 성적을 내어 임금의 칭찬을 듣고 상품을 받았다. 그러나 다산은 대과에 자꾸 떨어졌는데 그 까닭은 그가 남인 출신이라 노론이 견제했기 때문이다. 그는 남인의 지도자 체제공이 우의정이 된 다음해에야 급제하였다.[6]

다산이 대과에 급제하여 벼슬길로 나선 것은 1789년 28세 때로, 7품관의 규장각 초계문신[7]에 임명되었다. 29세 때는 한림의 후보로 뽑혔고 시험을 거쳐 예문관 검열이 되었다.

이후 다산은 30세에 사간원의 정언을 거쳐 정5품인 사헌부 지평으로 승진되었다. 31세엔 홍문관 수찬에 임명되었는데 부친의 상을 당하자 상중에서도 임금의 명을 받고 화성의 축성을 위한 규제와 기구 제작법들을[8] 지어 올렸다. 33세에 다산은 삼년상을 마치고 다시 조정에 나왔다. 정조는 다산을 경기 암행어사로 임명하여 지방 수령들과 백성

---

4 『與猶堂全書』 第一集 詩文集 第十五卷○文集 墓誌銘 先仲氏墓誌銘.

5 반궁제술(泮宮製述)의 준말로, 성균관에서 유생들이 제술(製述)만으로 보는 시험.

6 이성무, 『조선을 만든 사람들』 (파주: 청아출판사, 2009), 221.

7 '초계문신(抄啓文臣)' 제도는 정조가 국가에 유용한 인재를 기르기 위해 만든 것으로, 정조는 젊고 학문적 자질이 뛰어난 관료를 선발하여 규장각에 소속시키고 경전의 강론과 학문의 연마에 더욱 깊이 정진하게 하였다.

8 정조는 수원에 화성을 건설하여 뒷날 왕위를 세자에게 물려주고 만년에 이곳 행궁에 머물겠다고 계획하였다. 다산은 왕명을 받아 화성을 축조하기 위한 규제를 8조목으로 정리한 『성설(城說)』을 임금께 올렸다. 또한 유형거(游衡車)라는 수레 제작법을 제시하여 돌을 쉽게 실어 나르게 하였고, 『기중가도설(起重架圖說)』을 지어 공사 비용과 공사 기간을 줄이는 데 큰 성과를 올렸다. 현재 수원 화성은 사적 제3호이며, 1977년 12월 유네스코 세계문화유산으로 등재되었다.

을 살피게 했는데, 그 과정에서 다산이 목격한 백성의 비참한 실상은 그로 하여금 실제적 대안을 깊이 고민하게 하는 계기가 되었다. 다산은 암행어사의 임무수행을 통해 "굶주린 백성을 단지 연민이나 동정의 감정으로 바라본 것이 아니라 이 시대가 안고 있는 사회 현실이요 조선 사회가 해결해야 할 시대적 과제로 인식"[9]하였다.

다산은 34세에 사간원 사간에 임명되었다가 품계가 더 올라 승정원 동부승지에 임명되고, 특별히 정조의 어머니 혜경궁 홍씨를 모시고 수원으로 행차할 때는 병조 참의로 임명되어 수행하였다. 이 무렵 다산은 왕명을 받아 수원성의 규모 및 제도를 적은『화성정리통고』를 편찬하였다. 다산은 그해 3월 20일, 우부승지가 되었으나, 청나라 사람 주문모 신부의 비밀 입국 선교 사건이 드러나자 다산에 대한 비난이 거세게 일어났다. 결국 그해 7월, 정조는 다산을 정3품 당상관인 우부승지에서 종6품의 금정 찰방으로 좌천시켜 내려 보냈다. 다산으로 하여금 천주교 신자들이 많은 충주와 금정 지역에서 그들을 깨우치는 공적을 이루어 비판의 표적에서 벗어나기를 정조는 바랐다. 실제로 다산은 대부분 서교를 학습하던 역속들에게 조정의 금령을 타일러 주며 제사를 지내도록 권고하여 생각을 고치게 하였다. 다산은 4개월 남짓한 기간 동안 금정 찰방으로 있으면서 학문적으로 중요한 업적을 이루었다. 그는 성호 이익의 종손 이삼환을 청하여 10여 명의 선비들과 서암강학회를 열어 성호학파의 학풍을 일으켰고,[10] 이익의 저술인『가례질

9 금장태,『실천적 이론가 정약용』(파주: 이끌리오, 2005), 109.

10 금장태,『다산 정약용』(서울: 살림, 2005), 59-60.

서』를 교정하였으며, 퇴계집에 실린 편지들을 읽고 감회를 적은 『도산사숙록』을 내었다.

35세에 다산은 병조 참지로, 그리고 다시 우부승지로 임명 받았고, 36세에는 명을 받들어 『춘추경전』, 『두시』 등을 교정하였다. 그 해 6월, 좌부승지로 임명되었으나 천주교인 혐의로 인해 사직하는 장문의 자명소[11]를 올렸다. 정조는 다산에게 구설을 피하여 물러가 조용히 기다리라면서 곡산 부사에 임명했다. 다산은 그 겨울에 홍역 치료 처방을 기록한 『마과회통』을 편찬하였다. 그러고 보면 이 시련의 시기는 오히려 다산으로 하여금 백성을 구체적으로 돌보는 실천의 기회요 그의 정치 이상을 실험하는 기회가 되었다. 이에 대해 금장태는 "결과적으로 그가 곡산 부사로 나간 2년 동안은 목민관으로 처음 한 고을을 맡아 직접 피폐한 민생을 구제하고 누적된 폐단을 바로잡는 행정을 펼칠 수 있었던 소중한 기회였다."[12]고 평하였다.

38세의 다산은 다시 내직으로 발령받아 병조 참지, 동부승지에 이어 형조 참의에 임명되었는데, 형조 참의로 재직한 동안의 경험을 토대로 후일 『흠흠신서』를 집필하였다.

다산은 천주교와 관련하여 자신을 해하려는 상소가 잇따르자 위험을 느끼고 39세 되는 해 봄, 낙향을 결단한다. 그는 관직을 버리고 처자와 함께 배로 초천의 별장으로 내려갔다. 며칠 뒤 그 사실을 안 임금이 영을 내려 재촉하여 부르자 부득이 서울로 돌아왔으나 6월 28일 정

---

11 자기의 무죄를 스스로 밝히는 상소(上疏).

12 금장태, 『실천적 이론가 정약용』, 127.

조가 승하하였다.

정조가 승하하고 12살 순조가 왕위에 오르자 수렴청정을 하던 정순 대비는 선왕 정조의 유화 정책이 실패했음을 지적하면서 오가작통법[13]을 실시하여 천주교의 뿌리를 뽑고자 명을 내렸다. 그래서 일어난 것이 1801년의 신유박해다. 이때 수많은 남인 시파들이 투옥되고 참형을 당했는데, 다산의 셋째 형 약종은 옥사하고 둘째 형 약전은 신지도로, 다산은 경상도 장기로 유배되었다. 같은 해 10월에 '황사영 백서 사건'[14]으로 다시 체포되어 약전은 흑산도로, 다산은 전라도 강진으로 이배되었다.

다산은 40세에서 57세까지 18년 동안 강진에서 유배 생활을 하였다. 강진 현감의 감시와 무고, 고독과 불안함 속에서도 다산은 제자들을 가르쳤고 "자신의 모든 정열을 기울여 경학과 예학 및 경세론을 중심으로 한국 사상사에서 가장 방대하고 창의적인 학문적 업적을 이루었다."[15] 길고 긴 세월의 정치적 좌절 속에서도 학문의 알찬 열매를 거둔 다산은 1818년 여름, 어렵사리 유배가 풀려 고향에 돌아왔다. 해배 후에도 그에 대한 공격이 멈추지 않았지만 그럼에도 불구하고 다산은 미완이던 『목민심서』를 완성했고 『흠흠신서』, 『아언각비』, 『매씨서

---

13 오가작통법(五家作統法): 민호(民戶) 다섯 집을 한 통(統)으로 편성하는 호적법, 『경국대전(經國大典)』 호적조(戶籍條)에, "서울과 지방에 5호를 1통으로 하고, 통에 통주(統主)를 둔다." 하였다.

14 황사영은 정약용의 맏형인 정약현의 사위로서 정약종에게 교리를 배워 천주교에 입교했으며, 서울 지역의 천주교 전파에 지도적 역할을 했다. 1801년 천주교에 대한 대대적인 탄압이 일어나자, 황사영은 충청도 제천(提川)의 배론(舟論)이라는 토기 굽는 마을로 몸을 숨겼다. 거기서 그는 조선의 교회를 구출코자 베이징에 있는 구베아 주교에게 신유박해의 전말과 그 대응책을 편지로 적어 보내려다 체포되었다. 황사영백서는 길이 62㎝, 넓이 38㎝의 흰 비단에 1만 3,311자를 먹으로 쓴 구원요청 편지다.

15 금장태, 『다산 정약용』, 83.

평』 등을 저작했다.

다산은 고향으로 돌아온 지 18년 만인 1836년(헌종 2) 75세를 일기로 고난 많은 이 세상을 떠났다. 그날은 그의 회혼일이어서 가족, 문생들이 다 모인 가운데 별세하였다.

다산은 당대의 집권층인 노론에 속하였으면서도 자유를 추구하며 권력 외부의 장을 확대해 나간 연암 박지원과는 달리, 오직 권력을 가장 근원적이고 본질적인 모습으로 되돌려 놓으려는 유토피아적 목표 때문에 그것을 용납하지 못한 현실과 대결할 수밖에 없었던 사람이다. 그러기에 다산을 가리켜 "연암이 사방을 매끄럽게 활주한 유쾌한 노마드라면, 다산은 저 높은 이상을 향해 치열하게 질주해 간 비운의 정착민"[16]이라는 평도 있다.

한순간도 마음을 놓을 수 없는 시대를 살았기에 결코 속내를 드러낼 수 없었던 다산, 그는 임금께 충성하며 백성을 돕는 일에 자신의 삶을 내어 준 선비요 목민관이다. 그의 모든 행적이 그것을 증명한다. 다산은 귀양살이를 가서까지 백성의 아픔을 헤아리며 도우려 애썼다. 가여운 백성을 위해서는 죽지 않고 살아남아야 했으며, 그 극한 핍박의 시대를 살아가기 위해서는 신앙을 포기하거나 완전히 포기한 것처럼 처신해야 했다. 그런 점에서 다산은 신앙의 배교 여부를 떠나, 이 땅의 백성을 사랑한 목민관이라 할 것이다.

16 정출헌 외 3인, 『고전문학사의 라이벌』 (서울: 한겨레출판, 2006), 199.

## 2. 다산의 『목민심서』 이해

『목민심서』는 백성을 다스리는 목민관이 늘 가까이하며 활용할 지침서다. 백성과 직접 대면하여 그들의 삶을 좌우하는 목민관을 매우 중요히 여긴 다산은 심혈을 기울여 이 책을 썼다.

### (1) 『목민심서』 배경

조선 왕조의 정치 이념이었던 유교는 점차 정치적 이상을 상실하고 권력을 잡은 당파에 의해 변질되었다. 그들은 자신들이 소유한 권력을 더 안전하게 유지할 목적으로 충효와 정절을 강조하는 등, 백성은 어떤 경우에도 군주와 그를 대변하는 권력자에게 충성함이 의무라는 논리를 유교로 합리화시켰다. 그리하여 탄력적이고 유연한 성격의 유교는 그 본래 성격에서 벗어나 오로지 한 가지 원칙에만 집착하게 되었고 결국 조선의 유교는 사람을 속박하는 장치로 변질되었다. 그 결과 백성을 직접 다스리는 목민관들은 백성에게 군림하며 과도한 탐욕으로 공공연하게 백성을 괴롭히고 나라를 황폐시켰다. 공인된 약탈자로서 목민관들은 땀 흘려 양식을 생산한 백성을 오히려 굶주림의 극한 상황으로 내몰고 있었다. 이에 다산은 당시의 정치 사회적 문제를 정통 유교의 회복을 통해 해결하려 하였으며, 그런 점에서 다산은 수기치인이라는 유교의 정치 정신을 지방 행정관인 목민관에게 적용시킴으로써 순수한 유교적 이상 국가를 이루어 백성을 구원할 해결책을 제시하려 하였다.[17]

---

17 부남철, 『조선시대 7인의 정치사상』 (서울: 사계절출판사, 1996), 201-206.

다산은 당시 백성의 처지와 그 백성을 돌봐야 할 목민관들의 부패상을 『목민심서』 자서에서 지적하고 있다.

> 성인의 시대가 아득하고 성인의 말씀도 없어져서 그 도(道)가 점점 어두워졌다. 요즈음 벼슬하는 목민관들은 오로지 이익을 취하는 데만 급급하고 어떻게 백성을 길러야 할 줄은 모르고 있다. 이 때문에 백성은 여위고 괴로워 이내 병이 들고, 서로 모가지를 길게 늘어뜨리다가 굶어죽은 시체가 구렁텅이에 가득한데, 목민관이 된 이들은 한창 고운 옷과 맛있는 음식으로 자기만 살찌우고 있으니, 어찌 슬프지 아니한가.[18]

예부터 백성을 부양하는 목민의 도를 성현들이 가르쳐 주었음에도 시대가 오래될수록 목민관들이 그 바른 도를 잊어버리고 사욕에 치우쳐 백성을 죽음의 구렁텅이에 밀어 넣고 있다는 주장이다. 다산의 이러한 상황 인식은 결코 이론 연구의 결과가 아니었다. 어려서는 목민관이던 아버지를 따라다녔고, 벼슬길에 올라서는 암행어사로서 백성의 비참한 처지를 목격하였으며, 곡산 부사 시절엔 직접 목민을 실천하였다. 암행어사 정약용이 연천 지방을 둘러보며 백성의 처지를 표현한 시를 보자.

| | |
|---|---|
| 놋수저는 지난날 이정에게 빼앗기고 | 銅匙舊遭里正攘 |
| 쇠냄비는 엊그제 옆집 부자 앗아갔지 | 鐵鍋新被隣豪奪 |
| 닳아 해진 무명이불 오직 한 채뿐이라서 | 靑錦敝衾只一領 |

---

18 『牧民心書』 自序, "聖遠言湮。其道寢晦。今之司牧者。唯征利是急。而不知所以牧之。於是下民羸困。乃瘰乃瘯。相顚連以實溝壑。而爲牧者。方且鮮衣美食以自肥。豈不悲哉。"

부부유별 그 말은 가당치도 않구나 夫婦有別論非達
어린것들 입힌 적삼 어깨 팔뚝 나왔거니 兒稚穿襦露肩肘
태어나서 바지 버선 한번 걸쳐보았겠나[19] 生來不著袴與襪

이 시는 적성의 한 농가 모습을 표현하고 있다. 그러나 다산이 소재로 삼은 그 집은 도처에 널브러진 농가들의 황폐한 단면을 보여 준다. 다산은 이 시를 통해 어느 한 지역의 개별 상황이 아니라 그 당시 일반적인 농촌 현실을 고발하고 있다.

다산이 백성의 고통을 더 깊이 이해할 수 있었던 비결은 18년간의 강진 유배 생활에 있었다. 그는 유배 기간 동안 백성의 눈높이에서 그들과 함께 삶을 나누며 백성의 아픔을 몸과 마음으로 경험하였다. 그 당시 사회의 근간을 이룬 농민들의 처지가 얼마나 피폐했는가를 유배지 강진에서 직접 목격한 다산은 '애절양'[20]이라는 시로 증거하고 있다.

갈밭마을 젊은 여인 울음도 서러워라 蘆田少婦哭聲長
현문 향해 울부짖다 하늘 보고 호소하네 哭向縣門號穹蒼
군인 남편 못 돌아옴은 있을 법도 한 일이나 夫征不復尙可有
예부터 남절양은 들어보지 못했노라 自古未聞男絶陽
시아버지 죽어서 이미 상복 입었고 舅喪已縞兒未澡

---

19 『與猶堂全書』 第一集 詩文集 第二卷○詩集 詩, "奉旨廉察到積城村舍作."

20 다산이 강진에 있던 계해년 가을, 갈대밭(蘆田)에 사는 한 백성이 아이를 낳자 이정이 군보(軍保)에 등록하고 소를 빼앗아갔다. 그 백성이 칼을 뽑아 자기의 생식기를 자르니 그의 아내는 잘린 생식기를 관가에 가지고 가서 울며 호소했으나 문지기가 막아버렸다. 다산은 그 비참한 이야기를 듣고 이 시를 쓰게 되었다고 밝혔다: 『牧民心書』 卷八 兵典六條 簽丁.

갓난 아인 배냇물도 안 말랐는데

삼대의 이름이 군적에 실리다니　　三代名簽在軍保

달려가서 억울함을 호소하려도　　薄言往愬虎守閽

범 같은 문지기 버티어 있고

이정이 호통하여 단벌 소만 끌려갔네　　里正咆哮牛去皁

남편 문득 칼을 갈아 방 안으로 뛰어들자　　磨刀入房血滿席

붉은 피 자리에 낭자하구나

스스로 한탄하네 "아이 낳은 죄로구나"　　自恨生兒遭窘厄

부자들은 한평생 풍악이나 즐기면서　　豪家終歲奏管弦

한알 쌀, 한치 베도 바치는 일 없으니　　粒米寸帛無所捐

다 같은 백성인데 이다지 불공한고　　均吾赤子何厚薄

객창에서 거듭거듭 시구편[21]을 읊노라　　客窓重誦鳲鳩篇

이 시에서 본 바대로 백성과 직접 접촉하는 말단 정치의 부패로 인해 겪는 백성의 처절한 고통은 다산으로 하여금 바른 목민의 필요성을 절감하게 하였다. 관아의 구실아치들이 백성에게 입히는 피해에 대해 다산이 이해한 바를 장동표 역시 지적한다.

19세기에 접어들면서 세도 정치가 자행되고, 따라서 삼정의 운영이 극도로 문란해지고 있었다. 삼정 문란의 일차적 주역은 이서층을 중심으로 하는 중

---

21　통치자가 백성을 고루 사랑해야 한다는 뜻을 뻐꾸기에 비유한 『시경』의 편명.

간 수탈층이었다. 다산이 이서층에 의하여 발생하는 사회적인 폐단을 심각하게 생각하기 시작한 것도 사실 여기에 있었다. 이서가 민(民)에 끼치는 폐단에 대한 그의 이해는 한마디로 이서층이 읍 재정을 포흠하고 도망하면 곧 민간에로의 재징수로 이어진다는 것이었다.[22]

이서층이란 관아의 목민관 밑에서 일을 보는 구실아치들을 말한다. 조선 초기에는 천시되던 구실아치의 자리가 후기에 오면서 경제 이권이 보장되자 고가로 매매되기까지 하였다. 그 한 실례로 철종 5년에는 이서직의 핵심 위치에 있는 이방의 경우, 큰 고을에서는 7천 냥에서 8천 냥이고 소읍에서는 1천 냥에서 2천 냥의 액수로 거래되기도 하였다.[23]

다산은 이런 부조리를 직시하고 부패한 목민관에 분노하며 백성의 고통에 함께 아파하였다. 그러면서도 다산은 목민관들의 횡포를 막아낼 방책을 모색했다. 그는 실학자답게 당시의 시대 상황에서 가장 적절히 시행할 수 있는 대안을 제시하려고 노력했는데, 그 애쓴 결과가 『목민심서』이다. 다산은 『목민심서』를 쓴 이유를 「자찬묘지명」에 밝히되, "현재의 법을 토대로 해서 우리 백성을 다스려 보자는 것"[24]이라 하였다. 즉 다산은 당시의 제도와 법 아래에서, 백성을 가장 유익하게 다스리기 위한 방안으로 『목민심서』를 썼다는 말이다.

다산은 『목민심서』 자서에서, "이 책은 첫머리와 맨 끝의 2부를

22 張東杓, 『朝鮮後期 地方財政硏究』 韓國史硏究叢書18 (서울: 國學資料院, 1999), 122.

23 『日省錄』 哲宗 5年 (1854 甲寅) 12月 22日(丙辰) 備局以慶尙左道暗行御史 朴珪壽別單覆啓.

24 『與猶堂全書』 第一集 詩文集 第十六卷○文集 墓誌銘 自撰墓誌銘(集中本), "因今之法而牧吾民也."

제외한 나머지 10부에 들어 있는 것만 해도 60조나 되니, 진실로 어진 목민관이 있어서 자기 직분을 다할 것을 생각한다면 아마 방향을 잃지 않을 것"[25]이라고 주장한다. 목민관이라는 직분이 관장하는 바가 여러 가지니 그만큼 다양한 조목들을 많이 언급하여 목민관의 바른 목민을 도우려 했다는 뜻이다.

다산은 강진 유배지에서 구상하고 자료를 수집하여 유배 생활이 끝날 무렵인 1818년에 초고를 작성한『목민심서』를 1821년에 완성하였다. 그만큼 다산은『목밈심서』에 심혈을 기울였다. 이런 다산의 의도를, 10년의 노고 끝에『목민심서』의 역주를 마친 다산 연구회는, 백성의 주체성을 긍정적으로 보고 가장 낮은 처지에서 고통 받던 백성에 대한 연민과 인간적 신뢰에, 백성의 역사 추진력에 대한 튼튼한 믿음을 일체화시켜, 그 바탕에서 백성과 국가의 관계를 재정립하려 했다[26]고 보았다.

그럼에도 다산의 입장에서『목민심서』의 실천은 꿈이었다. 그 당시 정치적 상황이 다산에게 기회를 주지 않았다. 그래서 다산은 "심서(心書)라 부른 까닭이 무엇인가? 목민할 마음은 있으나 몸소 실천할 수 없으니 심서(心書)라 이름 붙였다."[27] 하였다. 다산은 숨 막히는 정치 상황 속에서도『목민심서』를 통해 어떻게든 백성을 도우려 하였다. 그 간절한 소망을 다산은 토로하기를 "고금을 조사하여 망라하고, 간위를 파헤쳐 목민관에게 주어서 백성 한 사람이라도 그 혜택을 입을 수 있기

25 『牧民心書』自序, "是書也。首尾二篇之外。其十篇所列。尙爲六十。誠有良牧。思盡其職。庶乎其不迷矣。"

26 丁若鏞/다산연구회 편역,『정선 목민심서』(파주: 창비, 2007), 8.

27 『牧民心書』自序, "其謂之心書者何。有牧民之心。而不可以行於躬也。是以名之。"

를 바라는 것이 용(鏞)의 마음"[28]이라 하였다.

그러므로 다산은 『목민심서』를 통해 당시의 체제를 바꾸려 하기보다 백성의 고통을 대증 요법으로 치료해서 그들로 개선된 생활을 누리게 하려고 대책을 강구하였다 하겠다.

### (2) 『목민심서』 구조

다산의 정법 3집[29] 가운데 하나인 『목민심서』는 1818년에 저술되었다고 전해진다. 그 근거는 『사암선생년보』와 『목민심서』의 감천본[30]을 통해서도 증명된다. 『사암선생년보』에 따르면 다산은 1818년 봄에 『목민심서』 초고본을 썼을 것이다. 그러나 다산이 『아방강역고』를 10년간 자료를 모아 하루아침에 저술하였다는 것을 보면,[31] 『목민심서』를 쓰기 위해서도 오랜 준비가 있었을 것이다.

또한 『목민심서』는 그 체제가 기존의 목민서들과 다르다. 기존의 목민서들은 대개 삼정이나 수령칠사[32]를 기본 체제로 하고 있으나 다산은 이를 비판하여 수령이란 옛 제후와 같아 백성을 다방면에서 보살펴

---

28 『與猶堂全書』 第一集 詩文集 第十六卷○文集 墓誌銘 自撰墓誌銘(集中本).

29 다산의 정법 3집은 모두 경세제민(經世濟民)의 학에 속한 일표이서(一表二書)로서 『경세유표』, 『목민심서』, 『흠흠신서』이다.

30 『목민심서』의 감천본(紺泉本)은 다산에게 초당을 내어준 윤박(尹博)의 아들이며 다산의 제자인 감천(紺泉) 윤종수(尹鍾洙)에 의해 다산이 해배되기 전, 다산초당에서 이루어졌으리라고 본다.

31 『與猶堂全書』 第一集 詩文集 第二十卷○文集 書 上仲氏, "我邦疆域考十卷。乃十年蓄聚。而一朝發泄者也。"

32 수령이 고을 다스리는 데에 힘써야 할 일곱 가지 일이다. 인조가 묘시(卯時, 오전 5-7시)에 자정전(資政殿)에 나아가 평안 감사 윤훤(尹暄)과 보은 현감 서운준(徐雲駿)을 인견했다. 임금이 서운준에게 물었다. "수령칠사(守令七事)가 무엇인가?" 서운준이 아뢰기를, "농업과 잠업을 이루고, 학교를 일으키고, 군정(軍政)을 잘 닦고, 부역을 고르게 매기고, 간교한 행위를 종식시키고, 호구수를 늘리고, 송사를 간명하게 처리하는 일입니다." 하였다. 임금이 일렀다. "수령의 직임은 이 일곱 가지 일을 벗어나지 않으니, 힘쓸지어다." 『承政院日記』 인조 3년(1625년) 8월 12일 (戊子).

야 할 것인데 다만 칠사에만 한정함은 옳지 않다 하였다. 다산은 『목민심서』의 체제를 기존의 목민서들과 달리 주례의 육관[33]을 기본 체제로 하였으며 율기 · 봉공 · 애민의 삼기와 진황을 앞뒤에 붙여 12편으로 구성하였다. 이런 사실을 다산은 『목민심서』의 애민 6조 서두에 밝혔다. 그런 점에서 『목민심서』는 『경세유표』와 체제를 같이하여 저술한 다산의 독창물이다.[34]

다산의 수많은 저서가 출간되기 시작한 것은 20세기로 접어들면서 애국 계몽 운동이 고조될 때부터다. 그러나 본격적인 출간은 다산 서거 100주년 기념 사업으로 이루어졌는데, 간행 경비는 전국적인 헌금으로 조달하였으며 1935년부터 5년간 신조선사에서 총 76책으로 편찬된 『여유당전서』를 완간하였다. 이 책이 나오기 전에는 다산의 자필이나 또는 제자들의 글씨로 된 책들이 보관되어 왔다. 그러다 1925년 장마에 모든 책과 가구들이 물에 떠내려 갈 때, 다산의 현손 정규영이 정본의 일부를 건져내었다. 그리고 신조선사에서는 이 책들을 저본으로 사용하여 『여유당전서』를 간행하였을 것이다.[35]

『목민심서』를 다산의 저작으로 볼 것인가 편찬으로 볼 것인가에 대해 논의가 있을 수 있다. 다산은 초고본을 '저(著)'로 하였다가 다시 정리하여 낼 때에는 '편(編)'이라 하였기 때문이다. 이런 점은 대저술

---

33 주례(周禮)는 주나라의 관직 제도에 관한 기록. 여기에 제시된 육관 제도는 관직을 천관(天官) · 지관(地官) · 춘관(春官) · 하관(夏官) · 추관(秋官) · 동관(冬官)으로 나누었다. 조선시대의 육부나 육조도 이 육관 제도를 따랐다.

34 安秉直, "『牧民心書』考異," 韓㳓劤 외 13인, 『丁茶山硏究의 現況』 대우학술총서 · 茶山學硏究 1 (서울: 民音社, 1986), 53-54.

35 金泳鎬, "『與猶堂全書』의 텍스트 檢討," 韓㳓劤 외 13인, 『丁茶山硏究의 現況』, 24-28.

가로서 다산뿐 아니라 대편집자로서 다산을 생각하게 한다.[36] 그러나 『목민심서』가 편찬처럼 보일지라도, 그것은 『목민심서』를 관통하는 애민 사상을 실천하려고 그 방안들을 체계를 세워 제시한 자료인 점에서 다산의 저작이라고 말할 수 있다.

원본이 발견되지 않은 『목민심서』는 초고본과 그 초고본의 부족한 부분을 보충하고 권수를 재배열하며 표현을 달리한 완성본이 내용상 차이가 난다. 다산이 추가적 고사의 인용, 법률규정의 체계화, 강(綱)과 목(目)의 재조정, 부분적 문장 수정 등을 통해 『목민심서』의 구성과 내용을 새롭게 하였기 때문이다. 그렇지만 초고본과 완성본의 뼈대를 이루는 기본 사상만큼은 바뀌지 않았다. 『목민심서』가 다산의 저작임을 더욱 확실하게 보여 주는 대목이다. 이 점에 대해 안병직은 주장한다.

> 초고본과 완성본은 그 기본 체제는 동일하나 완성본에는 고사를 증보하고 강수를 늘림으로써 책의 분량이 매우 방대해졌다. 부분적으로 개고(改稿)한 곳도 있으나 이 개고는 체제를 개선하는 데 의미가 있었고 문장의 수정은 각박한 표현을 순한 표현으로 고치는 데 그쳤다. 때문에 초고본과 완성본 사이에는 정약용의 사상이나 생각이 바뀐 흔적은 찾아볼 수 없다.[37]

그러면 『목민심서』의 구조는 어떠한가? 다산은 『목민심서』를 어떤 구조로 썼는지 「자찬묘지명」에서 밝히고 있다.

---

36 Ibid., 30-31.

37 安秉直, "『牧民心書』 考異," 65.

율기 · 봉공 · 애민을 기(紀)로 삼고, 이전 · 호전 · 예전 · 병전 · 형전 · 공전을 6전[38]으로 삼고, 진황 1목(目)으로 끝맺음하였다. 편마다 각각 6조씩을 통섭하되 …… [39]

「자찬묘지명」에서 다산은 봉임과 해관에 대해서는 언급하지 않았지만 『목민심서』 자서에서는 전부 언급하였다.

모두 12편으로 되었는데, 1은 부임, 2는 율기, 3은 봉공, 4는 애민이요 그 다음은 차례대로 6전이 있고, 11은 진황, 12는 해관이다. 12편이 각각 6조씩 나뉘었으니, 모두 72조가 된다. 혹 몇 조를 합하여 한 권을 만들기도 하고, 혹 한 조를 나누어 몇 권을 만들기도 하여 통틀어 48권으로 한 부가 되었다.

『목민심서』는 초고본이든 완성본이든 모두 자서 외에 12편으로 구분되어 있다. 그리고 각 편마다 6조씩 세목의 지침들이 배열되어 있다. 『목민심서』 완성본의 목차[40]를 열거하면 다음과 같다.

**〈목민심서조열서차**(牧民心書條列序次)〉[41]

자서(自序)

38 고려와 조선 때의 주요한 국무를 처리하던 여섯 관부(官府)의 집무규정을 말한다.

39 『與猶堂全書』 第一集 詩文集 第十六卷○文集 墓誌銘 自撰墓誌銘(集中本).

40 초고본의 목차는 〈牧民心書目次〉라 하였는데 완성본은 〈牧民心書條列序次〉라 하였고, 목차 말미에 초고본에 없는 〈右通共十二篇, 七十二條, 四十八卷, 十六冊 每三卷爲一冊〉이라는 글귀를 덧붙였다.

41 이 목차는 『목민심서』 완성본을 따랐다. 그러나 부연 설명은 비교적 원문을 충실하게 풀이한 金相洪 편저, 『(다산의 꿈) 목민심서』 (서울: 새문사, 2007)의 목차를 다듬어 실었다.

부임 6조(赴任六條)

제배(除拜) : 임명을 받음

치장(治裝) : 부임할 때의 행장

사조(辭朝) : 임금께 하직 인사

계행(啓行) : 부임 행차

상관(上官) : 취임

이사(莅事) : 실무 처리

율기 6조(律己六條)

칙궁(飭躬) : 단정한 몸가짐

청심(淸心) : 청렴한 마음

제가(齊家) : 가정을 다스림

병객(屛客) : 청탁을 물리침

절용(節用) : 씀씀이의 절약

낙시(樂施) : 베풀기를 좋아함

봉공 6조(奉公六條)

선화(宣化) : 교화를 펼침

수법(守法) : 법을 지킴

예제(禮際) : 예의로 교제

문보(文報) : 공문서 작성

공납(貢納) : 세금 징수와 납부

왕역(往役) : 차출 파견됨

애민 6조(愛民六條)

양로(養老) : 노인 봉양

자유(慈幼) : 어린이를 돌보고 기름

진궁(振窮) : 가난한 이를 구제함

애상(哀喪) : 상을 당한 이를 도움

관질(寬疾) : 병든 이를 돌봄

구재(救災) : 재난을 구함

이전 6조(吏典六條)

속리(束吏) : 아전 단속

어중(馭衆) : 관속들을 통솔

용인(用人) : 사람 쓰기

거현(擧賢) : 인재의 천거

찰물(察物) : 물정을 살핌

고공(考功) : 인사 고과

호전 6조(戶典六條)

전정(田政) : 토지 행정

세법상(稅法上) : 세법 상

세법하(稅法下) : 세법 하

곡부상(穀簿上) : 환곡의 장부 상

곡부하(穀簿下) : 환곡의 장부 하

호적(戶籍) : 호적

평부상(平賦上) : 부역의 공평 상

평부하(平賦下) : 부역의 공평 하

권농(勸農) : 농사를 권함

예전 6조(禮典六條)

제사(祭祀) : 제사

빈객(賓客) : 손님 접대

교민(敎民) : 백성 교육

흥학(興學) : 교육 진흥

변등(辨等) : 신분 구별

과예(課藝) : 과거 공부 권장

병전 6조(兵典六條)

첨정(簽丁) : 병무 행정

연졸(練卒) : 군사 훈련

수병(修兵) : 병기 관리

권무(勸武) : 무예 권장

응변(應變) : 비상사태 대비

어구(禦寇) : 외침 방어

형전 6조(刑典六條)

청송상(聽訟上) : 송사의 심리 상

청송하(聽訟下) : 송사의 심리 하

단옥(斷獄) : 형사 사건의 판결

신형(愼刑) : 신중한 형벌

휼수(恤囚) : 죄수를 불쌍히 여김

금포(禁暴) : 횡포의 금지

제해(除害) : 도적의 피해 제거

공전 6조(工典六條)

산림(山林) : 산림 행정

천택(川澤) : 수리 사업

선해(繕廨) : 관아 수리

수성(修城) : 성곽 수리

도로(道路) : 도로 관리

장작(匠作) : 물품 제작

진황 6조(賑荒六條)

비자(備資) : 구호 물자 비축

권분(勸分) : 재해 구제 권장

규모(規模) : 진휼 대비 계획

설시(設施) : 구호 시설 확충

보력(補力) : 민생 안정 강구

준사(竣事) : 흉년 구제 결산

해관 6조(解官六條)

체대(遞代) : 임무 교대

귀장(歸裝) : 돌아가는 행장

원류(願留) : 목민관의 유임 청원

걸유(乞宥) : 목민관의 죄 용서 청원

은졸(隱卒) : 재직 중 사망

유애(遺愛) : 떠난 후의 사모

『목민심서』의 목차를 보면 부임부터 해관까지 12편 모두가 각각 6조로 격을 갖추고 있는데, 유달리 상, 하로 덧붙여진 조목들이 있다. 호전 6조 중 세법과 곡부, 평부요, 형전 6조 중 청송 등이다. 이 조목들은 백성의 생활이나 생명에 직결된 매우 중요한 사안들을 다루고 있다. 백성의 실상을 깊이 이해하고 있던 다산이기에 백성에게 실질적인 도움을 주려 한 의도임을 알 수 있다.

### (3) 『목민심서』 사상

다산은 당시 사회의 문제점들을 비판하며 타개책을 모색한 실학을 더욱 적극적이고 구체적으로 집대성한 사람이다. 그가 백성과 가장 밀접한 위치에서 실제로 영향을 미칠 목민관을 통해 개혁을 이루려 한 『목민심서』는 현대에서도 일선 관리의 행정 지침과 교훈이 되는 귀중한 사상을 담고 있다.

목민관이 그 직을 얻으면 자손 여러 대가 먹고살 수 있을 만큼 경제적 자원을 착취한 다음에야 벼슬을 그만두던 시대, 관직으로 사욕을 채우는 풍습이 날로 심해지던 때에, 다산은 백성 살리는 방법을 연구했다. 다산은 백성을 돌봐야 할 목민관들로 인해 도리어 극심한 고통을 받는 백성을 구원하기 위해, 수기로 훈련된 목민관으로 하여금 천리와 인정에 합당한 치인을 실현케 하려는 방법론으로 1표 2서를 썼다.

그 중에서 『목민심서』의 성격은 『경세유표』와 비교할 때 더 두드러진다. 『경세유표』가 현행의 법질서를 초월하여 저술되었다면, 『목민심서』는 현행의 법질서를 전제로 저술되었다. 그뿐 아니라 전자가 개혁 사상의 골격을 담고 있다고 한다면, 후자는 개혁의 전제가 되는 백성의 평안한 삶을 위하여 저술되었다. 또한 『경세유표』는 이상적 정치를 밝히고 그 정당성을 논증하며 당시의 객관적 여건에 비추어 실행 가능한 제도를 구상하는 데 중점을 두었다면, 『목민심서』는 현실의 사회 경제 사정, 제도, 관습 등을 객관적으로 파악하고 현행의 법질서 아래에서 지방 정치의 개선 방향을 제시하는 데 중점을 두었다.[42] 이러한 『목민심서』에 대해 『목민심서』를 완역한 다산 연구회는 평가한다.

> 『목민심서』는 대단히 풍부한 사실과 논리로 엮어졌고 또 갖가지 미덕을 간직한 책이다. 실사구시의 방법론으로 모범을 보인 저술이 아닌가 싶기도 하다. 당시의 실상과 관행에 속속들이 파고들어 병폐의 원인을 찾고 치유책을 고안하는 데 있어 구체적이고 분석적이며, 무섭도록 현실적이다.[43]

---

42 安秉直, "『牧民心書』 考異," 44.

43 丁若鏞/다산연구회 편역, 『정선 목민심서』, 6.

그럼에도 불구하고 "『목민심서』는 그 이름이 '심서'인 만큼 목자의 정신적 자세에 치중했다는 점에서 '유표'에 비하면 더 경학적인 것"[44] 이라고 이을호는 지적한다. 더욱이 기존의 주자학을 맹종하지 않고 이를 비판하며 경학을 도리어 이용후생에 적용시키려 한 점과 오늘날까지 일선 관리의 실제적 지침과 교훈이 되는 점, 그리고 당시의 제도와 관습, 농민 생활의 실상을 생생하게 파악할 수 있는 사료를 제공하는 점에서 『목민심서』의 가치는 크다 하겠다.[45]

그러면 『목민심서』의 주된 사상은 무엇인가? 홍이섭은 『목민심서』가 지니고 있는 기본 사상에 대해 견해를 밝혔다.

> 『목민심서』의 겉모양은 중국적인 체제 속에 잠기어 있으나 48권의 전문(全文) 속에 깔아 놓은 다산의 사상은 유교주의에만 치우친 것이 아니라 협잡과 부패와 혼란으로 쇠퇴 일로를 걷고 있는 국가 정치와 빈곤한 농민 생활을 극복하려는 데 그 목적이 있었다. 따라서 이것은 당시에는 개혁이었으나 결론적으로는 혁명적이라고밖에 이를 수 없는 것이었다.[46]

그러니까 다산의 『목민심서』에는, 조선 후기 농민들의 실제 삶이 이론에 치우친 유교주의로 인해 피폐할 대로 피폐해진 상황을 타개하기 위해, 제대로 훈련된 인격의 목민관을 통해 새로운 역사를 만들려

---

44 유영원 외 4인/강만길 외 5인 역, 『한국의 실학사상』 삼성세계사상 31 (서울: 삼성출판사, 1994), 26.

45 崔淳姬, "茶山 丁若鏞이 본 農民生活 및 그의 改善策 –牧民心書를 中心하여–," 「史學志」 第7輯 (1973), 116-117.

46 千寬宇 외 8인, 『朝鮮實學의 開拓者 10人』 新丘文庫 16 (서울: 新丘文化社, 1974), 103.

는 개혁 정신이 담겨져 있다. 다산은 『목민심서』 안에 유교의 정치 이념을 뿌리로 하여 서학 등을 적절히 받아들여서 애민적 입장에서 백성의 현실을 개혁하려 하였다.

다산은 『목민심서』에 백성을 사랑하는 정신을 가득히 담고 있다. 군자의 당연한 도리이기도 한 인정(仁政)을 베푸는 일이 다산에게서는 목자의 도리로서 사민의식(事民意識)으로 발전하여 목자와 백성이 평등하다는 사상에 귀착한다. 이처럼 『목민심서』는 기본 입장이 목(牧)과 민(民)이 평등하다는 의식 아래 목민 평등의 사상을 지니고 있으며 봉공과 애민을 강조하고 있다.[47] 『목민심서』에 사용된 용어들을 분석한 박봉주의 연구[48]에 따르면, 『목민심서』 전체에 백성이라는 뜻의 단어가 164회,[49] 수령이라는 뜻의 단어가 121회[50] 나온다. 백성에 대한 언급이 43회나 더 많은 것을 보면, 『목민심서』가 수령의 지침서임에도 불구하고 그 주요 관점이 수령이 아니라 백성에게 있음을 알 수 있다. "이러한 목위민유(牧爲民有)의 기본 정신은 『목민심서』에 구구절절이 흐르고 있는 정신이며 이러한 정신에 근거하여 구체적인 애민의 경륜이 나타나고 있다."[51] 그만큼 『목민심서』에는 백성을 향한 애민 사상이

---

47 丁種俅, "茶山의 牧民精神," 「茶山學報」 (1979, 12), 30-31.

48 朴奉柱, "茶山의 牧民心書를 통한 現代公職腐敗의 改善方案에 관한 硏究," 석사학위논문, 충남대학교 대학원(2002), 54-58.

49 백성의 뜻으로 쓰인 민(民), 양민(良民), 유민(流民), 궁민(窮民), 평민(平民), 기민(饑民), 중심(衆心), 인심(人心) 등의 단어를 모두 합한 횟수이다.

50 수령의 뜻으로 사용한 목(牧), 목민관(牧民官), 목민지관(牧民之官), 목자(牧者), 수령(守令), 영장(令長), 신(臣), 관장(官長), 수(首), 목민(牧民), 수신(守臣), 양목(良牧), 수사지신(守士之臣), 지사(智士), 인목(仁牧), 현목(賢牧), 청사(淸士), 관(官), 군자(君子), 사(士), 수(守), 현령(縣令) 등의 단어를 모두 합한 횟수이다.

51 安甲濬 編著, 『茶山의 牧民精神』 (서울: 政文出版社, 1974), 59.

담겨 있다는 말이다. 실로 애민 사상은 『목민심서』의 중심 사상이라고 해도 결코 과언이 아니다.

또한 다산의 『목민심서』에서 서학 사상을 찾으려 한 박동옥은 『목민심서』에 두드러지게 나타나는 단어로 청렴, 절용, 근면을 들면서 다산의 청렴과 절용 사상이 빤또하(Diego de Pantoja, 1571~1618)의 『칠극』에서 받은 영향이라고 추정한다. 다산은 청렴과 절용을 과거 가톨릭 수도원에서 수도사들에게 요구한 것보다 더 강조하고 있다. 그뿐 아니라 다산은 청렴과 절용을 타고난 것으로 보지 않고 자신의 의지에 의해 훈련함으로써 얻어진다고 본다. 이러한 다산의 청렴과 절용 사상은 일곱 가지 본능적 경향을 훈련으로 극복한다고 주장한 『칠극』[52]에서 영향을 받았으리라는 생각이다. 특히 박동옥은 『목민심서』가 합리적이고 객관적이며 적극적인 도덕성을 기본 요체로 하고 있으며, 당대의 강자 중심의 사회적 악순환의 고리를 풀기 위한 방안으로 말단의 지도자인 수령을 통해 백성의 일상생활을 계몽시키기 위해 수령의 지도 지침을 세밀하게 제시함으로써 문제의 객관화를 꾀하였다고 지적한다. 그러면서 『목민심서』에서 보여 준 다산의 사상을 베버(M. Weber)의 절약과 도덕성을 기초로 한 프로테스탄티즘의 자본주의 정신과 일맥상통한다고 하였다.[53]

이을호는 다산이 주장한 '목민의 도'를 가지고 『목민심서』에 나타

52 빤또하(龐迪我)는 마테오 리치를 보좌했던 스페인 출신의 예수회 신부다. 그가 한문으로 쓴 칠극(七極)은 400쪽의 수양서로서 7가지 죄악의 근원, 곧 교만, 질투, 인색, 분노, 탐욕, 음란, 게으름을 극복하여 극기(克己)를 완성해야 한다는 내용이다.

53 朴東玉, "목민심서에 나타난 다산의 서학사상," 「聖心女子大學校 論文集」 第26輯 (1994), 135-140.

난 사상을 설명한다. 다산은 공자가 강조한 수기치인의 군자학을 토대로 인간 개조를 통한 천하의 개혁을 이루고자 목민지도(牧民之道)를 주장하였다. 다산에게는 임금도 목자와 같으며 왕도(王道) 역시 목민지도라 부름으로써 공자의 이념을 우리의 현실적 여건에 적응하도록 모색하였다.[54] 그런 다산의 목민지도를 이을호는 설명한다.

> 그러므로 공자의 인도(仁道)는 효제(孝悌)의 실천을 통하여 인도(人道)의 첫 출발을 마련하였다고 한다면, 다산의 목민지도는 공자의 인도(仁道)를 확충한 끝맺음이 된다. 다시 말하면 효제는 수기의 첫 출발이요 목민은 치인의 끝맺음이기 때문이다. 이는 또한 가족적인 효제의 도가 국가적인 목민의 도로 끝맺음을 의미하기도 한다.[55]

다산의 『목민심서』는 그 사상의 뿌리를 공자의 인도(仁道)에 두고 있지만 효제(孝悌)를 수기의 출발점으로 삼은 공자의 인도를 넘어서서 수기의 목적이자 치인의 마무리인 목민의 도를 제시하고 있다는 점에서 그 사상적 의의가 심히 크고 중하다.

### (4) 『목민심서』 목민관

다산의 시대에는 지방의 수령인 목민관의 영향력이 점점 커졌다. "수령 중심의 지방 지배를 여러 형태로 보장함으로써 수령의 개인적

54 李乙浩, 『茶山經學思想硏究』(서울: 乙酉文化社, 1966), 266.

55 Ibid., 298.

능력, 품격 여부와 무관하게 법제적 · 관료적 지배 틀을 마련한 시기"[56]가 다산이 활동하던 조선 후기였다.

수령권 강화는 백성에 대한 수령의 영향력을 증대시켰다. 확장된 수령의 권한을 견제하고 감독할 여러 방안들로 임금의 구언윤음, 암행어사 파견, 비변사를 통한 통제 등의 제도가 마련되었음에도 불구하고 목민관의 도덕적 타락과 무능력에 의해 수령권이 잘못 사용될 여지가 많았다. 그런 까닭에 목민관의 소명 의식 강화와 수기치인의 실천은 매우 중요한 과제였다. 임금에게 사명을 받았다는 소명 의식이 투철할 때, 그는 백성을 맡은 자로서 사심 없이 임금께 충성할 것이다. 그러나 탐관오리는 다르다. 그들은 간신배의 기질을 지녔다. 임금께 받은 사명을 소홀히 여기고 자신의 직으로 백성을 착취하고 영달을 누리려고만 한다. 그것은 그들에게 진정한 소명 의식이 없기 때문이다. 따라서 다산은 아무나 목민관이 되는 것을 반대하고 목민관으로 하여금 투철한 소명 의식과 올곧은 목민 정신을 지니게 하고자 힘썼다.

조선 시대에 목민관이 되는 길은 세 가지였다. 과거 시험을 통하는 길, 초야에 묻혀 있다 천거 받는 길, 그리고 문음[57]이다. 조선 시대에는 어려운 과거를 거치지 않고도 벼슬에 오를 여지가 있었다. 더욱이 관직에 오름으로써 군역을 면제 받을 뿐 아니라 양반 신분의 특권

---

56 한국역사연구회 조선시기 사회사 연구반, 『조선은 지방을 어떻게 지배했는가』 대우학술총서 477 (서울: 아카넷, 2000), 199.

57 문음(門蔭): 조상의 음덕(陰德), 또는 그 덕으로 벼슬하는 것. 조선 시대에는 3품 이상의 실직을 거친 경우 또는 중요 관직을 거친 경우 자식이나 사위 등 1명을 간단한 시험을 거쳐 종 9품으로부터 종 7품까지 관리로 임용하는 제도이다.

을 유지할 수 있었기에[58] 사대부라면 벼슬을 바라는 상황이었다. 그러나 다산은 다른 벼슬은 구할 수 있지만 백성을 다스리는 목민관의 벼슬은 구해서는 안 된다[59]고 주장한다. 지방의 수령인 목민관은 중앙 부처의 관료와 달리 백성을 직접 주재함으로, 규모는 작아도 그 지위와 책무는 임금이나 제후와 같기 때문이다. 더욱이 제후들은 탄탄한 조직력과 세습제로 백성을 다스리기 쉬웠던 반면, 간사한 아전 패거리들에게 에워싸인 목민관은 임기마저 짧아서 제대로 백성을 다스리기가 어려웠다. 그런데도 함부로 나섰다가 목민에 실패하면 백성이 해를 입게 된다. 그러기에 목민관의 자리는 아무나 구하지 말아야 한다는 말이다.

또한 다산이 금한 것은 살림이 가난하여 늙으신 부모를 공양하려고 벼슬을 구걸하는 경우다. 한 집안의 봉양을 위해 만백성을 다스리는 목민관직을 구하는 경우를 다산은 이치에 맞지 않는 불의요 예(禮)가 아니라 하였다. 당시 조선 시대의 통념상 부모 봉양을 원하는 관리는 공공연히 목민관직을 희망하였다. 그 실례를 이재(頤齋) 황윤석(1729~1791)의 일기[60]에서 볼 수 있다. 이재는 목천 현감이 된 후 모친과 가족을 데려와 부양하였으며 빚을 갚았을 뿐 아니라 집안에 대한 지원을 크게 하였다.[61] 인륜을 앞세우는 유교 문화는 목민관의 가족 부양을 천리에 부합한 일로 보아 허용하였지만 이런 풍토는 결국 목민관들이 백성을 착취하고 사욕을 채우는 빌미가 되었으며 다산은 그 점을 염려하였다.

---

58 한국고문서학회 엮음, 『조선 시대 생활사』 (서울: 역사비평사, 2006), 183-185.

59 『牧民心書』 卷一 赴任六條 第一條 除拜, "他官可求。牧民之官。不可求也。"

60 이재(頤齋) 황윤석(黃允錫, 영조5-정조15)은 63세로 죽기 2일 전까지 54년간, 여러 방면에 걸쳐 그가 경험하고 배운 바를 일기 또는 기사체로 썼는데 그것을 『이재난고』라 한다.

61 강신항 외 7인, 『이재난고로 보는 조선 지식인의 생활사』 (성남: 한국학중앙연구원, 2007), 393-394.

다산은 그 자신이 일평생 수기의 삶을 살았고 목민관이 되어 직접 백성을 다스리기도 하였다. 또한 귀양살이 중에는 백성 곁에서 그들의 척박한 삶을 바라보며 치인을 꿈꾸던 수기의 사람이다. 그런 그가 목민관이 힘쓸 세 가지를 강조한다. "벼슬살이에는 석 자의 오묘한 비결이 있으니, 첫째는 '청(清, 맑음)'이고, 둘째는 '신(愼, 삼가함)'이며, 셋째는 '근(勤, 부지런함)'이다."[62] 다산은 목민관의 성냄을 경계한다. 목민관은 백성을 다스리는 지도자이기 때문에 자신의 분노를 잘 다스려서 "많이 말하지도 말고, 갑자기 성내지도 말 것이다."[63] 목민관의 직책이 중한 만큼 그 말도 무게를 지닌다. "한마디 말로 천지의 화평을 상하게 하는 수가 있고, 한 가지 일로 평생의 복을 끊어버리는 수가 있으니 모름지기 절실하게 점검해야 한다."[64]

목민관은 백성 앞에 서서 그들을 이끌며 돌보는 지도자이다. 그러기에 그 정신과 태도가 늘 예배드리는 자처럼 단정해야 한다. 그런 점에서 다산은 목민관을 가리켜 "술을 끊고 여색을 멀리하며 노래와 음악을 물리쳐서 공손하고 단정하고 위엄 있기를 큰 제사 받들 듯 할 것이요, 감히 놀고 즐김으로써 거칠고 방탕해져서는 안 될 것"[65]이라 하였다.

그러나 목민관의 수기는 그 자체가 목적이 아니라 출발점이다. 수기로써 자신의 인격을 연마한 사람은 비로소 치인의 사명을 감당해야 한다. 인간은 윤리적, 사회적 존재이기 때문에 수기에서 시작한 목민

---

62 『牧民心書』 卷一 律己六條 第一條 飭躬, "居官有三字玄訣。一曰淸。二曰愼。三曰勤。"

63 Ibid., "毋多言。毋暴怒。"

64 Ibid., "有一言而傷天地之和。一事而折終身之福者。切須點檢。"

65 Ibid., "斷酒絶色屛去聲樂。齊遫端嚴。如承大祭。罔敢游豫。以荒以逸。"

관의 삶은 치인의 윤리적 세계에서 완성될 것이다.[66] 더욱이 수기와 치인의 두 개념은 엄밀히 말하면 분리될 수 없다. 이 점에 대해 순암 안정복도 그의 『임관정요』 서문에서, "천덕(天德)과 왕도(王道)가 본래 일체이고, 수기와 치인 역시 일치한다. 배우고 힘이 남으면 벼슬을 하고, 벼슬하며 힘이 남으면 배운다. 세상에 나서고 집에 머묾이 같지 않으나 그 도만은 곧 같다."[67] 하였다. 이을호도, 다산이 "목자란 수기가 반이요 목민이 다른 반이라."고 했을 때, 그 말은 곧 나눌 수 없는 중용 군자의 이상적 인격 형성을 밑받침하고 있다 하였다. 다산은 공자와 맹자가 내세운 군자와 현자의 상을 대신하여 목자의 상을 부각시킴으로써, 공자의 수기 군자와 맹자의 현자 치인상을 합일하여 목자상을 도출해 내고 있다.[68] 수기와 치인이 잘 조화된 이상적 목민관을 다산은 목자로 그려 내고 있다는 말이다.

---

66 丁熙淑, 『丁若鏞의 社會敎育思想』 (서울: 培英社, 1987), 129-136.

67 『順菴先生文集』 卷之十八 序 臨官政要序, "天德王道本一體。修己治人無二致。學優而仕。仕優而學。出處不同。其道則同也。"

68 丁若鏞/李乙浩 옮김, 『茶山學提要』 (上) (서울: 大洋書籍, 1975), 14.

# Ⅲ

# 다산의 목민관과 설교자

# Ⅲ 다산의 목민관과 설교자

지금까지 다산은 어떤 사람이며 그가 심혈을 기울여 저술한『목민심서』가 어떤 책인가를 살피고, 백성의 생사에 직접 영향을 끼치는 목민관과 그들의 목민 지침을 알아보았다.

그렇다면 다산의 목민관과 설교자는 어떤 관련이 있을까?

## 1. 다산의 실학과 설교학의 관계

실학이라는 이름은 남송의 주희가 집대성한 주자학, 즉 성리학[1] 이전에도 사용되었고, 성리학에서도 불교나 도교의 공(空)과 허(虛)에 대항하는 개념으로 실(實)을 주장하여 실학이라 하였다.[2] 그럼에도 다산의 실학을 말하려면, 통상 전기 실학과 후기 실학으로 구분하는 조선

---

1 성리학(性理學)이라는 용어는 "성명의리지학(性命義理之學)"의 준말이다. 성리학은 심성(心性)의 수양을 과거 어느 유학보다 철저히 하면서 동시에 규범 법칙 및 자연 법칙으로서의 이(理)를 깊이 연구하여 그 의리의 의미를 완전하게 실현하려는 유학 중의 하나이다.

2 李乙浩 編,『實學論叢』(광주: 全南大學校出版部, 1983), 24-28.

의 실학 중에서 후기 실학을 논해야 한다. 실학의 발흥은 성리학적 통치 이념을 근거로 세워진 조선 왕조의 체제가 임진왜란과 병자호란을 계기로 여러 가지 모순점을 드러내자 그 모순들을 개선 개혁하려는 뜻에서 이루어졌다. 본래부터 조선조의 관학(官學)이던 성리학은 사상계를 지배하여 조금만 다른 주장을 하여도 사문난적으로 탄압하며 지나치게 주지주의에 치우쳐 예와 명분에 목숨을 거는 종교적 경향까지 띠게 되었다.[3] 그뿐만 아니라 지배 계급에서는『주자가례』를 언문으로 번역 보급하는 등 예를 형식적 규범으로 자리 잡게 하여 백성을 지배하는 교화의 도구로 삼았다.[4] 이런 비실제적 약점을 간파한 실학자들은 실제성을 추구하여 실효, 실용, 실증의 정신을 갖춤으로써 성리학과 구별된 실학을 주장하였다.

그렇다면 다산의 실학은 무엇인가? 다산이 살았던 18세기 후반에서 19세기 전반은 조선이 중세 농경 사회에서 근대 상공업 사회로 변화하는 시기였다. 중세 농경 사회를 지탱해 주던 성리학은 시대적 역할을 상실하였다. 이때 다산은 종래의 유교적 통념을 비판하고 실학으로 제기된 북학 사상에 주목하여 기술의 중요성을 강조하였으며, 서양의 근대 기술 문명을 받아들여 부국강병 및 이용후생으로 백성의 생활을 향상시켜야 한다고 주장했다.[5] 이런 다산을 신학적 측면에서 보면 마치 실천 신학자와 같다. 예를 들면 주자는 인(仁)을 설명할 때, "인은 인간이

3 윤사순,『한국의 성리학과 실학』(서울: 열음사, 1990), 24-27.

4 한도현 외 4인,『유교의 예와 현대적 해석』(서울: 청계출판사, 2004), 78-87.

5 정옥자,『(우리가 정말 알아야 할) 우리 선비』(서울: 현암사, 2003), 305-306.

인간으로서 자격을 갖출 수 있는 이치"[6]라고 하였다. 그러나 다산은 인을 추상적 이치로 보지 않는다. 다산은 그의 경집에서 인을 실천적 사랑으로 보아, "인이란 두 사람이다. 아들이 어버이를 사랑하고 신하가 임금을 사랑하고 목민관이 백성을 사랑하는 것이 모두 인"[7]이라 하였다. 다산은 그의 시문집에서 이런 실천적 인에 대해 더 자세히 설명한다.

> 인(仁)은 두 사람이다. 고전(古篆)에 사람 인(人)자를 두 번 중첩시켜 썼는데 그것은 전문(篆文)에서 손(孫)자에 아들 자(子)자를 두 번 겹쳐 쓴 것과 같다. 아버지를 효로써 섬기는 것이 인이니 아들과 아버지가 두 사람이요, 임금을 충으로써 섬기는 것이 인이니 신하와 임금이 두 사람이며, 친구를 신의로 사귀는 것이 인이니 친구와 친구가 두 사람이요, 백성을 자애로움으로 다스리는 것이 인이니 목민관과 백성이 두 사람이다. 무릇 사람과 사람이 자기의 분수를 다하는 것을 인이라 한다. 따라서 성현들은 모두 '인(仁)은 인(人)이다'고 인(仁)자를 훈고하였으니 …… 인(仁)을 인(人)이라 말한 것은, 인(仁)이란 사람과 사람 사이에서 생긴다고 생각했기 때문이다.[8]

원시 유교 정신을 상실하고 이론과 형식에만 치우친 주자의 성리학을 비판하면서 본래의 유교 정신을 회복코자 했던 다산은, 이론적이고 추상적인 이치로서 인(仁)이 아니라, 실천적이고 실제적인 윤리로

---

6 『孟子集註』 盡心 下, "仁者人之所以爲人之理也。"

7 『與猶堂全書』 第二集 經集 第十二卷○論語古今註 卷六 顔淵下, "補曰仁者二人也。子愛親臣愛君牧愛民。皆仁也。"

8 『與猶堂全書』 第一集 詩文集 第十九卷○文集 書 答李汝弘.

서 인(仁)을 강조하였다. 이렇게 실학적인 다산에 대해 다산을 깊이 연구한 이을호는 잘 설명한다.

> 다산은 이러한 경세학적 보완(一表二書)뿐만 아니라 그의 경학(六經四書)적 측면에 있어서도 비실학적 문제를 그대로 간과하지 않았다. 다산은 그의 경학에서도 주자의 이학(理學)에 가름하여 실천 윤리학적 성학(誠學)을 정립한 사실을 우리는 주목해야 할 것이다.[9]

또한 실천적 유학인 실학을 집대성한 다산은 백성을 평안하게 하는 경세 문제에 깊이 파고든다. 그 까닭은 그가 실학자요 목민관이기도 했지만 그 일이 곧 자신과 같은 선비의 임무라고 생각했기 때문이다.[10] 다산은 경제적으로는 지주-전호제를 극복하고, 사회적으로는 양반-노비제를 극복하며, 정치적으로는 중세적 벌열제[11]를 극복하려 하였다. 그리고 이러한 개혁을 원시 유학의 복귀로써 접근하였다.[12] 나라의 근본인 백성을 살리고 나라를 발전시키는 비결을 유학의 근본을 새롭게 하는 데서 찾으려 한 다산은 교회를 갱신하고 교회의 영광을 회복코자 하는 설교자들로 하여금 설교의 근본을 돌아보게 한다.

다산의 실학에 대해 이을호는 '실사구시'와 '경세치용'의 두 개념

---

9 다산학연구원 편, 『李乙浩選集』(광주: 이을호전서 간행위원회, 2000), 65.

10 尹絲淳 編, 『정약용』(서울: 고려대학교출판부, 1990), 19.

11 숙종 때 서인(西人) 세력이 송시열(宋時烈)을 중심으로 한 노론(老論)과 윤증(尹拯)을 중심으로 한 소론(少論)으로 갈라졌다. 그 후 노론을 중심으로 한 장기 집권층이 부정 수단으로 자제들을 과거에 합격시켜 지위를 세습하였다. 이렇게 굳어진 소수 가문에 의한 정치를 벌열 정치라 한다.

12 유영원 외 4인/강만길 외 5인 역, 『한국의 실학사상』, 345.

으로 다산의 실학을 규정지으려 하거나 종합하려는 입장도 있지만 그런 접근은 너무 단순한 개념 분석이라고 지적한다. 그는 이 두 개념에 '무실역행'이라는 성실성의 개념을 더하여 다산 실학의 개념을 철학적, 윤리학적 영역에까지 폭을 넓힘으로써, 실증과 실용의 과학적이고 현실적인 사상에만 집착하지 않고 인간성의 성실과 성(誠)이 성(誠)다워지는 다산의 철학적 근원까지 캐고 들어간다. 그리하여 도달한 정점이 진실한 마음으로 하늘을 섬기는 실심사천(實心事天)의 경지인데, 신독(愼獨)을 통한 수기의 인간이 도달하는 곳이 바로 이러한 종교적 모습이라 하였다. 다시 말해 실사구시, 경세치용, 무실역행, 실심사천 등 네 요소를 집성한 다산의 실학은 육경사서의 기초학 위에, 일표이서가 그 응용학으로서 하나의 조화된 수기치인의 세계를 이루고 있기 때문에, 실증 · 실용 · 성실 · 실심 등의 모든 실학적 요소들이 그 구성 요소의 구실을 다하고 있다[13] 하였다.

다산의 실학은 기독교와 어떤 관련이 있을까? 16세기 후반 일본과 중국 선교에 영향을 끼친 예수회 선교사들 중 마테오 리치는 유교 경전 해석을 통해 기독교를 동아시아에 소개하는 데 상당한 성공을 거두었다. 그렇지만 유교와 기독교의 만남이 사상적으로 결실을 맺은 것은 다산의 유교 경전 해석에서 본격화되었다고 할 수 있다. 다산의 사상 안에 기독교적 내용이 있느냐에 대해 논쟁이 있음에도 불구하고 다산은 한국 유학에서뿐 아니라 유교와 기독교의 만남에 상당히 의미가

13 다산학연구원 편, 『李乙浩選集』, 87-88.

있다.[14] 이 점에 대해 김승혜는 "사상적으로 볼 때 다산을 한국 제1세대 서학자일 뿐만 아니라 그리스도교적 영성을 지닌 사람이라고 하기에 전혀 어려움이 없다."[15]고 평하였다.

이러한 다산의 실학을 기독교의 실천 신학과 관련지을 수 있다. 다산의 실학이 실천적이라는 점에서 실천 신학과 공통점을 가진다. 유교가 실천의 힘을 잃고 이론에 치우칠 때 대두된 실학처럼 한국 교회의 실천 신학도 교회의 현장에 강한 필요성을 지닌 채 등장했다. 실천 신학이 불모지였던 한국 교회에서 실천 신학의 학술지 「신학과 실천」을 창간하며 언급한 정장복의 발간사는 한국의 실학과 한국 교회의 실천 신학이 어떻게 맥을 같이하는가를 보여준다.

> 그 동안 현장을 향해서는 눈을 감고 이론과 이상을 본질적으로 추구하는 이론 신학으로부터 실천 신학은 학문적 대우를 받지 못하는 수모를 받아왔음을 부정할 수 없다. 그러나 실천 신학은 흔들림이 없이 지금껏 교회의 현장에서 신학의 실천성(praxis)을 강조하면서 갖은 희생과 땀을 흘리고 있다.[16]

목민관처럼 목사도 하나님의 백성을 보살핀다. 실천 신학은 그 구체적인 사역을 성찰하며 돕는다. 그리고 그 중 하나가 목사의 주된 임무인 설교이다. 청교도 설교자의 한 사람인 로버트 트레일(Robert Traill)은 "똑같이 유익한 하나의 보기(seeing), 곧 그들의 거룩한 생활 방식이 있

---

14 김승혜, 『유교의 시중과 그리스도교의 식별』 (서울: 바오로딸, 2005), 322-323.

15 Ibid., 338.

16 정장복, "신학과 현장", 「신학과 실천」 창간호 (1997. 9), 4-7.

음에도 불구하고(빌 4:9), 목사의 주된 임무는 설교이다. 그리고 사람들이 얻는 주된 유익은 목사들로부터 주님의 말씀을 듣는 것"[17]이라 하였다. 설교는 설교자의 사역이기 이전에 하나님의 백성이 잘 살아가도록 말씀으로 도우시는 하나님의 사역이다. 설교의 영광과 존엄성은 설교자에게 있지 않고 설교 그 자체에 있다. 청교도 설교자들을 연구한 피터 루이스(Peter Lewis)는 설교의 영광과 그 존엄성을 하나님의 측면과 사람의 측면에서 설명하였다.

> 하나님의 측면에서 본 설교는 그 설교의 영광을 하나님께서 친히 그 사역에 비중을 두신 데 기인하며, 하나님의 그 같은 보증에 의하여 설교는 인간의 회심과 믿음 안에서 그들을 굳게 세우기 위하여 특별한 영적 능력을 부여 받게 된다. 사람의 측면에서 본 설교는 설교가 필요하다는 인간의 요구에 의하여 설교의 존엄성이 더욱 증대된다. 즉 인간을 감화시키며, 교훈하며, 경고하고, 책망하고, 위로하기 위하여 설교는 필요하다.[18]

하나님은 그 백성을 잘 다스리시기 위해 설교에 영광과 존엄한 능력을 부여하셔서 그 백성을 회심시키시고 그들의 삶을 믿음 안에 굳게 세우신다. 사람들은 하나님의 말씀인 설교를 원한다. 설교를 통해 사람들은 하나님의 가르침을 받고 책망과 위로를 받으며 하나님의 백성으로 살아갈 수 있기 때문이다. 그리고 그런 면에서 설교는 영광과 존

---

17 Robert Traill, *Select Practical Writings of Robert Traill* (Edinburgh: John Greig, 1845), 120.

18 Peter Lewis/서창원 옮김, 『청교도 목회와 설교』 (서울: 청교도신앙사, 2002), 66.

엄성을 가진다.

12세기 르네상스 인물로서 어거스틴 이후 800년 만에 설교에 관한 체계적 글을 남긴 알랭 드 릴(Alain de Lille)에 따르면, 설교에는 두 가지 측면의 신학이 있다. 그 하나는 신령한 것들에 대한 지식을 추구하는 이성적 신학이고, 다른 하나는 도덕상 교훈을 제공하는 윤리적 신학이다. 왜냐하면 설교는 어떤 때는 신령한 것들로 교훈하고, 다른 때는 윤리적으로 교훈하기 때문이다. 알랭은 이렇게 설교하는 설교자를 야곱의 사닥다리 꿈에서 하늘을 오르내렸던 천사로 비유하여, 하늘의 것들을 설교할 때는 올라가고 윤리적 가르침을 통해 땅의 것에 순응할 때에는 내려가는 천사라 하였다.[19] 설교학의 이론적이고 실천적인 양면성을 지적한 말이다.

설교학은 실천 신학으로서 실학처럼 사람들의 삶을 실제로 도와준다. 이 도움은 하나님의 말씀으로 돕는 것이다. "설교는 신학적이면서 동시에 실천적(실질적)이어야 한다."[20] 설교는 복음 전도의 차원에서 좋은 소식을 선포하면서 사람들을 그리스도에게로 초청한다. 목회적 차원에서 설교는 위로하고 격려하며, 헌신, 봉헌, 충성, 그리고 그리스도의 제자됨을 고무하려 애쓴다. 또한 교리적 차원에서 설교는 분명하게 이해할 수 있는 기독교 교훈을 알리고자 하며, 도덕 형성 차원에서 설교는 도덕적 감수성과 지각을 수립하고 행위의 변화를 유도하고자 한다.[21]

---

19 Edwin Charles Dargan, *The Art of Preaching in the Light of its History* (New York: Doran, 1922), 79.

20 Gerald Johnson/추연수 옮김, 『(설교학) 말씀선포』 (서울: 기독교문서선교회, 1994), 54.

21 Thomas C. Oden, *Pastoral Theology: Essentials of Ministry* (San Francisco: Harper & Row, 1983), 128-129.

윌리엄 윌리몬(William Willimon)은 현대의 많은 설교자들이 설교 사역을 따분하고, 전통적이고, 권위주의적인 것으로 여기거나, 목사의 귀중한 시간 낭비로 여긴다고 지적한다. 그렇지만 평신도 대부분은 설교를 소중히 여기고, 훌륭한 설교를 원하며, 그들의 목사가 설교자 되기를 기대한다. 더욱이 설교는 신학적인 면에서 목회의 중심이다. 따라서 언제나 설교는 교회 생활의 중심이 되어야 한다.[22] 또한 존 브로더스(John Broadus)는 "그리스도께서 이루신 구원의 좋은 소식을 널리 전파하는 데 대해 잘 정해진 방법은 설교, 즉 개인에게든지 모임에게든지 여하간 말씀을 말로 전하는 설교이다. 그리고 어떤 것도 이 설교를 대신할 수 없다."[23] 하였다. 그만큼 설교는 하나님의 백성을 복되게 하는 사역으로서 교회 생활의 중심이요 목회의 핵심이다. 교회 안에 당회가 있고 교회 정치가 있지만, 목회가 정치 권력의 다스림이 아닌 하나님의 말씀을 전하고 가르쳐 말씀으로 살게 하는 것이기에 양을 돌보는 일 역시 주로 설교를 통해서 이루어진다. 양을 돌보는 목자는 자신의 목소리로 양들을 이끌며 양은 제 목자의 소리를 듣고 따른다. 이런 영적 원리는 오늘의 목회 현장에서도 유효하다.

그러나 실용주의를 지향하는 다산의 실학과 함께 설교학이 늘 경계할 일이 있다. 그것은 교회 실용주의의 폐단이다. 실용주의의 단점에 대해 김명룡은 실용주의를 바탕으로 한 교회 성장주의는 샤머니즘

---

22 William H. Willimon, *Integrative Preaching: The Pulpit at the Center* (Nashville: Abingdon, 1981), 10-12.

23 John A. Broadus, *A Ttreatise on the Preparation and Delivery of Sermons* (New York: A.C. Armstrong, 1887), 13.

적 기복 신앙을 설교하여 교회를 성장시킨 경우들이 적지 않으며 상당수의 신비주의와 결탁하였다고 지적한다. 또한 특정 인물을 우상화하는 경향을 띠며 교회가 특정 인물에 의해 사유화될 수 있다고 보았다. 아울러 교회 성장주의의 또 다른 문제점은 제자의 길에 대한 설교가 약하거나 전무하여 하나님의 은혜가 값싼 은혜로 전락할 위험이 있다면서, 이것은 고난과 실패와 죽음 속에서 그리스도의 뜻을 이루는 고난의 신학에 대한 이해 부족을 초래하여 결국 교회를 고귀한 교회로 만드는 데 실패할 가능성이 있다[24] 하였다.

실용주의적이고 목표 지향적이며 문제 해결을 추구하는 차원에서, 하나님의 말씀을 수단으로 이용하는 설교 역시 잘못될 위험이 있다. 이 점을 윌리엄 윌리몬은 지적하였다.

> 공리주의의 마력에 빠져든 설교, 상당히 빠르고 유용하며 불로이득을 추구하는 설교, 복음의 진리를 선포하는 대신에 어떤 다른 목적을 위하여 – 심지어 목회적 돌봄과 가르침, 계몽 또는 상담과 같이 숭고한 목적조차도 – 설교를 이용하는 설교는 수단으로 이용되고 있는 설교이며, 그런 점에서 남용되고 있는 설교이다.[25]

하나님의 백성을 위해 선포하는 설교이지만 지나치게 실용주의에 치우쳐 설교의 주체이신 하나님과 그 하나님이 백성에게 주고자 하시

---

24 김명룡, "바른 목회와 신학," 바른목회실천협의회 엮음, 『바른목회』 (서울: 한들출판사, 2001), 126.
25 William H. Willimon, *Integrative Preaching: The Pulpit at the Center*, 19.

는 말씀을 소홀히 여기고 설교자 임의로 이용해서는 안 된다. 오로지 성경 말씀에 뿌리를 두고 성경이 증언하는 복음적 관점에 일치한 설교만이 기독교적인 설교라 할 수 있다. 그러므로 설교자의 1차적 의무는 사람들의 문제를 해결해 주거나 질문에 대답해 주는 것이 아니라 설교자 자신이 먼저 성경 말씀을 하나님의 살아 있는 말씀으로 듣는 것이다. 그렇지 않고 전하는 설교는 단지 '정보'에 지나지 않을 것[26]이기 때문이다. 따라서 설교자는 성경 본문에 사로잡힐 필요가 있다. 설교자가 성경 말씀을 읽고 깊이 묵상하여 그 속에서 하나님의 말씀을 듣고 진리를 확신하여 전할 때, 그 설교는 감동을 주며 큰 효력을 일으킬 것이다. 복음 진리란 효과적이기 때문에 진리가 아니라 진리이기 때문에 효과적이다.

진리의 복음을 전하는 방식에서도 실용성이 문제될 수 있다. 미국 유니온 신학교 설교학 교수였던 악테마이어(Elizabeth Achtemeier)는 2인 대화체, 다자간 대화체, 개인 간증, 드라마 형태 등 실험적 설교의 위험을 지적하였다.

> 설교는 하나님의 말씀을 그 백성에게 말로써 해석해 주는 것이다. 하나님은 설교 말씀을 통하여 그 백성에게 이야기하고 행동하신다. 그러한 의미에서 우리가 주일 오전에 자주 이용하는 여러 방식들은 설교가 될 수 없다.[27]

설교자가 하나님의 말씀으로 하나님의 백성을 돕는다고 해서 그

---

26 William Skudlarek, *The Word in Worship: Preaching in a Liturgical Context* (Nashville: Abingdon, 1981), 52.

27 Elizabeth Achtemeier/차호원 옮김, 『창조적인 설교』 (서울: 소망사, 1986), 127.

자신은 그 실천적 삶의 의무에서 벗어난 것이 아니다. 설교자 역시 하나님의 백성 중 한 사람이며 그러기에 설교자도 그가 설교한 하나님의 말씀을 실천해야 한다. 이 점에 대해, 100년 무렵의 초대 교회 모습을 보여 주는 『디다케』에서는 "주님의 의로움과 지식에 보탬이 되도록 (가르친다면) 여러분은 그를 마치 주님처럼 받아들이시오."[28]라고 권면한다. 그렇지만 "진리를 가르치는 모든 예언자가 만일 가르치는 것들을 행하지 않는다면 그는 거짓 예언자"[29]라 하였다. 설교를 뒷받침하는 실천적 삶은 초대 교회 때부터 설교자의 자격 요건이었음을 알 수 있다. 설교자의 말씀과 삶에 대해 백스터(Richard Baxter)도 주장했다.

> 우리가 진정 그리스도의 종이 되려고 한다면, 우리는 혀로 섬기는 종들이 될 뿐 아니라 우리의 행위로도 그분을 섬겨야만 한다. 그리고 우리의 행위로 복을 받을 수 있도록 사역의 실천자들이 되어야 한다. 우리의 양들이 말씀을 듣는 자일 뿐 아니라 실천자들이 되어야 하듯이, 우리는 우리 자신을 기만하지 않도록 설교자가 될 뿐 아니라 실천자도 되어야 한다.[30]

설교자 삶의 중요성은 설교자를 증인으로 제시한 토마스 롱(Thomas G. Long)에게서도 볼 수 있다. 그는 증인이란 중간 입장에 서 있는 관찰자가 아니라면서, 증인으로서의 설교자는 그가 증거한 복음

---

28 W. Rordorf-A. Tuilier/정양모 역주, 『열두 사도의 가르침: 디다케』 교부문헌총서 7 (왜관: 분도출판사, 1993), 79.

29 Ibid., 83-85.

30 Richard Baxter, *The Reformed Pastor* (NewYork: The American Tract Society, 1829), 104.

을 어느 정도 깊이 경험하였고 그 복음과 뒤얽혀 있다 하였다. 그러면서 말뿐 아니라 행동으로도 제시되는 신약 성경의 증인 개념을 언급하며, 증언은 극단적일 경우 생명까지 내어놓아야 할 전인적 사역(total engagement)임을 폴 리쾨르(Paul Ricoeur)의 말을 인용해서 강조하였다.[31] 복음 진리의 증인이란 설교자 자신이 삶을 통해 복음을 실천하고 경험하여 생활화된 복음을 말과 삶으로 증거하는 전인적 사역자라는 주장이다.

실천적 설교학을 더욱 분명히 강조한 사람은 디트리히 본회퍼(Dietrich Bonhoeffer)라 할 수 있다. 그는 선포된 말씀인 설교는 과거의 어떤 진리나 설교자 자신의 개인적 경험에 기원하지 않고, 예수 그리스도의 성육신에 그 기원이 있다고 본다. 선포된 말씀은 곧 성육신하신 그리스도 자신이라는 말이다. 그는 선포된 그리스도를 역사적 그리스도인 동시에 현존하는 그리스도로 보며, 선포된 그리스도를 역사적 그리스도에게로 나아가는 통로로 본다. 그런 점에서 선포된 말씀은 '회중 가운데 걸어 다니시는 그리스도 자신'이시다. 이때 성육신하신 말씀은 세상 죄를 지고 가는 분으로서 인간 본성 전체를 품고자 하신다. 따라서 설교자는 회중이 자신의 모든 필요와 염려와 두려움과 죄를 말씀 위에 내려놓게 해야 한다. 그러면 말씀은 이 모든 것을 받아 안으신다. 이러한 설교가 곧 그리스도를 선포하는 설교요, 이런 설교의 주된 의도는 회중을 떠받치는 데 있다. 말씀은 곧 회중의 짐을 지기 위

---

31 Thomas G. Long, *The Witness of Preaching* (Louisville, Kentucky: Westminster / John Knox Press, 1989), 46.

해 존재한다는 말이다.[32]

챠티어(Myron Chartier)도 그리스도의 성육신을 하나님이 행하신 최상의 자기 노출(supreme self-disclosure)이라 한다. 그리스도를 통한 하나님의 자기 노출은 성육신적 설교의 모범이기에 설교자 역시 자신의 인성을 통해 하나님의 모습을 보여 주어야 한다는 챠티어는 설교자가 자기 모습을 감추고 위장하려 들 때 복음의 좋은 소식을 그 속임이 가로막는다고 하였다.[33] 따라서 설교자는 회중과 관계가 어려울수록 더욱 과거와 현재, 장점과 단점의 균형 있는 자기 노출을 시도해야 한다. 설교자의 솔직하고 진실한 자기 노출만이 회중과의 어려운 관계를 원활히 회복할 수 있기 때문이다.

결국 다산의 실학과 설교학은 사람을 살리고 복되게 살게 하는 데 초점이 모아져 있다. 그리고 목민관과 설교자는 이론에 머물지 않고 자신의 삶을 통해 하늘의 뜻을 드러내야 할 사명을 가진다. 특히 다산의 실학이 실사구시, 경세치용을 넘어서서 무실역행, 실심사천으로 실현됨을 생각할 때, 한국 문화권의 설교학은 다산의 실학과 조화를 이룸으로써 더욱 바람직한 실천 신학이 될 수 있을 것이다.

---

32 Richard Lischer/정장복 옮김, 『설교신학의 8가지 스펙트럼』 (서울: 예배와 설교 아카데미, 2008), 53-54.

33 Myron R. Chartier, *Preaching as Communication: An Interpersonal Perspective* (Nashville: Abingdon, 1981), 33.

## 2. 목민관과 설교자의 소명

역사 속에는 하나님의 뜻인 큰 뜻(The Big Will)과 사람의 작은 뜻(small wills)이 끊임없이 조우하며 역사의 천을 짜 나아가고, 하나님의 특별한 부르심(calling)과 그 부르심을 받은 사람의 응답(answer)으로 역사 운동의 리듬이 결정된다.[34] 하나님은 사람을 부르신다. "그리스도인의 삶 자체가 하나님의 부르심에 대한 응답의 결과"임에도 불구하고 "성경이 가르치는 바에 따르면, 하나님께서는 특수한 목적을 위해 특수한 사람들을 신성한 부르심으로 부르신다."[35] 특히 설교자의 경우, 하나님께 부르심을 받고 하나님의 말씀을 듣고 강단에 서야 하는 것은 "기독교의 역사가 시작될 때부터 강조되고 반복되어 온 주안점이다."[36]

그렇다면 부르심, 곧 소명에 대한 다산의 생각은 어떠한가? 다산 역시 특별한 부르심을 말한다. 하늘 상제는 백성을 내시지만 그들을 위해 따로 임금과 목자를 세워서 그들로 백성을 돌보게 하신다. 그러니 임금과 목자는 자녀를 기르는 부모처럼 백성을 잘 보살펴야 한다고 다산은 강조한다.

> 하늘이 이 백성을 내시면서 그들을 위해 먼저 전답을 두어서 그들로 하여금 먹고살게 하고, 또 그들을 위해 임금을 세우고 목민관을 세워서 그들로 하여금 백성의 부모가 되게 하여 그 산업을 골고루 마련해서 다 함께 살도

34 이원설, 『이데올로기의 초극』 (서울: 성광문화사, 1977), 124.

35 Ralph G. Turnbull, ed., *Baker's Dictionary of Practical Theology* (Grand Rapids: Baker, 1976), 292.

36 정장복, 『설교 사역론』 (서울: 대한기독교서회, 1990), 137.

록 하였다. 그런데도 군주와 목민관이, 그 여러 자식들끼리 서로 치고 빼앗아 남의 것을 강탈하여 제 것으로 만들곤 하는 것을 팔짱을 낀 채 눈여겨보고서도, 이를 금지시키지 못하여 강한 자는 더 차지하고 약한 자는 떠밀려서 땅에 넘어져 죽도록 한다면, 그 군주와 목민관은 과연 군주와 목민관 노릇을 잘 한 것일까? 37

백성을 돌봐야 할 임금은 자신을 대신하여 직접 만백성을 다스릴 목민관을 불러 세워서 그에게 백성을 맡겼다. 목민관은 임금의 대리자로서 백성에게 임금의 뜻을 전하고 가르치며 그들을 다스려야 했다.

설교자도 임금의 부름을 받은 목민관처럼 하나님의 대리자다. 설교자도 하나님의 부르심을 받고 하나님의 백성에게 하나님의 말씀을 전달하고 가르치며 그들을 이끌어야 한다. 그러기에 목민관과 설교자에게는 공통점이 있다.

첫째, 그들은 불러 주신 분을 위해 헌신해야 한다. 소명의 주체는 부르시는 분이다. 소명을 자기 스스로 확신하는 내적 소명(inward calling)과 교회의 확증을 받는 외적 소명(outward calling)으로 나누기도 하지만, 오스 기니스(Os Guinness)는 일차적 소명과 이차적 소명으로 나누고 일차적 소명을 강조하였다.

그리스도를 따르는 자로서 우리의 일차적 소명은 그분에 의한, 그분을 향한, 그리고 그분을 위한 것이다. 무엇보다 먼저 우리는 누군가(하나님)에게 부름

---

37 『與猶堂全書』 第一集 詩文集 第十一卷○文集 論 田論一.

받았지 무엇인가(어머니 구실이나 정치, 또는 교직 같은 그런 것)에게나 어디엔가 (도시 안의 빈민가나 변방의 몽골 같은 그런 곳)에로 부름 받지 않았다.[38]

이런 일차적 소명 의식은 목민관이나 설교자나 결코 잊지 말아야 할 기초 소명 의식이다. 데니스 킨러(Dennis Kinlaw)도 설교자는 하나님께 부름 받은 소명 의식을 가지고 하나님을 위해 살아야 한다면서, "오직 그러할 때만 설교자는 자유롭게 성실성을 가지고 자기 회중을 목양할 수 있다."[39] 하였다. 그 점은 목민관도 마찬가지다.

둘째, 목민관과 설교자는 부름 받은 목적이 같다. 목민관과 설교자가 불러 주신 분을 위해 살아야 하지만 이 일차적 소명 의식은 자연히 이차적 소명 의식으로 이어진다. 목민관과 설교자는 모두 그들을 불러 주신 분의 백성을 위해 파송된 사람들이다. 이에 대해 리츨(Dietrich Ritschl)은 말하기를, "하나님은 예수 그리스도 안에서 그 영광을 위하여 증인들을 부르셨다는 것, 그리고 이런 소명은 동시에 그들이 이 세상에 파견되었다는 것"을 의미한다[40] 하였다. 이때 주의할 점은 소명에 대한 극단적 인식이다. 본회퍼는 소명에 대한 두 가지 오해를 지적하였다. 하나는 세속적 개신교의 오해로 소명을 세상적 의무의 충성스런 수행과 동일시하는 것이며, 다른 하나는 중세 수도원주의의 오해로 소명에 더 적절히 응답할 수 있는 세상으로부터 물러나려는 시도이

38 Os Guinness, *The Call: Finding and Fulfilling the Central Purpose of Your Life* (Nashville: Word Publishing, 2003), 31.

39 Dennis F. Kinlaw/정일오 옮김, 『성령과 설교』 (서울: 기독교문서선교회, 1995), 36.

40 Dietrich Ritschl/손규태 옮김, 『說教의 神學』 (서울: 대한기독교서회, 1990), 67.

다. 그리고 이 둘은 모두 예수 그리스도께서 세상의 삶에 대한 '긍정'과 '부정'을 구체적 책임 안에서 연합시키도록 인간을 부르신다는 사실을 깨닫지 못한 결과다.[41] 이 두 극단은 설교자의 거룩한 소명을 세속화로 물들게 하거나 은둔주의로 움츠러들게 할 수 있다.

다산의 경우, 목민관의 소명 의식을 따로 구별하여 말하지는 않았다. 그러나 『목민심서』 곳곳에서 소명 의식을 밝히고 있다. 애민 6조 중 진궁에서도 "백성의 수령이 된 목민관은 임금의 뜻을 체득하여 이를 실행한다면 그 직분을 다했다고 할 수 있다."[42] 하였다. 목민관은 자기 뜻을 실행하는 지도자가 아니라 그를 보낸 임금의 뜻을 실행하는 지도자이기에 그를 불러 보내신 이의 뜻을 잘 깨닫고 임무를 수행한다면 사명을 다할 수 있다는 말이다. 또한 다산은 인간과 동물의 성품이 일반이라는 주장에 대해 이의를 제기하면서, 목민관을 포함한 모든 벼슬을 임금이 구별하여 임명했다고 주장함으로써 간접적으로 소명을 밝히고 있다.

> 슬프다. 똑같은 임금의 임명이지만 경(卿)의 벼슬이 있고 사(士)의 벼슬이 있고 여대(與儓) 구실과 조예(皁隷)[43] 구실이 있다. 그들이 받는 녹에도 차이가 있어서 그것으로써 그들의 품격이 구별되는데 어찌하여 천명(天命)의 성(性)만 같은 등급이 통용된다는 것일까?[44]

---

41 John D. Godsey/유석성, 김성복 옮김, 『디트리히 본회퍼의 신학』 (서울: 대한기독교서회, 2006), 280-281.

42 『牧民心書』 卷三 愛民六條 第三條 振窮, "爲民牧者。能體聖意而行之。斯可曰盡職也。"

43 여대와 조예 또는 관예는 각 관아의 말단 이속인데, 사령이나 나장이 이에 속한다.

44 『與猶堂全書』 第二集 經集 第十五卷 ○論語古今註 陽貨 子曰性相近也。習相遠也。子曰惟上知與下愚。不移.

이때 다산이 언급한 천(天)은 정주학의 입장과는 달리 인격적인 상제천(上帝天)이며, 상제(上帝)가 내리는 천명(天命)은 윤리적 천명과 정치적 천명으로 나뉜다.[45] 즉 천명은 도덕적일 뿐 아니라 정치적인 것으로서, 상제는 사람들에게 윤리적으로 수기할 명령과 함께 정치적으로 치인할 명령을 내린다. 그렇지만 목민관이 정치적 천명을 받았다 할지라도 그 천명이 목민관에게 영원토록 머물지 않는다. 그가 백성을 부모처럼 잘 돌보지 않고 백성을 착취하여 윤리적 천명을 저버릴 때, 천명은 그 목민관을 떠나 다른 곳으로 옮겨 가버리기 때문이다.[46] 따라서 천명을 받은 목민관은 성실함으로 그 명을 받들어야 한다.

그러나 다산 시대의 목민관들은 대부분 소명 의식을 잃고 있었다. 다산은 그 점을 지적한다.

> 대저 목민관은 백성에게 직접 임하는 벼슬이다. 임금은 지존하여 몸소 아래 백성에게 임할 수 없기 때문에 나로 하여금 백성을 다스리게 하는 것이니 이치상으로는 당연히 뭇 일을 몸소 집행하여 백성의 고통을 살펴야 할 것이다. 그러나 오늘날의 목민관은 망령되이 스스로를 존중히 여겨 대체만을 지키기에 힘쓰고 모든 상납의 일은 전적으로 아전의 손에 내맡겨 온갖 침학이 자행되어도 들은 척도 하지 않으니 목민관의 직임이 어찌 진실로 이와 같은 것일까?[47]

45 李乙浩, 『茶山經學思想研究』, 58-59.

46 Ibid., 271-274.

47 『牧民心書』 卷三 奉公六條 第五條 貢納.

설교자도 마찬가지다. 지존하신 하나님께서는 설교자를 부르셔서 그 백성을 잘 살피고 그들을 위로하며 말씀으로 살리고 돕게 하셨다. 그러므로 설교자는 자신에게 맡기신 사명을 잘 인식하고 뜨거운 소명감으로 성도를 보살피며 말씀으로 돕는 일에 전심전력을 다해야 할 것이다.

다산은 "소한에 목민관은 일찍 일어나 패전[48]에 나아가 배례하고, 진장에 나아가서 죽을 쑤어 먹이고 희미(餼米)를 지급할 것"[49]이라면서, 소명 의식으로 충만한 목민관의 바람직한 태도를 밝혔다.

> 이날 패전에 나아가 향을 피워 네 번 절하고 엎드려 얼마동안 잠자코 있으며 마음속으로 이렇게 아뢴다. "소신은 재주가 부족한데 이런 큰 일을 당하였으니 오직 충성과 지혜를 다해 우리 임금께서 맡겨 주신 수많은 적자(赤子)들의 목숨을 보존하려 합니다. 하늘이 굽어 살피시니 소신이 어찌 감히 마음을 다하지 않겠습니까."[50]

소명 의식에 충만한 목민관이 백성을 구제하기 전에 먼저 임금께 정성으로 예를 올리는 모습은 하나님의 말씀으로 성도를 먹이기 전에 하나님 앞에 엎드려 기도하며 하나님의 음성을 들어야 하는 설교자에게도 귀감이다. 그뿐 아니라 임금이 맡겨 주신 사명에 충성과 지혜와 온 마음을 다하겠다고 다짐하는 목민관의 모습은 소명 받은 설교자가

---

48 패전(牌殿): 지방의 고을에 임금의 위패를 모셔놓은 곳. 매월 초하루와 보름, 그리고 임금을 대신해서 큰 정책을 펴는 날에 지방 장관들이 이 위패 앞에서 절을 한다.

49 『牧民心書』 卷十三 賑荒六條 第四條 設施.

50 Ibid., "是日詣牌殿。升香四拜。俯伏良久默曰心奏曰。小臣不才。當此大事。唯竭忠殫智。以保我聖上所畀赤子萬命。上天監臨。小臣其敢不盡心。"

지녀야 할 태도가 아닐 수 없다.

마틴 루터(Martin Luther)는 소명을 둘로 구분하여 강조한다.

> 소명을 받기 전에는 그 누구도 어떤 일을 맡아서는 안 된다. 소명은 두 가지가 있다. 하나는 믿음의 소명으로, 가장 높은 힘에 의해 부름을 받는 거룩한 소명이다. 다른 하나는 사랑의 소명으로, 친구들이 설교를 해 주기를 바랄 때처럼 동등한 사람들에 의해 부름을 받는 소명이다. 소명 의식을 확고히 하려면 두 가지 소명이 다 필요하다.[51]

루터는 설교자의 소명이 믿음으로 받을 소명과 사랑으로 실천할 소명이 있다고 주장한다. 루터에 따르면 하나님은 설교자를 최고의 힘으로 부르신다. 따라서 설교자는 믿음을 가지고 그 부르심에 응답하며 하나님을 섬겨야 한다. 또한 설교자는 사랑 때문에 세상에 내려와 사람이 되신 예수님처럼 사랑의 소명에 응답하며 이웃을 사랑으로 섬김으로써 하나님이 부르신 소명을 실천해야 한다.

또 다른 두 가지 소명이 있다. 마티(Martin Marty)는 "한 사람은 전하는 자로 부르심을 받고, 다른 사람은 듣고 함께 설교하도록 부르심을 받는다. 그러나 둘 다 은혜가 필요하고, 동일한 복음의 상속자들"[52]이라 하였다. 마티는 회중이 설교자와 함께 설교에 참여할 수 있음을 강조하면서도 설교자와 회중의 소명을 구분하였다. 그렇지만 설교자

---

51 Martin Luther, *Tischreden,* trans. by William Hazlitt, *The Table Talk of Martin Luther* (London: Bell & Daldy, 1872), 180.

52 Martin E. Marty/정준기 옮김, 『청중과 함께하는 설교』 (서울: 대학생성경읽기선교회, 1989), 97.

와 회중의 소명이 구별된다 해도 설교자가 말씀을 가지고 회중과 함께 할 때, 이 두 소명은 일치를 이루며 세상을 향해 나아갈 수 있다. 설교자와 회중의 관계를 잘 설명한 룰 하우(Reuel Howe)는 설교자의 활동이란, 사람은 물론 하나님과 더불어 살아가는 그의 삶 전체 상황에 뿌리를 두고 있다면서 회중과 함께하는 설교 사역에 대해 견해를 밝혔다.

> 그가 메시지 밖에 서서, 단지 메시지의 형식만을 짜나가는 사람이 되는 것으로는 충분치 않다. 그보다도 그가 선택한 말씀은 그 말씀에 전념하는 그의 행동이 되어야 한다. 그가 전하는 말씀은 청중의 체화된 말과 만나는 몸이 되어야 한다. 목사와 평신도는 모두 "내가 그 메시지다(I am the message.)"라는 대담한 명제를 따라 살아가는 법을 배워야 한다.[53]

이렇게 할 때 목사의 설교는 그 설교를 듣고 실천하는 회중, 곧 세상 속에서 살고 있는 회중의 삶을 통해 세상으로 흘러들어 간다. 그러고 보면 전하는 자의 소명과 듣는 자의 소명은 둘이 아니라 더 큰 목적을 이룰 하나의 소명이다.

목민관은 임금의 신임을 얻고, 그 역시 임금을 신뢰하며 임금이 맡겨 준 백성을 인애로 돌봐야 한다. 하나님께 부름 받은 설교자도 똑같다. 하나님께 신임 받은 설교자는 하나님을 신뢰하며 맡겨 주신 양들을 사랑으로 돌봐야 한다. 그러나 설교자가 소명 의식이 분명하지 못하고 겸손하지 못하면 강단을 자기 자랑의 무대로 사용하기 쉽다. 그

53 Reuel L. Howe, *Partners in Preaching: Clergy and Laity in Dialogue* (New York: Seabury, 1967), 101.

위험에 대해 스토트는 지적하였다.

> 불행하게도 설교단에서 용감한 설교자가 되고자 하는 결심은 우리네 설교자들을 고집스럽고 거만하게 만들 수 있다. 우리는 거리낌 없이 말하는 데는 성공할지 모르나 우리의 솔직함을 자랑하게 됨으로써 설교에 실패할 수도 있다. …… 의심할 바 없이 교만은 설교자의 주요한 직업적 위험 요소이다. 그것은 많은 설교자들을 타락시켰고 그들의 목회의 능력을 빼앗았다.[54]

설교자가 하나님께 부름 받았다는 소명 의식을 뚜렷이 가진다면, 결코 교만할 수 없다. 설교자의 자리, 그의 사명, 그의 시간들이 그를 부르신 하나님께서 백성에게 그 뜻을 전하라고 맡기신 선물임을 바르게 인식하는 설교자라면, 어찌 그 모든 것이 자신의 것인 양 교만할 수 있겠는가. 악테마이어도, 하나님께서 이 우주 안에서 역사하시는 놀라운 사실을 백성에게 해석해 주라는 뜻으로 우리 설교자들을 선택하셨다고 주장한다. 그러면서 설교자의 사명은 설교자의 것이 아니라 그를 택하여 부르신 하나님의 것임에도 설교자들 중에는 지나치게 소명 의식에 도취된 나머지 하나님의 영광을 자신의 영광으로 바꾸는 경우가 있다 하였다.[55] 설교자의 지나친 소명 의식이 초래하는 부작용을 경계하는 말이다.

한갓 피조물인 사람이 하나님의 말씀을 전하기에 설교자 스스로

54 John Stott, *I Believe in Preaching* (London: Hodder & Stoughton, 1988), 320.

55 Elizabeth Achtemeier/차호원 옮김, 『창조적인 설교』, 19-20.

그 자격에 대해 의심할 수 있다. 그러나 하나님께서는 설교자의 연약함에도 불구하고 그를 부르셔서 그를 통해 자기 백성에게 말씀하시기 때문에 설교는 인간의 행위를 넘어선다. 하나님께서는 설교를 통해 우리를 찾아오신다고 본 "칼빈에게 있어서 설교란 참말로 신적 행위"[56]였다. 그러기에 칼빈에게는 "하나님께서 인류를 아름답게 하신 훌륭하고 많은 은사들 중에서, 사람의 입과 혀를 성별하셔서 그것들을 통해 하나님의 음성이 들려지게 하신 것은 특별한 은혜"[57]였다.

하나님의 대사로서 바른 소명 의식을 가지고, 설교를 하나님의 현현하시는 역사로 보는 설교자들은 복음을 전하는 열정에 사로잡혀 일한다. 그런 설교자들의 소명에 대해 악테마이어는 말했다.

> 그러므로 설교자들, 즉 하나님께서 당신의 말씀을 전하시기 위하여 선택하신 하나님의 "사신들"(고전 5:20)은 그분과의 완전한 일치 속에서 메시지를 마음속에서 잉태시켜야 한다. 바로 우리의 소명에 의해 우리는 모든 사람들과 함께 슬퍼하고 함께 기뻐하며 그들을 열망하는 거룩한 사랑 가운데 그들 각자와 한 덩어리의 삶을 이루게 된다(롬 12:15).[58]

## 3. 목민관과 설교자의 사명

목민관은 고려 시대에도 있었다. 고려 말의 학자 가정(稼亭) 이곡

---

56 Richard Stauffer/박건택 편역, 『칼빈의 설교학』 (서울: 나비, 1990), 64.

57 John Calvin, *Institutes of the Christian Religion* Vol. III, Book Ⅳ. 1:5.

58 Elizabeth Achtemeier/차호원 옮김, 『창조적인 설교』, 85.

(1298~1351)은 그의 문집에 부귀를 탐하지 않고 신하의 도리를 다한 윤윤의 묘지명을 쓰면서, "윤윤이 청렴하고 검소하기 때문에 목민관으로 삼은 것이다. 그대들은 부디 그를 흔들어서 혼탁하게 만들지 말라."[59]는 충숙왕의 글을 싣고 있다. 이러한 목민관 개념은 조선으로 이어졌는데, 태조 이성계는 왕위에 오르자 가장 먼저 수령의 전최법[60]을 제정하여 대소 목민관을 세웠다.[61]

『조선왕조실록』에 보면, 세종 때 사헌부 김타의 상소문에, 목민관의 임무를 말하여 "신은 듣자오니 백성은 나라의 근본이요, 백성과 가까운 관원은 수령보다 중한 것이 없습니다. 은택을 받들어 교화를 선포하며 백성을 사랑하여 돌보고, 물건을 기르고 아끼는 것이 그 수령의 직분입니다."[62] 하였다. 각 고을의 수령으로서 목민관은 그 어떤 관원보다 가까이에서 백성을 다스릴 수 있기에 그 직분이 중함을 강조한 말이다. 실제로 세종은 목민관으로 부임하려고 작별을 고하는 최종리에게 "네가 두 번째 수령을 지내게 되어 백성을 대하는 일에 두루 알지 못함이 없을 것이니, 나의 지극한 마음을 대신하여 서민들을 굶주리지 않게 하고 형벌을 삼가고 백성을 사랑하라."[63] 당부하였다. 세조 역시 목민관이 할 일에 대해서 각 도의 관찰사에게 교지를 내리기를, "임금

---

59 『稼亭先生文集』 卷之十二墓誌銘, "尹尹清儉。故使牧民。汝曹愼毋擾溷。"

60 수령의 근무 성적과 행정 실적에 점수를 매겨 우열을 가리는 것을 전최법(殿最法)이라 하였다. 전은 하등급, 최는 상등급을 의미하는데, 이 성적을 승진에 반영하였다.

61 『朝鮮王朝實錄』 太祖1卷, 1年(1392 壬申) 8月 2日(辛亥) 4번째 기사.

62 『朝鮮王朝實錄』 世宗 28卷, 7年(1425 乙巳) 6月 2日(庚子) 2번째 기사, "臣聞, 民者邦之本也, 而親民之職, 莫重守令, 承流宣化, 撫人字物, 乃其職也。"

63 『朝鮮王朝實錄』 世宗 61卷, 15年(1433 癸丑) 閏8月 3日(癸丑) 1번째 기사.

은 백성의 부모가 되니 오직 인덕(仁德)을 몸소 실행하는 데 있고, 수령은 백성의 자목(字牧)[64]을 맡았으니 마땅히 먼저 백성을 사랑해야만 한다."[65] 하였다. 다산도 목민관에 대해 언급하며 목민관은 백성을 위한 존재임을 강조한다.

> 목민관이 백성을 위해 있는가, 백성이 목민관을 위해 있는가? 백성이 속미(粟米)와 마사(麻絲)를 생산하여 목민관을 섬기고, 또 여마(輿馬)와 추종(騶從)을 내어 목민관을 전송(餞送)도 하고 환영도 하며, 또는 고혈(膏血)과 진수(津髓)를 짜내어 목민관을 살찌우고 있으니, 백성이 과연 목민관을 위해 있는 것일까? 아니다. 그건 아니다. 목민관이 백성을 위해 있다.[66]

목민관의 다스림이 심히 부패한 시대에 목민관의 바른 사명을 일깨워 주는 말이다. 이러한 다산의 정치 철학의 요체를 장승희는 "백성이 중요하며 위정자와 목민관도 백성을 위해 존재하는 것이라는 '민본,' 덕으로 정치해야 한다는 '덕치,' 백성의 삶을 위해 올바르게 정치하고 노력하는 '유위(有爲)'라고 볼 수 있다."[67] 하였다.

또한 인자와 용서로 백성을 다스리는 목민관에 대해 다산은 "윤형래가 회인 현감이 되었을 때의 일이다. 정사하는 데 인자와 용서를 앞세

---

64 자목(字牧): 수령이 백성을 사랑하여 다스리는 일.

65 『朝鮮王朝實錄』 世祖 40卷, 12年(1466 丙戌) 11月 15日(癸未) 2번째 기사, "元后作父母, 惟在體仁; 守令任字牧, 當先愛民。"

66 『與猶堂全書』 第一集 詩文集 第十卷○文集 原 原牧, "牧爲民有乎。民爲牧生乎。民出粟米麻絲。以事其牧。民出輿馬騶從。以送迎其牧。民竭其膏血津髓。以肥其牧。民爲牧生乎。曰否否。牧爲民有也。"

67 장승희, 『茶山 倫理思想 硏究』 (서울: 景仁文化社, 2005), 335.

우니 백성이 부모같이 우러러보았다."[68]고 하였다. 당나라 목민관 방언겸도 백성을 사랑하는 덕이 많아 백성이 그를 '자부(慈父)'라 불렀으며 비를 세워 그를 칭송하였다[69]고 다산은 소개한다. 다산은 죽은 뒤까지 백성에게 사랑을 받았던 남원 부사 김희를 언급하면서, "김희가 남원 부사가 되어 백성을 자식같이 여기고 송사의 판결을 물 흐르듯이 하여 재직 몇 년 만에 온 고을이 편안하게 되었다."[70] 하였다. 그의 사후에도 백성이 그를 사랑한 까닭은 살아생전에 그가 백성을 자식처럼 사랑했기 때문이다. 다산은 『목민심서』 말미에 당나라 원결이 지은 『도주자사청벽기』의 글을 인용하여 목민관의 역할이 얼마나 중요한가를 알린다.

> 천하가 태평할 적에는 바야흐로 사방 천리 안의 살아 있는 모든 사람들을 자사(刺史)가 능히 생존케 하고 멸망케 하며 기쁘게 하고 슬프게 할 수 있으며, 천하에 병란이 일어나면 사방 천리 안의 뭇 백성을 능히 보호하고 환란을 능히 제거하는 일이 자사에게 달려 있을 따름이다. 무릇 자사가 문무의 재략이 없다든지, 청렴하지도 아랫사람에게 엄숙하지도 못하든지, 밝지도 은혜스럽지도 공평하지도 바르지도 못하든지 하면, 온 주(州)의 생령이 모두 그 해를 입을 것이다. [71]

또한 다산은 "목민관이란 한 고을을 주재하는 사람이다. 한 고을

68 『牧民心書』 卷十四 解官六條 第五條 隱卒, "尹亨來爲懷仁縣監。政先仁恕。民仰若父母。"

69 『牧民心書』 卷十四解官六條第六條遺愛.

70 Ibid., "金熙爲南原府使。視民如子。決訟如流。在官數載。一邑晏然。"

71 Ibid.

의 일은 관장하지 않는 바가 없으며, 책임이 최고 지도자에게 있으니 어찌 핑계가 있을 수 있겠는가?"[72] 하였다. 그만큼 백성을 다스리는 목민관의 권한이 크고 책임이 무겁다.

목민관은 그가 섬기는 임금의 백성을 임금을 대신하여 다스리는 사람이다. 그렇다면 설교자는 어떠한가? 스토트에 따르면 설교자의 사명은 청지기이다. 설교자는 선지자처럼 하나님께 원초적 계시를 받지 않고, 사도처럼 예수님께 직접 임명되지도 않았지만, 이전에 계시되어 지금은 기록된 하나님의 말씀으로부터 메시지를 끌어내는 자이며, 이 일에 특권을 받은 청지기이다. 이때 설교자의 임무는 그에게 주어진 메시지를 선포하는 것이며 진리를 밝히 드러내어 진술하는 것이다.[73] 포사이드는, 목민관이 왕의 통치를 받으면서 다른 한편 왕의 통치가 백성에게 실현되도록 힘쓰듯이, 설교자도 하나님의 통치 아래에서 회중으로 하여금 그들의 주인 되신 하나님을 찾게 하고 그분의 통치가 그들의 삶에서 실현되게 해야 한다고 강조하였다.

> 설교자인 우리가 우리 삶의 중심으로 왕의 통치를 이끌어 들이지 않으면서 천국을 설교하는 것은 아무 소용이 없다. 모든 영혼의 첫째 의무는 자신의 자유를 찾는 것이 아니라 자신의 주인을 찾는 것이다. 그리고 모든 교회의 책무는 그분을 중재(mediate)하는 것이 아니라 제공(offer)하는 것이다.[74]

---

72 『牧民心書』 卷二 律己六條 第五條 節用, "牧者。一縣之主宰也。一縣之事。靡所不管。責在元帥。何以辭矣"

73 John R. W. Stott, *The Preacher's Portrait: Some New Testament Word Studies* (Grand Rapids: Wm. B. Eerdmans Publishing Co, 1961), 17, 23-24.

74 P. T. Forsyth, *Positive Preach and Modern Mind* (New York: A. C. Armstrong & Son,

따라서 설교 사역을 잘 감당하기 위해서는 먼저 설교자 자신의 삶에 하나님을 주인으로 모셔야 한다. 그런 다음 회중에게 하나님의 말씀을 설교하여 그들 역시 하나님을 주인으로 모시고 살게 해야 한다. 리츨은 설교를 가리켜 말씀이 교회를 지배한다고 하였다. 비록 설교자가 교회 안에서 길러짐에도 불구하고 그래서 교회와 설교가 서로 유기적 관계 속에 있다 할지라도, 설교는 하나님의 행위를 직접 지시하는 성경의 증언에 근거하기 때문에 하나님의 말씀이며, 그러므로 설교는 하나님이 교회를 향하여 하시는 말씀이라 하였다.[75] 결국 설교자는 설교를 통해 하나님의 백성인 교회를 세우며 다스린다. 교회로 하여금 하나님의 말씀을 받아서 세상 속에 하나님의 나라를 세우며 확장시키게 한다. 이렇게 백성을 보살피며 나라를 바로 세워야 하는 목민관과 설교자는 공통점이 있다.

구약 시대 근동에서는 하나님과 왕이 백성의 목자로 묘사되기도 하였다. 들판을 헤매는 양들을 양육하고 보호할 책임이 전적으로 목자의 손에 달려 있듯이 백성의 삶도 하나님과 왕의 손에 달려 있었다. 신약 시대에는 예수님께서도 제자들에게 나는 목자라 하셨고 제자들에게 양을 위탁하셨다. 다산 역시 이런 사실을 알고 있었을 것이다. 왜냐하면 다산에게 신앙의 영향을 끼친 이벽의 『성교요지』에 "예수님은 모든 종족을 돌보시며 상한 자를 거두시는 목자로서 아침 저녁 세월을 보내시도다."[76]라는 구절이 있기 때문이다. 다산은 유교적이고 정치적

---

1907), 42.

75 Dietrich Ritschl/손규태 옮김, 『說教의 神學』, 70.

76 李蘗/河聲來 옮김, 『성교요지』 (서울: 성요셉출판사, 2007), 62. "顧種牧傷 夕朝歲月"

인 차원에서도 목민을 알았지만 선한 목자이신 예수님의 목민에 대해서도 익히 알았을 것이고 그의 목민 정신 역시 예수 그리스도의 영향을 받았음이 분명하다.

『목민심서』에서 다산은 백성의 평화와 행복한 삶을 위해 목민관이 행할 바를 다루었다. 다산은 원시 유교와 경학에 치중했는데, 그 이유는 요순시대의 리더십이 백성을 행복하게 한다는 사실을 확신했기 때문이다. 양들을 사랑한 목자 예수님, 백성을 사랑한 요와 순, 다산과 목민관은 오늘의 설교자들에게 매우 귀중한 사표(師表)이다.

임금을 대신하여 각 고을에서 임금의 양떼를 돌보는 이가 목민관이라면, "그리스도의 대리"[77]로서 하나님의 양떼를 돌보는 이는 목자요 설교자이다. 초대 교회에서는 오늘의 목사를 감독이라 불렀다. 『디다케』와 함께 교회의 전례와 규범에 대해 가장 기초 사료로 꼽히는 『사도전승』에도, 서품을 받는 감독이 양떼를 잘 보살피게 해 달라고 아버지 하나님께 간구하는 기도문이 있다.

> (사람의) 마음을 아시는 아버지, 감독직을 위해 간택하신 이 종으로 하여금 하나님의 양떼를 보살피며 책잡힐 데 없을 만큼 대사제직을 수행하게 하시고, 밤낮으로 (하나님을) 섬겨 끊임없이 하나님 얼굴의 (노여움을) 풀어 드리고, 거룩한 교회에 제물을 바치게 하소서. …… 온유함과 깨끗한 마음으로 하나님께 감미로운 향기를 바치게 하소서.[78]

77 Karl Barth/朴根遠 옮김, 『說敎學 原講』 (서울: 展望社, 1981), 69.
78 Hippolytus/이형우 역주, 『사도전승』 (왜관: 분도출판사, 2005), 79-80.

유니온 신학교 교장을 역임한 헨리 카핀(Henry S. Coffin)은 "사람의 행복을 증진시키기 위한 직업은 무엇이나 다 목자"[79]라 하였다. 백성을 행복하게 하려는 관리로서 목민관도 목사처럼 목자(牧者, ministry)이다. 바우만은 목회자와 설교자는 별개가 아님을 밝히어, "목회자와 설교자의 이분법은 시대착오이다. 그것은 하나님의 백성을 섬기라는 단 하나의 부르심이 가지는 두 가지 특질을 나타낸다."[80] 하였다.

그렇다면 도시 문명이 극도로 발달한 현대에서도 목민이나 목양의 전근대적 개념이 이해 가능하며 실제로 유효한가? 목사의 가장 주된 책임이 양들을 먹이는 것이라고 할 때, 어떤 상황에서도 목양은 필요하다. 더욱이 예수님께서는 스스로 "나는 선한 목자라." 하시지 않았는가. 도시 문명이 발달한 현대에도 여전히 목사는 목자이신 예수 그리스도와 같은 목자이다. 도시 생활이 번잡할수록 사람들은 목가적인 그리움을 가진다. 토마스 오덴(Thomas Oden)은 현대의 세속화된 사람들은 자연적이고 전원적이며 목가적인 이미지들에 대한 깊은 갈망을 간직하고 있다면서, 교역의 중심 이미지는 양떼가 위험에 처하는 극한 위기 상황을 제외하면 양육적이요, 생명을 풍성하게 하며 비전투적인 이미지라 하였다.[81]

'목사(pastor)'는 그리스어 '포이멘(poimēn)'을 번역한 말이다. 이 단어는 '보호'를 의미하는 어원에서 왔으며 기본적으로 '목자(shepherd)'

79 J. R. Spanned., *The Ministry* (New York: Abingdon-Cokesbury, 1949), 23.

80 J. D. Baumann, *An Introduction to Contemporary Preaching* (Grand Rapids: Baker, 1981), 40.

81 Thomas C. Oden, *Pastoral Theology: Essentials of Ministry*, 51-52.

를 뜻한다. 목자인 목사는 양떼를 해하려는 이리들로부터 성도를 보호하면서도 양떼를 잘 먹여 살려야 한다. 그리고 목자로서 "양떼를 먹이는 일은 목사의 가르치고 설교하는 직무에 속한다."[82] 기독교의 영역을 크게 확장시켰다고 평가받는 사회복음의 초기 주창자 워싱턴 글래든(Washington Gladden)은 주장했다.

> 목사의 왕좌는 그의 설교단이다. 그가 자선 단체의 창시자가 되기 위해서 또는 여흥을 돋우는 사람이나 휴게실과 전차 안에서 떠드는 사람이 되기 위해서 자기의 설교단을 버렸을 때, 목사직은 사람들에게 존경받는 지위를 상실하게 될 것이다.[83]

주님의 양들에게 말씀 먹이는 일을 게을리한 설교자는 그 영적 권위와 함께 존경받는 지위도 잃어버리게 된다. 설교단을 버린 설교자는 모든 것을 잃게 된다.

'목민'이 임금의 명을 받들어 그 백성을 임금의 법으로 다스리는 일일진대, 목민관이 먼저 법을 잘 알아야 하고 잘 지켜야 한다. 다산은 그 점을 강조하여 경계한다.

> 책상 위에 『대명률』과 『대전통편』을 놓아두고 항상 찾아보아 그 조문과 사례를 갖추어 알고 있어야 한다. 그래야 법을 지키고 명령을 시행하고 소송

---

82 Ralph G. Turnbull, ed., *Baker's Dictionary of Practical Theology*, 295.

83 Washington Gladden, *The Christian Pastor and the Working Church* (Edinburgh: T. & T. Clark, 1901), 107.

을 판결하며 사건을 처리할 수 있다. 무릇 법 조항에 금지된 것은 조금이라도 어겨서는 안 되니, 비록 오래전부터 전해 내려오는 고을의 관례라 할지라도 국법에 현저히 위반되고 벗어난 것이면 어겨서는 안 된다.[84]

목민이란 목민관 자신의 정치 성향이나 자기 감정으로 다스리는 일이 아니기에 먼저 임금의 명령을 숙지하고 그 명령을 지키며 실천해야 한다. 이런 모습은 설교자에게도 필요하다. 하나님의 명령을 하나님의 백성에게 전하는 설교자 역시 하나님의 말씀을 잘 알기 위해 힘써야 하고 그 명령을 솔선하여 지켜야 한다.

하나님은 설교자를 통해 그 백성을 말씀으로 다스리신다. 그러기에 리츨은 설교를 가리켜 "설교는 성령을 통하여 역사하는 예수 그리스도의 아버지인 하나님의 행위"[85]라 하였다. 설교가 인간의 입을 통해 전해짐에도 불구하고 인간의 행위이기 이전에 하나님의 행위라는 말이다. 그것은 비록 목민관이 임금의 명을 받드는 신하에 불과하지만 실제로 임금은 목민관을 통해 그 백성을 다스림과 같다. 설교자는 임금의 명을 받들어 각 고을을 다스리는 수령, 즉 목민관과 같은 존재이다. 장로교회의 경우 당회가 있어 목사의 월권을 제어하기는 하지만 소위 강단권이라 하여 설교에 관한 한 당회도 함부로 규제하지 않으려는 경향이 일반적이다. 그런 점에서 자칫 설교자의 인격과 신앙이 건전하지 않으면 성도는 어디에 하소연할 길 없는 고통을 겪을 수 있다. 설교자는 하

---

84 『牧民心書』 卷三 奉公六條 第二條 守法.

85 Dietrich Ritschl/손규태 옮김, 『說敎의 神學』, 44.

나님의 말씀을 받아서 그 말씀으로 설교하여 사람을 살리고 기르는 메신저이다. 따라서 설교자는 설교할 때마다 하나님을 앞서지 않도록 삼가고 삼갈 일이다. 다산도 그의 1표 2서 가운데 하나인 『흠흠신서』 서문에서 그 편찬 이유를 밝히며 목민관을 경계하고 있다.

> …… 사람이 하늘을 대신하여 권한을 쥐었으면서 삼가고 두려워할 줄 몰라 털끝만한 일도 세밀히 분석해서 처리하지 않고 소홀하고 흐릿하게 하여, 살려야 될 사람을 죽게 하고 죽여야 할 사람을 살리기도 한다. 그러면서도 오히려 태연하고 편안하게 여긴다. 또는 부정한 방법으로 재물을 얻고 부인들을 호리기도 하면서, 백성의 비참하게 절규하는 소리를 듣고도 그것을 구휼할 줄 모르니, 이는 매우 큰 죄악이다. 인명에 관한 옥사는 군현에서 항상 일어나는 것이고 지방관이 항상 만나는 일인데도, 실상을 조사하는 것이 항상 엉성하고 죄를 결정하는 것이 항상 잘못된다. …… 내가 목민에 관한 말을 수집하고 나서, 인명에 대해서는 '마땅히 전문적으로 다루어야겠다' 하고, 드디어 이 책을 별도로 편찬하였다.[86]

특히 다산은 사람을 벌하는 일은 생명에 관계되므로 삼가고 삼가는 것이 형벌을 다스리는 근본이라 여겨서 '흠흠(欽欽)'이라 이름 붙였다고 설명한다.[87] 다산의 말은 목민관의 사명이 생명을 다루는 막중한 일임을 깨우쳐 줄 뿐만 아니라 사람의 생명을 다루는 일에 결코 소홀

86 『與猶堂全書』 第一集 詩文集 第十二卷○文集 序 欽欽新書序.

87 Ibid., "謂之欽欽者何也。欽欽固理刑之本也。"

함이 없어야 한다는 점을 일깨워 준다. 그러므로 영원한 생명을 책임진 설교자도 사람과 말씀을 살피고 설교를 준비하는 일에 혹여 소홀함이 있는지 늘 돌아보아야 할 것이다.

다산은 『예기』의 글을 인용하여 목민관은 은혜를 골고루 끼쳐야 한다고 주장한다.

> 언제나 성대한 제사를 지내면 제사 음식을 골고루 나누어 주어야 한다. 옛날 예법에는 휘포(煇胞)나 적혼(翟閽)[88] 같은 무리들에게도 은혜를 반드시 고루 베풀었다. 그러므로 『예기』에 이르기를 "은혜가 골고루 베풀어지면 정치가 잘 된다."라고 하였다. 육방 아전이나 가까이 부리는 시노(侍奴), 시동(侍童)들, 수고를 끼친 사람들에게 모두 골고루 돌아가게 하지 않으면 안 된다.[89]

비록 천민일지라도 제사 음식을 나누어 먹는 은혜를 고루 받도록 해야 한다는 말이다. 이런 정신은 하나님의 말씀을 나눠 먹여야 할 설교자도 명심하고 실천할 일이다. 다산은 군수와 현령 같은 목민관에 대해 "군수와 현령은 본래 임금의 은덕을 받들어 흐르게 하고, 덕으로 교화를 널리 펴는 것"[90]이라 하였다. 그의 주장은 곧 하나님의 은혜와 뜻을 받들어서 사람들에게 흐르게 하는 설교자에게도 타당하다. 다산은

88 『예기』에 나오는 말로, '휘(煇)'는 가죽을 다루어 갖옷을 만드는 사람, '포(胞)'는 가축을 잡는 일을 맡은 사람, '적(翟)'은 '악리(樂吏)'를 말하며, '혼(閽)'은 문지기를 맡은 사람으로서 모두 천한 자들이었다.

89 『牧民心書』卷二律己六條第三條齊家.

90 『牧民心書』卷三 奉公六條 第一條 宣化, "郡守縣令。本所以承流宣化。"

목민관이 백성과 임금 사이에서 어떤 처신으로 섬겨야 하는지 봉공 6조 선화에서 설명한다.

> 조정이 조서를 내려 칭찬함은 나를 기림이 아니요, 조정이 유시(諭示)를 내려 절실하게 꾸짖음은 나를 미워함이 아니다. 모두 이 백성을 위하지 않음이 없으니 무릇 칭찬을 듣든지 꾸짖음을 받든지 마땅히 모두 조정이 은덕을 베푸는 뜻을 선포할 것이요 숨겨서는 안 된다.[91]

그렇다면 목양을 실천하는 설교자들이 목회 현장에서 설교의 중요성을 어떻게 느낄까? 미국 침례교의 걸출한 설교자 프랭크 폴라드(Frank Pollard, 1934~2008)는 하나님의 백성을 사랑하고 인도하는 가장 좋은 방법은 무엇이며 그들에게 베풀 수 있는 가장 효과적 리더십은 무엇인가 묻고서 그것은 설교라 답하였다.[92] 설교가 목양에 가장 적합하고 효과적 방법이라는 말인데, 이처럼 목양에 효과적인 설교에 대해 한국 교회 설교자들에게 물었다. 설교의 중요성이 과거에 비해 어떻다고 생각하느냐는 질문에 '과거보다 더 중요해졌다'는 응답이 75.5%, '과거와 비슷하게 중요하다'는 응답이 19.2%였다.[93] 이 둘을 합하면 94.7%나 되는 한국 교회 설교자들이 목회 현장에서 설교 사역의 중요함을 인식하고 있다. 이에 대해 김운용은 평하기를 "한국 교회는 어느 나라보다 설교의 중요성을 깊이 인식하고 있는 상황에서 그 중요성이 더욱

---

91 Ibid.

92 Frank Pollard, *The Preaching Pastor* (United States, 2003), 9.

93 목회와 신학 편집부 엮음, 『한국 교회 설교 분석』, 29.

증가하고 있다고 응답한 것은 기존의 중요성을 확인한 것일 뿐만 아니라 지금의 상황과 문화 사회적 변화의 현장을 반영한 것"[94]이라 하였다. 아무튼 이 조사 결과는 어느 때보다 설교의 필요성을 더욱 깊이 인식하며 설교의 부흥을 꿈꾸는 한국 교회 설교자들의 열망을 느끼게 한다.

하나님의 백성, 하나님 양들의 모임인 교회 공동체는 에덴에 가정을 창설하신 하나님께서 이 세상 속에 더 큰 가정으로 지으신 천국 가족이다. 그런데 하나님께서는 이 천국 가족 공동체인 교회를 말씀으로 양육하고 다스리신다. 존 스토트는 설명한다.

> 하나님의 새로운 창조(교회)는 그의 옛 창조(우주)처럼 그의 말씀에 의해 이루어졌다. 하나님은 그의 말씀으로 교회를 지으셨을 뿐 아니라 동일한 말씀을 통해서 교회를 유지하시고 양육하시며 지도하시고 거룩하게 하시며 개혁하시고 새롭게 하신다. 하나님의 말씀은 그리스도께서 교회를 다스리시는 홀(笏)이며 교회를 기르시는 양식이다.[95]

오늘도 하나님께서는 설교자를 세우시며 말씀으로 교회를 양육하시고 다스리고자 하신다. 하나님의 목민이 곧 설교를 통해서 이루어지기에 하나님의 말씀을 맡은 설교자는 그 책임이 막중하다. 따라서 모든 설교자는 진중한 마음으로 하나님의 말씀을 잘 연구하여 성실히 설교해야 한다. 그럴 때 하나님의 말씀은 교회 앞에 높이 들린 홀이 되며,

---

94 Ibid., 42.

95 John R. W. Stott, *Between Two Worlds: The Art of Preaching in the Twentieth Century* (Grand Rapids: Eerdmans, 1982), 109.

성령님께서는 그 말씀이 회중의 삶 속에서 살아 움직이게 하실 것이다.

한국 장로교회에서 최초로 제정한 헌법을 보면, 목사란 "신령한 양식으로 그 양 무리를 먹이는 자인 고로 목자"[96]라 하였다. 또한 설교란 사람을 구원하는 하나님의 방침이기에 목사는 반드시 크게 주의하여 행할 것이며 마음을 다하고 힘을 다하여 진리의 말씀을 바르게 분해하라[97] 하였다. 1910년대에 공위량도 말하길, 목사는 그가 섬기는 교회의 목자로서 양을 먹이는 자이기에 양을 먹일 양식이 준비되어 있어야 한다면서, 목자가 양떼를 푸른 초장으로 인도하지 않으면 양 혼자서는 그 길을 찾지 못하며 독초를 먹게 된다[98] 하였다.

임금은 목민관을 통해 백성을 만나고 백성을 다스렸다. 하나님께서도 설교자를 통해 그의 백성을 만나시고 그들에게 말씀하신다. 이 점에 대해 스토트는 주장한다.

> 예전에 자신의 십자가를 통해서 화평하게 하신 바로 그 그리스도께서 지금은 자신의 반포자들을 통해 화평을 설교하신다. 현대의 저술가들이 설교를 '실존적'이라고 표현한 것은 이런 의미에서이다. 설교는 좋은 소식을 반포하는 활동이며, 그리스도 안에서 하나님은 설교를 통하여 사람들을 직접 대면하신다.[99]

---

96 郭安連 編, 『朝鮮예수敎長老會憲法』 (京城: 朝鮮耶蘇敎書會, 大正十一年), 91.

97 Ibid., 199.

98 孔韋亮, "牧師의 思想的 生活," 「神學指南」 4권 1-4호 (1919, 1), 84.

99 John R. W. Stott, *The Preacher's Portrait: Some New Testament Word Studies*, 36.

이처럼 하나님은 설교자를 통해 사람들을 만나시고 뜻을 전하신다. 더욱이 "하나님께서는 설교자의 선포를 통해서 사람들과 대면하실 뿐만 아니라 설교를 통해서 실제로 사람들을 구원하신다."[100] 그런 점에서 설교는 '하나님의 나-너 관계(God's I-thou relationship)', 곧 인격적 만남이 되어야 한다.[101] 설교자는 그 자신이 먼저 하나님과 인격적 만남을 깊게 하고, 나아가 설교를 통해 사람들로 하나님과 만나게 해야 한다. 그리고 그 만남은 주술적이거나 피상적이지 않고 인격적 만남이 되게 해야 한다.

유교의 사상 속에는 인간에 대한 관심과 사랑이 가득하다. 유교(儒敎)의 선비 유(儒)자에 사람 인(人)자가 들어 있으며, 공자의 근본 사상인 인(仁)에도 사람 인(人)자가 들어 있다. 그뿐 아니라 진리를 뜻하는 유교 용어, 도(道)에도 사람의 머리(首)와 사람의 걸음(辵)이 들어 있다. 이런 뜻에서 유교는 사람이 사람 되고자 하는 사상이라[102] 할 수 있다. 따라서 인도(仁道)로써 수기를 이룬 목민관은 단순히 백성을 돕는 사람이라기보다 백성과 함께 사는 사람이다. 참된 목민관은 백성이 사는 현장, 즉 그들이 부대끼며 살아가는 세상 속으로 파고들어가 그들을 사랑하며 그들과 함께 걷고 그들과 함께 산다.

설교자도 마찬가지다. 하나님의 아들이신 예수 그리스도께서 세상 속에 인자(人子)로 오셔서 인간과 함께 사셨듯이 설교자도 그 삶의

---

100 Ibid., 53.

101 Herbert H. Farmer, *The Servant of the Word* (New York: Charles scribner's sons, 1942), 56.

102 琴章泰, 『儒敎와 韓國思想』 (서울: 성균관대학교출판부, 1984), 28.

자리를 사람들이 살고 있는 현장, 곧 세상 속에 두어야 한다. 그리스도께서 사람을 사랑하여 십자가를 지고 고난 당하셨기에 설교자 역시 그리스도처럼 자기 십자가를 져야 한다. 그리스도의 사람으로서, 고난 당한 이들과 함께하며 제자의 삶을 추구한 본회퍼는, 그리스도가 그리스도이기 위하여 고난과 버림을 받았듯이 제자들도 제자이려면 고난과 버림을 받고 십자가에 못 박혀야 한다 하였다. 그러나 이 "십자가는 부자유나 어두운 숙명이 아니다. 오히려 예수 그리스도에 매임으로 생기는 고난이다. 십자가는 또 우연한 고난도 아니다. 필연적이다."[103] 그러므로 "그리스도가 우리의 죄를 진 것 같이 우리도 형제의 짐을 져야 한다."[104] 특히 십자가 복음을 전해야 하는 설교자는 그리스도의 복음 없이 살아가는 사람들 속에서 그들을 위해 죽으신 그리스도의 고난에 참여하는 사람이 되어야 한다. 불러 세워 주신 왕을 위해 그 백성의 고난에 동참하는 것이 곧 목민관과 설교자의 사명이기 때문이다.

그러나 목민관 중에는 사명을 도외시한 이들이 많았다. 다산은 사명을 저버리고 노름에 빠진 목민관의 모습에 탄식한다.

> 바둑은 그나마 고상하고 운치 있는 취미이다. 근래의 목민관들은 정당(政堂)에서 저리(邸吏)나 읍내의 건달들, 하인 무리들과 더불어 투전 놀음으로 날을 다하고 밤을 새우니, 체모의 손상이 이렇듯 극심해졌다. 아아, 장차 어찌할 것인가? [105]

---

103 Dietrich Bonhoeffer/허혁 옮김, 『나를 따르라』 (서울: 大韓基督敎書會, 1965), 70-71.

104 Ibid., 74.

105 『牧民心書』 卷一 律己六條 第一條 飭躬.

다산의 탄식은 이 시대의 설교자를 향한 주님의 탄식이기도 하다. 이 시대의 설교자들이 하나님의 말씀을 맡은 사명자로서 자신의 품위를 지키며, 그 인간관계가 하나님이 택하여 세우신 설교자답게 구별되었는가? 세상 사람들 속에서 그들과 화목하게 살지만 결코 그들과 같지 않으며 그들을 바른 길로 인도하는가? 갖가지 유혹이 산재한 현대사회 속에서 여러 사람들과 함께 살면서도, 자신을 맑게 지키며 사람들을 하나님과 인격적으로 만나게 해야 할 설교자는 그 처신을 더욱 올곧게 하지 않을 수 없다.

## 4. 목민관과 설교자의 인격

목민의 직은 임금을 대신하여 백성을 다스리는 중요한 자리이다. 그 직이 중요하기에 목민관은 최선을 다해 목민관의 도리를 지켜야 한다. 다산은 목민관의 도리를 밝혀, "이익에 유혹되지 않고 위세에 굽히지 않음이 목민관의 도리"[106]라 하였다. 목민관이 여러 가지 유혹과 위압에 흔들리거나 꺾인다면 백성의 삶은 피폐해질 수밖에 없기 때문이다. 따라서 목민의 도리를 지키며 그 사명을 다하고자 하는 목민관은 미리 수신하여 올곧은 인격과 사심 없는 마음을 갖추고 외유내강해야 한다. 그럴 때 백성을 진정으로 위하는 목민관이 될 수 있으며 백성 또한 그를 믿고 따를 것이다.

그러나 목민관의 인격이 중요하지만 다산이 말하는 목민관은 경

---

106 『牧民心書』卷三 奉公六條 第二條 守法, "不爲利誘。不爲威屈。守之道也。"

직된 지도자가 아니다. 『목민심서』의 목민관을 베버(M. Weber)가 사회학의 한 연구방법으로 도입한 이념형(Ideal Type)과 비교 연구한 박동옥은 다산의 목민관에 대해 견해를 밝혔다.

> 다산은 미래의 바람직한 목민관은 어떠해야 하는가를 『목민심서』에서 설정했는데, 즉 미래의 지도자적 이상은 도덕적 예를 갖춘 청렴, 검약, 근면한 인간, 합리적 인간, 전통적 권위주의에 젖어 있는 경직된 인간이 아니라 자율적이고 자기 반성적이고 끊임없는 절제와 정직함, 그 중에서도 청렴, 검약, 근면, 합리성을 목민관의 자질로서 강조하고 있다.[107]

박동옥은 미래의 목민관은 전통적 윤리에 얽매인 사람이 아니라 자율적 윤리를 지닌 사람임을 강조하고 있다. 미래의 바람직한 지도자는 그 도덕성이 뛰어나되 자기 반성적 성찰을 통한 자율적 도덕성을 지닌 사람이어야 한다는 말이다.

또한 목민관은 설교자처럼 말을 사용하지 않고는 목민할 수 없다. 백성을 다스리려면 정규적인 설교단은 아니라 할지라도 백성에게 임금의 명을 전달하고 이해시키며 설득할 선포의 자리가 그에게 필요했다. 그렇지만 말에 앞서 목민관의 몸가짐과 처신은 그를 보낸 임금을 신뢰하게 하는 강력한 설교였다. 그러기에 다산은 『목민심서』에서 목민관이 힘써야 할 일에 대해, 말의 기교보다 말발이 서게 할 권위의 기초가 되는 수기치인을 강조하였다. 비록 그의 말은 현란하지 않아도,

---

107 朴東玉, "목민심서에 나타난 다산의 서학사상," 134-135.

그의 인격이 잘 닦여진 목민관은 백성이 존경하고 따를 뿐 아니라 그를 보낸 임금의 뜻에 순종하며 충성하게 될 것이다.

다산이 힘쓸 일로 강조하는 수기치인의 목민관은 전인적 인격자이다. 전인적 인격자는 곧 윤리적 인간을 의미한다. 이런 인간을 공자는 군자라 하고 맹자는 현자라 했다면, 다산은 목자라 하였다.[108] 따라서 다산의 목자는 철저히 실천적이고 윤리적 인간이다. 그리고 다산의 이런 목자상을 이루는 비결이 '시중(時中)'이다. 그 점에 대해 김승혜는 이렇게 설명한다.

> 다산은 중용의 도는 천도(天道)에 근본하기 때문에 시중(時中)을 완성하여 지극히 성실해진 사람은 '초천(肖天)', 곧 하늘을 닮는다고 말합니다. 유교 전통에서는 천인합일(天人合一)을 최고의 경지로 늘 말해왔으나 성인(聖人)을 '하늘을 닮은 사람'이라고 묘사한 예는 흔하지 않습니다. 여기서 우리는 다산의 성인상 안에서 이루어지는 유교와 그리스도교의 자연스러우며 아름다운 만남을 봅니다.[109]

사시사철 변하는 시간 속에서, 성인은 하늘의 때에 적중할 수 있는 식별력과 결단력을 갖춘 인격자이다. 그런 점에서 하나님의 말씀을 받아 적시에 설교하여 하나님의 뜻을 드러내는 설교자 역시 때를 알고 때에 맞게 행하는 성인과 같아야 한다.

---

108 丁熙淑, 『丁若鏞의 社會敎育思想』, 130.

109 김승혜, 『유교의 시중과 그리스도교의 식별』, 338.

설교가 하나님의 말씀이기에 거룩하고 귀하듯이, 설교자는 하나님의 말씀을 받아 전하는 사람이기에 거룩하고 귀한 존재다. 미국 감리교회 감독이자 밴더빌드 대학 교수, 남감리교 대학 신학 부장을 역임한 바울 커언(Paul B. Kern)은 설교자로서 말하길, "우리는 사람들이 값없이 그분을 마시도록 그들에게 생명수 되신 주님을 제공하기 위해 그분의 영광을 담은 인간 그릇들일 뿐이다. 우리는 자주 얼룩지고 더 자주 더러워지는 우리 몸 안에 그분의 언약을 지니고 있다."[110] 하였다. 그렇지만 설교자가 그리스도의 영광을 담은 그릇이라 하여 설교자의 삶이 계속 더러운 채 있어도 된다는 말이 아니다. 오히려 깨지기 쉬운 그릇 안에 귀한 생명수를 담았으므로 설교자는 더욱 자신의 인격을 통해 그리스도의 빛을 발하도록 수기에 힘써야 한다. 설교자라고 해서 완벽한 인격자일 수는 없지만 그럼에도 생명의 복음을 간직하고 그 복음을 전함으로 그리스도의 영광을 세상에 드러내야 할 사명자이기에 설교자는 자신의 인격 향상에 힘써야 한다. 설교자인 목사는 목민관처럼 그 직분을 자기의 원함으로 취해서는 안 되며, 소명의 직분자로서 하나님의 말씀을 설교해야 한다면 그의 삶은 더욱 철저해야 한다. "직분이 그리스도께서 그의 이름으로 교회를 세우고, 돌보며, 완전하게 하기 위해 그의 교회에 주신 제도라면, 목사의 설교는 직분적인 복음 선포 행위"[111]이기 때문이다. 따라서 목회자의 설교는 다른 어떤 평신도의 교육적 강론과는 전적으로 구별된다. 설교자는 "하나님의 말씀의

---

110 J. R. Spann ed., *The Ministry*, 22.

111 허순길, 『개혁주의 설교학』 (서울: 기독교문서선교회, 1996), 50.

종(verbi divini minister)이기에 전적으로 그의 말씀에 먼저 복종해야"[112] 하며 말씀을 전하기에 전심을 다해야 한다.

다산보다 1세기 앞서서 17세기 영국 교계에 혜성처럼 빛을 냈던 진리의 투사요 목회자요 학자인 백스터도 모든 그리스도인이 다 하나님께 봉헌된 사람들이지만, 설교자는 이중으로 봉헌된 사역자로 보았다. 첫째로는 설교자도 하나님 앞에서 한 그리스도인으로서 자신을 삼가 돌아보며 헌신해야 하고, 둘째로는 양떼의 목자로서 하나님을 영화롭게 해야 할 의무가 있다[113] 하였다. 설교자도 목민관들처럼 수기와 치인에 솔선수범해야 한다는 말이다. 백스터와 같은 시대의 청교도 설교자들의 삶을 피터 루이스는 소개하였다.

> 청교도 설교자들은 성경 말씀을 바탕으로 한 경건된 삶을 통하여 모범을 보였으며 모든 선한 행동들도 건전한 교리 위에서 이루어졌다. 그들은 교리적인 논쟁에 탁월하였지만 실천 신학에 있어서도 따스한 불빛을 밝혔던 것이다.[114]

아리스토텔레스는 사람을 감동시키는 웅변가들이 신뢰받을 수 있는 세 가지 관점을 제시하였다. 즉 신중함, 미덕, 호의인데 웅변가가 이 모든 자질을 가지고 있다면 그는 필히 청중에게 신뢰감을 심어줄 수 있

---

112 Ibid., 52.

113 Richard Baxter, *The Reformed Pastor*, 228.

114 Peter Lewis, *The Genius of Puritanism*, 90.

을 것이라 하였다.[115] 인격적 덕성이 청중의 신뢰를 받게 한다는 아리스토텔레스의 말은 위대한 설교자들의 삶이 하나같이 경건했던 까닭을 알게 한다. 그들은 그들의 설교가 위대해서 위대한 설교자가 된 것이 아니라 그들의 인격이 위대했기에 그들의 설교가 위대하였고 그들 역시 위대한 설교자가 되었다.

어거스틴 이후 중세 시대를 거쳐 19세기에 이르기까지, 설교를 위임받은 설교자의 권위와 인격 형성, 거룩함 등의 문제들이 다루어졌다. 그러나 현대에 이르러서는 영성에 대한 관심이 증가하고 있음에도 불구하고 설교자의 거룩한 성품에 대한 고전적 관심을 새롭게 회복시키는 일에 관심을 가지는 이들이 별로 없다고 리차드 리셔(Richard Lischer)는 지적한다.[116] 어느 시대건 사물의 본질 추구는 매우 유익하고 현명한 일이 아닐 수 없다. 오늘의 설교자도 그렇다. 설교와 설교자의 삶은 서로 나누어져 있지 않다. 설교를 준비하는 그 시작부터 설교는 설교자의 삶이요 하나님께 드리는 봉헌물이며 그러기에 설교는 설교자 자신을 하나님께 드리는 예배이다.

설교자의 인격이 중요함을 강조한 필립스 브룩스(Phillips Brooks)는, 설교란 한 사람이 여러 사람에게 진리를 전달하는 것으로서 그 설교 안에 두 가지 본질적 요소가 있는데 그것은 곧 '진리와 인격'이라고 주장했다. 이어 그는 예수 그리스도께서 "내가 곧 진리"라고 말씀하셨듯이 진리란 현저하게 인격적이며, 기독교 진리란 인격을

---

115 Aristote/이종오 옮김, 『수사학』 II (서울: 리젬, 2007), 13-14.

116 Richard Lischer/정장복 옮김, 『설교신학의 8가지 스펙트럼』, 18.

통하지 않고는 결코 완벽하게 전달되지 않는다고 주장한다. 진리이신 예수 그리스도는 그의 복음 진리를 소수의 제자들에게 가르치신 다음에 그들을 세상으로 보내셨는데 이것이 그리스도께서 그의 복음을 세상에 널리 전파하시려고 선택하신 방법이라 하였다.[117] 그러면서 그는 전인격적 전달을 강조한다.

> 인격을 통한 진리 전달이 진짜 설교에 대한 우리의 기술(記述)이다. 진리는 참으로 인격을 통해서 전달되어야지, 단지 설교자의 입술이나 그의 깨달음, 그의 문체로 전달되어서는 안 된다. 진리는 설교자의 성품과 감성, 그의 지성과 도덕성 등 전 존재를 통해서 전달되어야만 한다.[118]

설교자의 권위는 어떻게 형성되는가? 이 시대의 설교 중 가장 부족한 점이 권위라고 보는 포사이드는 "강단의 권위는 인격적인 권위"[119]라 하였다. 인격이 복음은 아니지만 하나님의 복음을 권위 있게 하며 잘 전달하기 위해서는 설교자의 인격이 중요하다는 말이다.

챠티어도 설교를 철저히 인격적 행위(personal act)로 본다. 설교란 인격적 행위이기에 설교단에 오른 설교자는 그의 개인감정을 드러내게 되며, 이 감정들은 그가 전하는 설교의 내용과 함께 회중에게 강한 인상을 준다.[120] 현대 설교자들도 인격의 필요성을 인식하고 있다. 25년의 성

---

117 Phillips Brooks, *Lectures on Preaching* (London: Allenson, 1877), 5-7.

118 Ibid., 8.

119 P. T. Forsyth, *Positive Preach and Modern Mind*, 45.

120 Myron R. Chartier, *Preaching as Communication: An Interpersonal Perspective*, 107-108.

공적 목회 경력을 가진 실천 신학 교수 캘빈 밀러(Calvin Miller)도 참된 영성으로부터 우러나온 인격의 중요성을 말하면서, "설교의 전체 줄거리는 '신뢰'의 레일 위를 달린다. 인격이 신뢰를 가져온다."[121] 하였다.

설교자는 훌륭한 인격을 갖추는 한편, 회중을 하나님과 인격적으로 만나게 해야 한다. 허버트 파머(Herbert Farmer)는 하나님께서 사람을 창조하실 때 하나님과 사람 사이, 그리고 사람들 사이의 인격적 관계 구조를 창조하셨다고 본다.[122] 그의 관계 구조는 마틴 부버(Martin Buber)의 영향을 받았는데, '나와 너'의 관계와 '나와 그것'의 관계로 만남을 풀이한 마틴 부버는 관계의 세계를 이루는 영역을 셋으로 구분하였다. 그것은 자연, 사람, 정신적 실재(하나님) 등으로서, 특히 이 정신적 실재와의 관계는 침묵 속에서 실현되면서도 거기로부터 언어가 생겨난다 하였다.[123] 그런데 언어, 즉 말은 인격적 관계에서 핵심 위치를 차지한다. 그러기에 파머는 시각과 청각 중에 어느 하나를 잃어야 한다면 시각을 잃어야 한다고 주장한다. 시각을 잃으면 우리가 아름다운 사물 세계로부터 단절되지만 청각을 잃으면 인격적 존재들의 세계로부터 단절되기 때문이다.[124] 말과 청각을 통한 하나님과의 인격적 만남은 설교자에게 필수이다. 하나님의 말씀을 듣지 못하면 믿음이 생기지 않기 때문에, 설교자가 먼저 하나님의 말씀을 듣고 하나님과 인격적으로 만나야 한다. 그런 다음 자신의 언어로 하나님의 말씀을 설교

---

121 Calvin Miller, *The Empowered Communicator: 7 Keys to Unlocking an Audience* (Nashville: Broadman & Holman, 1994), 6.

122 Herbert H. Farmer, *The Servant of the Word*, 38.

123 Martin Buber/金天培 옮김, 『나와 너』 (서울: 大韓基督敎書會, 1973), 140-141.

124 Herbert H. Farmer, *The Servant of the Word*, 44-45.

하여 회중 역시 하나님과 인격적으로 만나게 해야 한다.

그렇다면 하나님과 인격적으로 만나기 위해 설교자가 힘쓸 일은 무엇인가? 그것은 기도이다. 하나님과 만나려는 설교자는 기도해야 한다. 바운즈는 사람을 "죽이는 설교는 기도가 없는 설교다. 기도하지 않는 설교자는 생명이 아니라 사망을 만들어 낸다."[125]면서, 설교자는 청중 앞에 나아가기 전에 먼저 하나님 앞에 나아가야 한다고 주장한다. 설교자를 위해 하나님께 열려 있는 길은 사람들에게 나아가는 길의 가장 확실한 보장이기 때문이다. 그는 강력한 결과를 얻는 설교자들은 사람을 설득하기 전에 하나님께 간구하는 일에 승리해 온 사람들이라면서, 골방에서 하나님과 함께하는 일에 강한 설교자는 강단에서 사람을 대하는 일에도 강하다[126] 하였다.

초기 한국 교회에서도 설교자의 인격을 강조하였다. 초기 한국 교회에서, 감리교회의 기관지인 「신학세계」에 실려 당시의 많은 설교자들에게 영향을 끼친 '설교학'에서도 전도인, 즉 설교자의 인격에 대해 강조하고 있다. "설교학은 설교문을 만드는 이론과 기술에 그치는 것이 아니로다. 전도인은 어떠한 전도인이냐 하는 그것으로써 시작되는 것이 아니요 그의 인격에서 시작되나니"[127]라고 하면서 이상적 인격에 대해 다섯 가지 대강령[128]을 설명하였다. 그 '설교학'의 결론부에 실린

125 Edward M. Baunds, *Pawer through Prayer* (Grand Rapids, MI: Christian Classics Ethereal Library, 2000), 8.

126 Ibid., 11-12.

127 白南奭 역, "說敎學," 「神學世界」 第八卷 第二號 (1923, 3), 37.

128 「신학세계」에서 소개하는 설교자의 이상적 인격의 다섯 가지 대강령은 건강(살찌고 건장한 육체가 아니라 활력 있는 상태), 풍미(風味: 미적 감흥을 느끼고 예절과 품행의 옳고 그름을 감지하는 능력으로 시대 유행을 따르지 않는 미적 감각), 지식과 사상, 타인의 심령을 헤아리는 동정적(同情的) 감

설교를 잘하는 제일 큰 비결을 소개한다.

> 무슨 특별한 훈련보다도 이상적 전도인이 되려는 이상(理想), 이것이 전도 잘하는 데 제일 큰 비결이라. 강도문(講道文)은 그 강도하는 전도인 같고 전도인은 그의 인품대로 가고 그의 인품은 자기 품격대로 가는 것이라. 연즉(然則) 강도 잘하는 근본적 준비는 …… 오직 전도인이 평시와 강단에 서지 않은 때에 어떠한 인물인가 하는 이 점에 달린 것이라.[129]

설교자가 제 사명을 잘 감당하려면 다른 어떤 훈련보다도 그 사람 됨, 즉 인격을 다듬는 일이 '근본적 준비'라는 말이다. 이 점에 대해 한경직도 설교자의 성숙이 열매를 맺게 한다는 사실을 강조하면서, 영적으로 성장하려면 기도와 묵상의 생활이 필요하고, 지적으로 성장하려면 책을 읽고 성경을 연구해야 하며, 윤리적으로 성장하려면 청결과 진실과 사랑의 실천을 계속해야 한다 하였다.[130]

그러나 인격과 관련하여 설교자가 주의할 점이 있다. 그것은 설교자 자신뿐 아니라 그가 전하는 복음까지도 목사 냄새를 풍기는 거룩한 위선이다. 이 점을 스펄전은 경계했다.

> 목사직에서 생기는 악덕은, 목사들이 복음까지도 목사 냄새를 풍기게 하려는 것이다. 만약 우리가 일반 대중의 지지를 얻고자 한다면, 우리의 거룩함

---

촉력(感觸力), 그리고 심지(心志)와 품성(品性)이다.

129 Ibid., 48.

130 한경직, 『참 목자상』 (서울: 규장문화사, 1987), 135-136.

에 더하여 인간성을 가져야만 한다. 누구라도 겉치레를 꿰뚫어 볼 수 있으며, 사람들이 그런 겉치레에 이끌린다는 것은 어림없는 소리다.[131]

또한 설교자는 대중 앞에 서기 때문에 항상 교만을 경계해야 한다. 지성이나 학식의 탁월함에 의해서라기보다 인격의 덕성에 의해 영국 청교도 역사에 가장 독보적 명성을 지닌 백스터는[132] 교만을 가리켜 "끈질긴 동반자요 포악한 지휘관이며 교활하고 음흉하게 알랑거리는 원수"[133]라 하였다. 또한 스토트는 "훌륭한 인격과 유창한 언변의 재능을 부여받은 설교자는 모두 자기 자신의 능력을 확신하려는 유혹이 있음을 안다."[134] 하였다. 이렇게 설교자들은 늘 교만에 노출되어 있다. 따라서 교만의 유혹에 빠지지 않도록 설교자는 경계심을 가지고 겸손에 힘써야 한다. 왜냐하면 말씀이신 예수 그리스도께서 겸손의 본을 보여주셨으며 사도를 통해 낮추라 명하셨기 때문이다.

오늘날 한국 교회의 성장을 둔화시키는 원인 가운데 하나가 "한국교회의 도덕적 실패"[135]라는 뼈아픈 지적이 있다. 이런 아픔을 극복하고 교회를 부흥시키기 위해, 설교자들은 그 인격과 삶을 연마하며, 하나님의 말씀을 맡은 영광스런 사신이 되기를 힘써야 할 것이다.

---

131 C. H. Spurgeon, *Lectures to My Students: A Selection from Addresses Delivered to the Students of the Pastors' College, Metropolitan Tabernacle* (London: Passmore and Alabaster, 1875), 181.

132 Edwin Charles Dargan, *A History of Preaching* Vol. II (New York: Hodder & Stoughton, 1905), 171.

133 Richard Baxter, *The Reformed Pastor*, 205.

134 Ibid., 105.

135 노영상 편, 『21세기 대학 교육과 신학』 (서울: 동아일보사, 2008), 139.

# Ⅳ

# 『목민심서』로 세우는 설교자상

# Ⅳ 『목민심서』로 세우는 설교자상

"다가오는 변화의 시대에도 설교는 계속될 것인가?"

설교 신학의 최고 이론가로 꼽히는 데이비드 버트릭(David Buttrick)은 물었다. 그리고 대답한다.

> 절대적으로 그렇다. 설교는 어떤 형태로든 계속될 것이다. 교회의 복음 사역이 온 세상을 구원하시려는 하나님의 위대한 디자인임을 우리가 인정하는 한은 그렇게 될 것이다. 그러나 설교가 '어떻게' 계속될 것인가는 가늠하기 어려운 일이다. 분명한 것은, 백인 중심의 유럽 설교 전통은 이제 과거의 역사적 보존물이 될 것이라는 점이다.[1]

하나님의 나라가 완성될 때까지 복음을 선포하는 설교 사역은 계속될 것이다. 이제 유럽의 설교 전통은 변방이었던 아시아 교회들이 이어받아야 하며 그 한 가지 시도가 바로 『목민심서』로 세우는 설교자상이다.

---

1 David Buttrick/김운용 옮김, 『시대를 앞서가는 설교』 (서울: 요단출판사, 2002), 190.

## 1. 소명의 설교자

현대 한국 사회는 변화를 거듭하며 외형적으로는 서양 사회의 모습으로 탈바꿈하였으나 내면의 의식 세계는 아직도 조선 시대에 머물러 있다. 조선 왕조 당시, 지배 계층이던 양반 관료 집단은 그 사상이 관념적이고 배타적인 성리학을 정치 이념으로 내세우며 유교의 가부장제적 가치관을 가지고 외래 종교와 사상을 억압하며 자신들의 권익을 옹호하였다. 그런데 이런 체제와 가치관이 현대에 와서도 계속되었다. 중앙 집권적 관료 체제는 해방 이후 독재 체제로 전개 되었고 민주화가 이루어졌다고 하나, 집단 이기주의와 입신양명의 가치관은 굳건히 존재하고 있다.[2] 따라서 조선조의 잘못된 당파적 관료주의와 집단 이기주의의 가치관에 대항하며 개혁을 꿈꿨던 다산의 정신은 아직까지 왜곡된 유교의 가치관을 극복하지 못하고 있는 한국 문화권의 설교자들이 받아 보존하고 발전시켜야 할 보배로운 유산이다.

다산은 소명을 받은 사명자로서 목민관의 책임이 막중함을 정선의 글을 인용하여 강조한다.

> 정선(鄭瑄)은 이르기를, "하늘은 한 사람을 사사로이 부유하게 하려는 것이 아니라, 대개 많은 가난한 자들을 그에게 부탁하려 함이요, 하늘은 한 사람을 사사로이 귀하게 하려는 것이 아니라 대개 많은 천한 자들을 부탁하려 함이다. 가난하고 천한 사람은 제 힘으로 먹고살면서 제 일을 경영하고, 제

2 趙興胤, 『한국문화론』 (서울: 東文選, 2001), 259.

피땀으로 얻은 것을 제가 쓰니, 하늘이 오히려 너그럽게 볼 것이요, 부귀한 사람은 벼슬을 하여 녹을 먹되 만민의 피땀을 한 사람이 받아쓰니, 하늘이 그 허물을 경계하는 것이 더욱 엄중할 것이다." 하였다.[3]

백성의 부모로 소명을 받은 목민관은 한 사람의 부모가 아니라 만민의 부모인 까닭에 일대 일의 관계가 아니라 일대 만의 관계라는 점에서 목민관의 책임은 무겁다.[4] 따라서 백성을 다스리는 목민관이라면 늘 임금의 시선을 의식하며 직무를 감당해야 한다고 다산은 주장한다.

매양 한 가지 일을 만날 때마다 반드시 마음속에 스스로 생각하기를 감사(監司)가 이것을 들으면 이로써 나를 폄하하지 아니할까, 어사(御史)가 이것을 들으면 이로써 나를 탄핵하지나 않을까 하여, 그러한 근심이 없을 것을 안 연후에야 이에 행하는 것이 좋을 것이다.[5]

다산의 이런 주장은 설교자 역시 소명 받은 사명자로서 하나님의 임재 의식 속에서 맡겨 주신 직무를 감당해야 함을 일깨워 준다.

또한 다산은 주장한다. "상급 관청이 차출하여 파견하면 모두 받들어 행하는 것이 마땅하다. 사고나 병을 핑계 대고 스스로 편하기를 꾀함은 군자의 의가 아니다."[6] "차출되어 파견되면 마땅히 진심으로 직분을

3 『牧民心書』 卷一 律己六條 第一條 飭躬.

4 李乙浩, 『茶山經學思想硏究』, 270.

5 『牧民心書』 卷三 奉公六條 第二條 守法.

6 『牧民心書』 卷三 奉公六條 第六條 往役.

다해 하루의 책임을 완수해야지 마지못해 일해서는 안 된다."[7] 임금의 소명을 받은 목민관의 바람직한 태도를 강조한 말이다. 강한 소명 의식은 언제 어디에서도 사명에 집중하게 한다. 소명 의식이 투철한 설교자는 하나님께서 어디로 보내시든지 순종할 것이며, 그 사명에 최선을 다할 것이다. 그는 소자 한 사람을 실족시키는 일도 두렵게 생각할 것이다.

다산은 소명 의식이 확고하지 못하여 백성을 잘 돌보지 않은 목민관에 대한 숙종의 유지를 소개하였다.

> 숙종 병자년에 8도에 유지(諭旨)를 내렸다. "특별히 진휼을 더할 터이니 절대로 굶주린 백성의 입에 들어갈 것은 1홉의 쌀이라도 간리(奸吏)의 주머니에 들어가는 일이 없도록 하라. 목민관 중에 특히 사람답지 못한 자가 재리를 빙자하여 백성의 죽음을 서서 보고만 있는 경우가 있으면 내가 곧 잡아다가 목 베고 절대로 용서하지 않을 것이다."[8]

만약 하나님의 말씀으로 그 백성을 먹여야 할 설교자가 굶주려 죽어 가는 이들을 돌보지 않거나 또는 돌보는 일에 성의가 없어 실족하게 한다면 연자 맷돌을 목에 달고 바다에 던져질 것이다. 하나님의 말씀을 전하는 설교자는 철저히 하나님의 부르심에 대한 확신을 가지고 설교해야 한다. 많은 이들을 하나님의 말씀으로 구원시키며 교회를 부흥케 했던 위대한 설교자들의 공통점이 바로 하나님의 소명에 대한 확신이다.

---

7 Ibid.

8 『牧民心書』 卷十四 賑荒六條 第六條 竣事.

그러나 이 시대의 설교자들에게서 발견되는 문제는 설교 사역을 세상의 여느 직업처럼 사람이 선택할 수 있다는 생각이다. 이런 사고방식은 결국 많은 설교자들로 하여금 소명 의식을 잃어버리게 한다. 이런 문제에 대해 사우스이스턴 신학대학원(Southeastern Theological Seminary) 설교학 교수인 그렉 하이슬러(Greg Heisler)는 명쾌하게 밝혔다.

> 직업은 사람이 선택하는 경력이지만, 설교는 우리가 하나님의 부르심에 복종하는 소명이다. 우리는 할 일이 아무것도 없기 때문에 설교하는 것이 아니다. 우리는 하나님의 부르심이 우리가 다른 일을 하도록 허락하지 않기 때문에 설교한다.[9]

도널드 디머레이(Donald E. Demaray)도, 하나님께 사도로 부르심을 받고 복음을 위해 택정하심을 받았다는 바울의 고백을 근거로, 사람이 아니라 하나님께서 설교자를 부르시며 내가 그의 부르심을 선택하기 전에 하나님께서 나를 선택하신다고 주장하였다.[10] 로이 브랜슨(Roy L. Branson) 역시 "설교자가 되는 것은 하나님의 선택으로만 된다. 아무도 자기 선택으로 설교자가 될 수 없다."[11] 하였다.

이처럼 설교는 전적으로 하나님의 소명에 의한 사역이다. 하나님은 하나님의 말씀을 맡아 전파할 사람을 택하여 부르시되 세상 그 무

---

9 Greg Heisler, *Spirit-Led Preaching: The Holy Spirit's Role in Sermon Preparation and Delivery* (Nashville: B&H Publishing, 2007), 71.

10 Donald E. Demaray, *An Introduction to Homiletics* (Grand Rapids, Michigan: Baker Book House, 1990), 21-22.

11 Roy L. Branson/박광철 옮김, 『나는 설교자로 부름 받았는가?』, 24.

엇보다 하나님의 말씀을 설교하는 일을 우선하게 하신다. 그런데도 소명 의식이 약해지면 문제를 일으킨다. 현 한국 교회 강단에서 드러나는 문제는 많은 설교자들이 "마치 성경은 설교의 장식품 내지는 통과의례 정도로 취급을 하면서, 설교자 자신의 지식이나 세상의 소리들을 강단에서 흘리고 있다."[12]는 점이다. 소명 의식이 흐려진 까닭이다. 설교가 하나님의 말씀임에도 사람에게 전하는 것이기에 인간의 지식과 경험, 사회 현상이나 문화 현상을 언급하지 않을 수 없지만 이 모든 것은 하나님의 말씀을 효과적으로 전달하기 위한 보조 자료나 수단에 지나지 않는다. 진정 소명 의식이 확실한 설교자라면 하나님의 말씀인 성경에 근거한 설교를 힘써야 한다. 설교를 잘하겠다는 욕심으로 청중만 의식하지 말고, 설교자로 부르신 하나님을 의식하는 소명적 양심으로 바르게 설교해야 한다. "설교를 바로 하겠다는 것은 사람보다 하나님을 더 민감하게 의식할 때 생기는 바람"[13]이며, "설교를 바로 한다는 것은 주님이 전하라고 말씀하시는 메시지만 전하겠다는 종으로서의 충심어린 태도를 의미하기 때문이다."[14] 하나님의 부르심을 받은 설교자가 설교를 바르게 하려는 마음보다 잘 하려는 열망에 사로잡힐 때, 그는 자칫 투우(鬪牛)처럼 될 수 있다. 애당초 목표를 잘못 설정한 투우는 본질은 외면한 채 비본질적인 것을 향해 용맹스레 돌진한다. 그런 투

---

12 이현웅, 『21세기에 다시 본 존 칼빈의 설교와 예배』 (서울: 이레서원, 2009), 33-34.

13 옥한흠, "한국 교회 강단에 바란다: 설교를 바로 하는 것과 잘 하는 것," 「그말씀」 通卷 1號 (1992, 8), 19.

14 Ibid. 옥한흠 목사는 평생 '설교는 십자가'라 생각했다. 그는 그만큼 하나님의 말씀만을 전하기 위해 고심했으며 자신이 전한 말씀과 일치된 삶을 살기 위해 힘썼다: 이태형, 『두려운 영광』 (서울: 포이에마, 2008), 17-46.

우에게 열정이 부족하다고 비난하지 못한다. 돌진하는 투우에게 비겁하다고 말할 수 없다. 그럼에도 불구하고 투우는 그저 붉은 보자기와 싸우다 지쳐 쓰러지고 만다.

그렇다면 설교의 문제 상황을 극복할 비결은 무엇일까? 시류와 타협하지 않고 바른 설교를 하려면 오로지 설교자의 소명 의식을 강화시키는 길밖에 없다. 문제 해결의 열쇠는 더욱 철저한 소명 의식이다. 외롭고 힘든 종교 개혁의 최전선에 섰던 마틴 루터(Martin Luther)는 교황과 싸우는 일이 무겁고 괴로운 짐이었다고 고백했다. 그 일을 새로 시작하라면 선뜻 나서기가 쉽지 않다고 했다. 그렇지만 자기를 부르신 주님을 바라보면 순종하지 않을 수 없다면서 소명의 섬김에 대해 언급하여 "하나님을 섬기는 도리는 자신의 직업과 소명이 아무리 하찮고 단순하더라도 모든 사람이 자신의 자리에 남아 있는 것"[15]이라 하였다.

장로교 창시자요 위대한 설교자인 칼빈 역시 소명의 사람이었다. 그는 죽음을 앞두고 제네바에서 사역하는 목회자들을 병상으로 불렀다. 칼빈은 그들에게 교회를 맡겨 일하게 하신 분이 주님이심을 밝히면서 중단 없는 사명 감당을 당부하였다.

> 주님께서 여러분을 배치시키신 이 교회에 여러분이 무엇을 빚지고 있는지 거듭거듭 생각하시고, 그 어떤 이유로든 이 일을 그만두지 않도록 하십시오. 실로 이 일에 지쳐서 도망치는 것은 쉬울 것입니다. 그러나 그런 이들은

15 Martin Luther, *Tischreden*, trans. by William Hazlitt, *The Table Talk of Martin Luther*, 363.

주님께서 속지 않으신다는 사실을 그들의 경험을 통해 알게 될 것입니다.[16]

찬송가 212장 "겸손히 주를 섬길 때"를 작사한 워싱턴 글래든(Washington Gladden)도 복음의 진리를 증거하는 설교자의 소명에 대해 견해를 밝혔다. "그리스도께서는 세상을 향한 그의 사명 중 최상의 목적 하나는 진리를 증언하기 위함이라 말씀하셨다. 그렇다면 그리스도의 종들에 대한 최고의 부르심도 항상 이와 똑같은 목적이어야만 한다."[17]

하나님의 소명은 설교자에게 특권이다. 초기 한국 교회에 소개된 미남감리회 감독 보아스의 글에도, 하나님께서 이 특권을 오직 교역자에게 주신 까닭은 교역자로 미로를 헤매는 자를 찾아 구원케 하려 하심이라[18] 하였다. 초기 한국 교회의 설교자들을 가르치기 위해 수고한 곽안련도 『목사지법』에서 소명을 언급하였다. 그는 말하길, 세상의 여러 직업과 달리 목사의 직분은 사람의 뜻으로 되는 것이 아니라 하나님의 명령으로 된다[19] 하였고, 예수님께서 친히 나를 부르셔야 목사가 될 수 있다[20] 하였다. 또한 설교의 직을 하나님께서 사람에게 주신 최고 특권[21]이라고 강조하여 설교자로 불러 주신 소명이 얼마나 귀중한가를 일깨워 주었다.

---

16 Philip Schaff, *History of the Christian Church* Volume Ⅷ (Michigan: Eerdmans Publishing Company, 1910), 833.

17 Washington Gladden, *The Christian Pastor and the Working Church*, 107.

18 보아스, "成功的 敎役의 要素," 「神學世界」 第九卷 第一號 (1924, 2), 48.

19 郭安連, 『牧師之法』 (京城: 朝鮮耶蘇敎書會, 大正八年), 10-11.

20 Ibid., 40.

21 Charles Allen Clark, *Lectures on Homiletics*, 9.

하나님의 부르심을 받은 설교자는 하나님의 대사와 같다는 주기철도, 목사란 자기가 되려고 해서 되는 것이 아니고 사람이 시켜서 되는 것도 아니며 오직 하나님께서 택하여 세우시고 보내시는 것이라 하였다. 그러면서 세상의 영웅호걸에게는 나라와 천하를 맡기셨지만 피로 값을 주고 사신 교회, 하나님의 양떼만은 오직 목사들에게 맡기셨다[22]며 설교자 직분의 소중함을 강조하였다. 개혁주의 설교자의 영광에 대해 허순길도 "설교자는 주 예수 그리스도의 부름을 받아 파송된 그의 사자이다. 그가 말씀을 전할 때는 주의 입이 된다. 그러니 말씀의 종으로 부름을 받아 주님의 교회를 봉사하는 것은 더할 수 없는 큰 영광"[23]이라 하였다.

이토록 귀중한 소명을 받았을지라도 그 자신이 소명 의식을 확신하지 못하여 "부름 받았다는 의식이 없는 설교자는 절름발이 설교자"[24]가 될 수 있다. 그러나 설교자 자신이 하나님의 부르심을 받았다는 확신을 갖게 되면, 그 소명 의식은 그의 마음에 설교할 열의와 동기를 일으켜 줄 것이다. 그래서 많은 이들을 구원하여 하나님 나라를 확장시키며 하나님께 기쁨을 드릴 뿐 아니라 설교자 자신도 행복하게 될 것이다.

그러므로 설교자와 예비 설교자들은 자신의 소명을 잘 점검해야 한다. 스펄전은 자신의 소명에 대해 잘못 판단하여 야기되는 해악을 생각하면, 소명 점검을 절대 게을리해서는 안 된다고 말한다.

---

22 주기철, "牧師職의 榮光," 「基督申報」 1936. 5. 13.

23 허순길, 『개혁주의 설교학』, 69.

24 Richard Lischer, *Theories of Preaching*, 127.

목회에 관하여 진지하게 따져보고 자기 자신을 시험해 볼 때까지는 목회를 시작하지 않는 것이 목회자에게 절대 필요하다. 자기 자신의 개인적 구원에 대해 확신을 가져야 하고, 더 나아가 직무에 대한 자기 소명 문제를 심사숙고해야 한다. 첫째는 그리스도인으로서 그 자신에게 절대 필요한 일이요, 동시에 둘째는 목회자로서 그에게 절대 필요한 일이다. 회심 없이 자칭 신앙인인 체하는 사람과 마찬가지로 소명 없이 목회자인 체할 수 있다. 이 두 경우 모두 이름만 있을 뿐 그 이상 아무것도 없다.[25]

모든 설교자는 자기 소명을 점검하고 강한 확신과 자긍심을 가져야 한다. 그러나 소명을 확신하는 설교자가 유의할 점이 있다.

첫째, 강한 소명 의식이 교만의 뿌리가 되지 않게 해야 한다. 본회퍼는 겸손을 몸에 익히기 위해 내적 투쟁을 벌일 때, "그 자신이 하나님의 선택된 도구가 되었다고 해서 남몰래 자랑스러워 하는가에 대해"[26] 끊임없이 점검하며 살았다. 이런 자기 점검은 소명 의식이 강한 설교자일수록 더욱 꾸준히 계속해야 교만에 빠지지 않을 것이다.

둘째, 직업주의에 빠지지 않도록 경계해야 한다. 사명에 이력이 붙을수록 익숙함과 노련함이 설교자로 매너리즘에 빠지게 할 수 있다. 또한 설교자의 연륜이 쌓이면서 습관적이고 형식적인 설교자가 되기 쉽다. 그러나 "목회를 소명(calling)이 아니라 직업(career)이라고 여기는

---

25 C. H. Spurgeon, *Lectures to My Students: A Selection from Addresses Delivered to the Students of the Pastors' College, Metropolitan Tabernacle*, 23.

26 Donald Goddard, *The Last Days of Dietrich Bonhoeffer* (New York: Harper & Row, 1976), 11.

것은 하나의 현대적 이단이다."[27] 로이드 존스는 설교자의 직업주의를 가리켜 목회의 위험 중에서 가장 큰 위험이라면서, "그것은 설교자가 살아 있는 한 싸워야 할 일이다. 직업주의는 나에게 언제 어디서나 혐오스럽다."[28]고 하였다.

셋째, 설교자 자신이 드러나지 않도록 힘써야 한다. "기독교 설교는 하나의 소명, 즉 하나님을 대변하라는 부르심이다."[29] "목사의 체경"에서는 "어떠한 강도(講道)던지 그리스도를 나타낼 거시니라."[30]고 하였다. 우리는 우리 자신을 설교하는 것이 아니라 그리스도를 설교해야 한다. 설교자는 '하나님의 비밀을 맡은 청지기(stewards of the mysteries of God)'가 되어야 한다. 바로 거기에 설교자의 진정한 권위, 진정한 소명이 있기[31] 때문이다. 만약 그리스도가 아니라 설교자가 설교의 구심점이 된다면, 그 결과는 설교의 죽음이다. 성령님께서는 설교자가 영광을 취하는 곳에서는 결코 역사하지 않으실 것이다. 성령님께서는 설교자를 높이지 않으시고 그리스도를 높이실 것이며 설교자의 총명함과 똑똑함은 궁극적으로 메마르게 하실 것이다.[32] 예수 그리스도보다 설교자 자신을 드러내는 설교는 설교자 자신은 물론 그 설교를 듣는 회중까지 그 심령을 메마르게 할 것이다. 설교자가 드러난 설교는 예수 그리스도가 가려진 설교요, 예수 그리스도가 가려진 설교는 생명력을 상

27 Donald E. Messer/이면주 역, 『새 시대 새 목회』 (서울: 기독교대한감리회홍보출판국, 1997), 97.

28 D. M. Lloyd-Jones, *Preaching & Preacher*, 252.

29 Ralph G. Turnbull, ed., *Baker's Dictionary of Practical Theology*, 50.

30 南大理, "牧師體鏡," 「神學指南」 4권 1-4호 (1919, 1), 135.

31 William H. Willimon, *Integrative Preaching: The Pulpit at the Center*, 61.

32 Dennis F. Kinlaw/정일오 옮김, 『성령과 설교』, 56.

실한 설교이기 때문이다. 그리스도의 자리를 차지한 설교자는 인기를 끌 수는 있지만 결코 영원한 생명을 공급할 수는 없다.

넷째, 예수 그리스도를 닮은 소명 의식을 지녀야 한다. 영광스런 하나님의 아들이시지만 우리를 구하시려 십자가를 지신 예수님처럼 설교자도 철저히 예수 그리스도를 닮은 소명 의식을 지녀야 한다. 설교자는 "사람들 가운데에서 선택되어 영예로운 칭호를 받았으나, 그의 특권은 봉사하는 것이며 고통받는 것이다. 그는 종이지만, 사랑에 의해 동기부여를 받은 종이다."[33] 그런 점에서 설교자는 예수님의 사명을 잇는 존재다. 또한 설교자의 소명은 개인적이지만 그 개인적 소명은 교회와 세상을 향해야 한다. 설교자의 소명이 "행동(doing)으로의 부르심인 동시에 존재(being)로의 부르심이며 봉사(service)로의 부르심인 동시에 신분(status)으로의 부르심"[34]인 까닭이 거기에 있다. 소명 받은 설교자의 삶은 교회 안뿐 아니라 교회 밖을 지향해야 한다. 그것이 곧 땅 끝까지 복음 전하길 원하시는 예수 그리스도의 뜻을 이루는 일이기 때문이다.

그러므로 소명의 설교자는 다산이 말한 목민관처럼 많은 사람들을 위한 사명자로서 분명한 소명 의식을 지녀야 한다. 하나님의 말씀으로 상처 난 영혼을 돌보는 설교자는 자신이 하나님의 소명을 받아 설교자의 직무를 맡게 되었다는 믿음을 지녀야 한다. 소명을 확신하지 못한 설교자는 많은 갈등과 불확실한 태도로써 설교 사역을 제대로 감당할 수 없기 때문이다. 설교자는 확고한 소명 의식을 지닐 뿐 아니라 그 확

---

33 Jerome Murphy-O'Conner, *Paul on Preaching* (New York: Sheed and Ward, 1963), 76.

34 Edmund Clowney/유재갑 옮김, 『목회소명』 (서울: 생명의 말씀사, 1982), 22.

신이 지나쳐 교만하거나 나태에 빠지지 않도록 주의하며 교회와 세상을 위한 고난을 감수해야 한다.

## 2. 수기의 설교자

설교란 하나님의 말씀, 곧 진리를 선포하는 사역이기에 무엇보다 설교자의 인격은 그 전달 방식에서 중요한 요소가 아닐 수 없다. 일찍이 대중 연설에 적합한 커뮤니케이션의 모델을 제시한 아리스토텔레스의 주장은 설교자의 인격이 소중함을 뒷받침한다. 그는 연설을 통해 제공되는 세 가지 증명을 언급한다. "어떤 것은 연설자의 인격에 달려 있고, 어떤 것은 청중의 기분에 달려 있으며, 그리고 어떤 것은 그 증명하거나 증명하는 것처럼 보이는 연설 그 자체에 달려 있다."[35] 몇몇 전문가들은 연설자의 정직성조차 설득에는 아무런 기여를 할 수 없다고 하지만, "인격은 모든 증명들 중에서 거의 가장 유력한 증명을 포함하고 있다."[36]

초대 교회 교부이자 위대한 설교자 어거스틴은 사악하고 거짓된 마음을 지닌 사람일지라도 바르고 진실한 것을 설교할 수 있다면서, 그러기에 "훌륭한 삶이 웅변적인 설교가 된다(copia dicendi forma vivendi)."[37] 하였다. 설교의 감화력은 설교자의 인격에서 우러나온다는 말이다. 바운즈(Edward M. Bounds) 역시 "만일 설교자가 자신의 생활과 인격과 행

35 Aristotle, *The Art of Rhetoric* (London: Penguin Books, 1991), 74.

36 Ibid., 75.

37 Aurelius Augustinus/성염 역주, 『그리스도교 교양』 제4권 (왜관: 분도출판사, 1989), XXIX.

위로 설교하지 않는다면 그는 전혀 설교하지 않는 것"[38]이라 한다. 항상 설교의 이면에는 설교자가 있다. 설교는 공연이 아니다. 설교는 설교자의 삶이 흘러나오는 것이다. 한 사람의 설교자를 만드는 데 이십 년이 걸렸다면, 한 편의 설교를 만드는 데 이십 년이 걸린 것이다. 이렇듯 설교는 삶의 문제요 인격의 문제다.[39] 그러므로 설교를 설교되게 하려는 설교자는 무엇보다 수기에 힘써야 할 것이다.

### (1) 설교자의 준비 정신

교회가 점차 확산되면서 하나님의 말씀을 선포할 설교자가 필요했다. 설교자 양성은 오래전부터 교회의 과제였다. 교회가 로마 제국의 국교로서 점점 제도화될수록 문제는 커졌다. 교회는 재력을 갖추고 학교를 운영하였으며, 학문과 이교 세계의 문헌을 소유하게 되고, 차세대 교육과 잦은 교리 논쟁 등으로 교육의 필요성을 절실히 느꼈다. 그러나 성직자 후보생에 대한 정규적이고 보편적인 교육은 크게 미흡하였다. 관리나 농부, 노를 젓던 어부가 성직자가 되거나 복무 중인 군인, 배우들이 교육도 받지 않은 채 성직자가 되기도 했다. 이런 상황에 대해 나지안젠의 그레고리(Gregory Nazianzen)는 질병의 성질을 아는 사람만이 의사가 될 수 있고 물감을 수없이 배합하며 그림을 많이 그려본 사람만이 화가가 될 수 있다면서, 하루 만에 성직자를 만들어 내며 지혜가 전혀 없는 사람에게 지혜로운 성직자가 되라고 하는 세태를 한탄하였다.[40]

---

38 Edward M. Bounds, *Preacher and Prayer*, 62.

39 Ibid., 8.

40 Philip Schaff, *History of the Christian Church* Vol. III (Michigan: Eerdmans Publishing

설교자는 설교를 만드는 사람이기 이전에 사람을 만들고 성도를 만드는 사람이다. 따라서 자기 자신을 먼저 사람다운 사람과 성도다운 성도로 만든 사람만이 잘 준비된 설교자라 할 수 있다.[41] 스펄전은 그의 '목회론'에서, "배우기를 그만둔 사람은 이미 가르치기를 그만둔 것이다. 지금 연구를 통해 씨를 뿌리지 않는 사람은 더 이상 강단에서 열매를 거두지 못할 것"[42]이라며 설교자의 준비를 강조했다.

그렇다면 초기 한국 교회는 설교자의 준비를 어떻게 했는가? 이미 1910년대에 공위량은 목사들에게 학문의 자격을 요구하는 일은 무해유익(無害有益)하다면서, 유식한 목사를 두는 것이 제일 좋은 일이므로 목사 된 사람은 천하의 각종 학문을 다 알 수는 없더라도 목사의 직분에 관계되는 학문은 항상 연구할 것이라 하였다.[43] 초기 한국 교회도 신학 교육에 관심을 가졌다는 한 증거이다. 그러나 교회가 양적 부흥을 이룬 현대에 와서는 다르다. 신학교가 난립하여 부실한 교육이 실시되고 지적 교육은 많다 하나 영성 훈련은 심히 부족한 현실임을 부인할 수 없다.

한국 최초의 설교학 교수였던 곽안련이 떠난 이후, 암흑기에 접어든 한국의 설교학을 다시금 일깨운 정장복은 지적한다.

> 한 시대의 설교 사역의 성패는 그들이 목사가 되는 교육과 훈련을 받는 과정인 신학 교육에서 설교 사역에 대한 중요성을 얼마만큼 인식하고 학문적

---

Company, 1910), 235-236.

41 Edward M. Bounds, *Preacher and Prayer*, 11.

42 C. H. Spurgeon, *An All-Round Ministry: Addresses to Minister and Students* (London: Banner of Truth, 1960), 236.

43 孔韋亮, "牧師의 思想的 生活," 82-83.

노력과 실제의 훈련에 관심을 기울였느냐에 따라 지대한 영향을 받는다. 그러나 불행히도 한국의 신학 교육은 이론 신학에만 치중한 결과 실천 신학의 발전은 부진한 상태를 계속해 왔다.[44]

참으로 한국 신학사의 아픈 대목을 지적한 말이다. 설교 사역의 실패는 곧 그 시대의 영적 실패를 가져오기 때문에 한국 교회는 아픔의 크기와 깊이만큼 바람직한 설교자를 길러 내는 일에 힘써야 한다. 또한 설교자들도 설교자로서 갖춰야 할 준비에 최선을 다해야 한다.

미국 감리교회 신학교에서 다년간 교과서로 사용되었을 뿐 아니라 초기 한국 감리교회 협성신학교의 교과서로도 사용되었던 『교중에 대한 직무-강도학 강연』에서, 저자 커언(John A. Kern)은 설교자란 그리스도를 전파하는 사람이지만 자신의 지식, 사상, 감각, 의지력, 신령한 경험, 그리고 품격까지 회중 앞에 드러낼 수밖에 없음을 지적하였다.

대저 전도인은 자기 속에 있는 선한 것을 드러내어 남김이 없이 말하는 선인(善人)이 되어야 할 것이라. 자기를 전파하지 아니하고 그리스도 예수님을 전파하려는 전도인은 자기 지식과 사상과 감각과 의지력과 신령상 경험과 품격을 다 교중 앞에 드러내는 것을 피할 수 없느니라.[45]

설교를 하는 중에 설교자의 품성과 심령에 있는 모든 것이 함께

44 정장복, 『한국 교회의 설교학 개론』 (서울: 예배와 설교 아카데미, 2006), 27.

45 John A. Kern/白南奭 옮김, 『敎衆에 對한 職務(講道學 講演)』 (京城: 朝鮮耶敎書會, 1926), 2.

영향력을 발휘한다. 따라서 설교자는 평생 자신을 훈련하며 준비해야 한다. 한 사람의 현재 모습은 그 사람이 살아온 과거 생활의 결과이기 때문이다.[46]

그렇다면 바람직한 설교자가 되기 위해 준비할 일은 무엇인가? 무엇보다 하나님의 말씀을 잘 준비해야 한다. 위대한 설교자 백스터는 말했다. "우리는 그리스도의 어린아이들을 양육하는 유모들이다. 만약 우리가 음식을 먹지 않는다면, 우리는 아이들을 굶주리게 할 것이다."[47] 굶주려 파리한 유모의 가슴으로는 풍족한 젖을 먹일 수 없듯이 말씀으로 배부르지 못한 설교자의 가슴 역시 결코 풍족한 젖을 먹일 수 없다. 따라서 설교자는 하나님의 말씀을 먼저 풍부히 먹고 잘 소화하도록 해야 한다. 그 점에 대해 크리소스톰(John Chrysostom)은 "비록 언어에 탁월한 재능을 가진 설교자라 할지라도 끊임없는 노력을 피하려 해서는 안 된다. 설교는 타고난 능력이 아니라 후천적 능력이기 때문"[48]이라 하였다. 또한 스토트(John R. W. Stott)는 재미있는 비유로 설교자의 말씀 준비에 대해 강조한다.

> 우리는 뼈다귀를 가진 개처럼, 본문에서 그 의미가 드러날 때까지, 그리고 종종 이런 과정에서 수고와 눈물이 수반될 때까지, 본문을 구석구석 정성을 다해 연구하고, 본문을 묵상하며, 본문과 씨름하며, 본문을 물고 늘어지는

---

46 Ibid., 657-658.

47 Richard Baxter, *The Reformed Pastor*, 100.

48 T. Allen Moxon, *St. Chrysostom On the Priesthood* (New York: E. S. Gorham, 1907), 132-133.

시간을 가져야만 한다. 우리는 이 작업을 하는 동안, 우리의 서가(書家)에 있는 모든 자료들, 즉 성경 사전, 성경 색인, 현대적 번역본 성경, 주석들도 활용해야 할 것이다. 그러나 무엇보다도 우리는 본문을 놓고 기도해야 한다. 왜냐하면 성경의 궁극적 저자는 성령님이시며 따라서 성령님은 성경의 최고 해석자이시기 때문이다.[49]

예수님께서 하신 말씀뿐 아니라 예언자들이나 사도들을 통해 주신 하나님의 말씀이 기록된 성경은 설교자의 헌장(charter)이며, 이 성경을 설교함으로써 하나님의 말씀이 설교된다.[50] 그러므로 설교는 하나님의 영감이 어린 말씀에서 그 자료를 찾아야만 하고, 그런 점에서 설교자는 신구약 성경에 익숙할 뿐 아니라 성경에서 가르침을 받는 "성경의 사람"이 되어야 한다.[51] 필립스 브룩스(Phillips Brooks)도 설교자가 해야 할 일에 대해 우선순위를 밝혀 말하길, "설교자는 매번 설교를 만들려고 노력만 하지 말고 늘 진리를 탐구해야만 한다. 그렇게 하면 그가 탐구해 낸 진리로부터 설교는 저절로 만들어질 것"[52]이라 하였다.

설교자에게는 말씀의 준비와 함께 기도의 준비 또한 필수이다. "설교는 힘든 일이다. 설교자는 종종 낙심될 유혹을 받는다. 설교자는 자신의 침체되는 영혼에 원기를 돋우어 줄 강한 자극이 필요하다."[53]고

49 John R. W. Stott, *The Preacher's Portrait: Some New Testament Word Studies*, 31.

50 Ralph G. Turnbull, ed., *Baker's Dictionary of Practical Theology*, 2.

51 Ibid., 308.

52 Phillips Brooks, *Lectures on Preaching*, 159.

53 John R. W. Stott, *The Preacher's Portrait: Some New Testament Word Studies*, 23.

말한 스토트(John R. W. Stott)는 "기도와 설교는 서로 손을 맞잡고 가야 한다."[54] 하였다. 이 시대의 영향력 있는 설교자로서, 한 주간에 최소 20시간을 설교 준비에 할애한다는 빌 하이벨스(Bill Hybels)는 이렇게 권한다. "미친 사람처럼 기도하라. 미친 사람처럼 그분을 신뢰하라. 하나님의 일하심을 기대하라. 그리고서 그분이 일하실 때 그분께 감사하라."[55] 능력이 흘러넘치는 설교가 되도록 간절한 기도를 통해 예수 그리스도와 생명력 있는 관계를 유지하라는 권면이다.

설교자에게 신학의 준비도 필수이다. 설교자에게 신학이 없으면 그의 설교는 방향을 잃고 헤매게 될 것이다. 설교자에게는 하나님의 말씀을 체계 있게 증거하며, 이단 사설은 물론 잡다한 정보를 올바로 분별하고 바르게 활용할 신학적 감각이 반드시 필요하다. 진정 그 시대가 요구하는 설교자가 되려면 신학이 잘 정립되어 있어야 한다. 그 점에 대해 포사이드(P. T. Forsyth)는 주장했다.

> 그러나 그리스도인들 중에서 설교자는 특별한 지위와 사역으로 인해 돋보인다. 교회를 돌보는 목사들에게 필요한 첫 번째 요소는 신학 곧 자신이 무엇을 믿고 있는지 아는 믿음, 적극적인 믿음, 경험뿐 아니라 내용을 가진 믿음, 감동할 뿐 아니라 이해하고 집중하며 평가하는 믿음이다.[56]

---

54 Ibid., 98.

55 Haddon Robinson and Craig Brian Larson, ed., *The Art and Craft of Biblical Preaching* (Grand Rapids: Zondervan, 2005), 47.

56 P. T. Forsyth, *Positive Preach and Modern Mind*, 199.

포사이드는 자신이 신학에 이르는 도상에 있다고 느끼는 설교자는 아직 완전한 설교자가 아니라 준비 중에 있는 설교자라 한다. 체계화되지 않은 믿음을 가진 설교자는 설교자로 살아갈 수 없다고 말하는 그는 설교자가 가질 믿음에 대해 설명한다.

> 설교자에게 달라붙어 반성하지 않는 믿음은 설교자로 설 자리가 없게 하는 믿음이며 그 결과 설교자로 권위를 잃게 한다. 특별한 경우에 그 믿음은 어떤 영향력을 가질지 모르나 권위는 가지지 못한다. 그럼에도 세상이 주로 필요로 하고 이 시대의 설교에 부족한 것은 권위, 즉 겸손한 인격으로 선포되는 권위 있는 복음이다. 그리고 권위를 위해, 영향력을 위해, 우리는 참으로 경험이 필요하지만 그러나 훨씬 더 긍정적 믿음이 필요하다.[57]

그뿐만 아니라 포사이드는 설교자의 권위가 객관적이고 인격적인 내용을 지닌 믿음에 있음을 말하면서 그런 신학이 설교자에게 본질적 요소라 하였다. 설교자의 권위는 객관적이고 인격적인 내용에 있지 주관적이고 인격적인 경험에 있지 않다. 설교자의 경험은 때때로 그에게 감동을 줄는지 모르지만 설교자에게 지속적인 능력을 주는 것은 그의 믿음이다. 그 능력은 실로 설교자에게 있지 않고 그의 복음, 그의 신학에 있다. 설교자에게 가장 틀림없는 사실은 그의 신학이 그의 신앙의 본질적 부분, 아마도 유일하게 본질적 부분이라는 점이다.[58]

---

57 Ibid., 200.

58 Ibid., 201.

말씀이신 그리스도를 증거할 사명자이기에 설교자는 특히 언어의 준비가 필요하다. 설교자는 하나님의 말씀을 듣고 그 시대의 사람들이 사용하는 말로 풀어서 전하는 사람이다. "하나님의 말씀이 세상의 고요를 깨뜨리며 들어왔을 때, 그 말씀은 설교라고 하는 말로 왔다."[59] 그 증거가 바로 예수 그리스도이시다. 말씀이 사람이 되어 오신 예수 그리스도는 친히 복음을 전하실 때 사람의 말로 하셨다. 그 주님의 부르심을 받은 설교자로서 준비해야 할 일들 가운데 중요한 한 가지가 말(言)의 준비다.

다산은 말의 중요성을 인식한 실학자였다. 그는 『아언각비』를 쓴 이유를 밝히면서 "세상의 풍속은 서로 전해지는 사이에 말이 실제의 뜻을 잃어버리고, 그릇되어 이치에 어긋나도 이어받아 그대로 쓰며 그 잘못을 살피지 못한다."[60] 하였다. 따라서 어지러워진 말을 바로잡으려한 다산은 바른 깨달음이 곧 정확하고 합리적인 말에서 비롯됨을 그의 『아언각비』 서문에서 밝히고 있다.

> 배운다는 것은 무엇인가. 배운다는 것은 깨닫는 것이다. 깨닫는 것이란 무엇인가. 깨닫는 것이란 그 잘못된 점을 깨달음이다. 그렇다면 어찌해야 그 잘못된 점을 깨달을 수 있는가. 정확하고 합리적인 말을 통해 이러한 잘못을 깨달을 수 있다.[61]

---

59 Richard Lischer, *A Theology of Preaching: The Dynamics of the Gospel*, 70.

60 『與猶堂全書』 第一集 雜纂集 第二十四卷○雅言覺非 引/敍 自敍.

61 『與猶堂全書』 第一集 詩文集 第十二卷○文集 序 雅言覺非序, "學者何。學也者。覺也。覺者何。覺也者。覺其非也。覺其非奈何。于雅言覺之爾。"

이처럼 뜻을 바르게 전달하고 진리를 깨닫게 하는 일에 말이 중요하다. 다산은 "한마디 말로 천지의 화평을 상하게 하는 수가 있다."[62]고 주장한다. 다산의 말은 설교자들이 귀담아 들을 조언이다. 설교자는 자신의 말 한마디로 화목하게 하거나 다투게 할 수 있으며 생명을 얻게 하거나 잃게 할 수 있다. 그러므로 설교자는 설교할 때는 물론 평상시에도 말을 지극히 조심해야 한다.

또한 다산은 정선의 말을 인용하여, 자신이 목민관이 되면 몸이 곧 화살의 표적이 되는 고로 한 마디 말과 한 가지 행동도 삼가지 않으면 안 될 것이라 한다. 특히 성이 났을 때의 언어는 체면을 잃어버릴 것이니, 성내고 난 후에 생각해 보면 자기의 더럽고 좀스러운 속을 온통 다른 사람에게 내어 보이고 만 꼴이 된다. 그러기에 다산은 목민관이 기억할 단어로 '노즉수(怒則囚)'를 꼽았다.[63] 성이 나면 곧 그 성을 가두라는 뜻인데, 설교자도 목민관처럼 온 회중의 시선을 받기 때문에 평소 이 세 글자를 마음에 새겨 두고 성이 나면 힘써 그 사나운 성질을 제어해야 할 것이다.

독서도 설교자에게 필수이다. 설교자는 독서를 통해 꾸준히 정진해야 한다. "유능한 목회자는 타고난 재능을 가진 사람만이 아니라 자기의 능력을 계속 발전시켜 가는 사람"[64]이기 때문이다. 다산도 목민관의 독서를 강조하여, 목민관은 공무에 틈이 날 때마다 여러 책들을 읽

---

62 『牧民心書』 卷一 律己六條 第一條 飭躬, "有一言而傷天地之和。"

63 Ibid.

64 朴根遠, 『오늘의 敎役論』 (서울: 大韓基督敎出版社, 1982), 146.

고 외워야 한다고 하였다.[65] 그러나 독서에도 유의할 점이 있다. 외투를 팔아서라도 책을 사라는 스펄전은[66] 책이 일종의 우상이 될 수 있음을 지적하면서, 사람들로 생각하게 하려고 만들어진 책이 오히려 생각을 방해하는 경우가 종종 있다 하였다.[67] 설교자가 새겨들을 충고다. 좋은 설교자가 되기 위해 독서를 해야 하지만 정보의 홍수 속에서 영적 생각들이 방해받지 않도록 잘 가려 읽어야 하겠다.

초기 한국 교회 설교자들의 독서 생활은 어떠하였을까? 공위량은 조선의 성도가 책 읽는 일에 뜻을 두지 않는다고 지적하면서, 목사는 교우들에게 책을 많이 읽도록 권면하라 하였고, 성도를 가르치는 목사들은 더욱 책을 가까이하여 매일 시간을 정해 놓고 책을 정독하되 2시간 이상으로 책을 연구할 것을 제안하였다.[68] 1935년, 조선 교회의 희년을 맞아 총회의 명으로 문화 운동을 펼치면서 독서를 권장한 곽안련에 따르면, 당시 경성의 예수교서회와 평양의 신학교 아래층에는 800 종류의 책이 준비되어 있었다.[69] 참으로 열악한 초기 한국 교회에서도 제도적으로 독서를 권장했다는 사실은 오늘의 설교자들이 도전 받아야 할 점이다. 특히 책을 가까이하지 않는 설교자는 "'해석자의 집(the house of the interpreter)'에 거주하는 젊은 설교자는 성전의 설교단만

---

65 『牧民心書』 卷一 律己六條 第一條 飭躬.

66 C. H. Spurgeon, *Lectures to My Students: A Selection from Addresses Delivered to the Students of the Pastors' College, Metropolitan Tabernacle*, 193. 스펄전은 『매튜 헨리 주석』 (*Matthew Henry' Commentary*)에 대해 탁월한 주석으로 소개하면서 외투를 팔아서라도 사라고 권하였다.

67 Ibid., 197.

68 孔韋亮, "牧師의 思想的 生活," 90-91.

69 곽안련, "讀書," 「神學指南」 81권 17-3호 (1935, 5), 59.

큼 신성한 서재를 가지고 있다."[70]는 블랙우드(Andrew Blackwood)의 말을 명심해야 할 것이다.

그 밖에도 음악의 준비가 필요하다. 찬양이 주는 영적 은혜를 누구도 부인하지 못한다. 자질이 없다고 낙심하는 설교자도 있지만 훈련은 부족한 자질을 충분히 채워 줄 것이다. 음악을 최상의 예술로 생각하며, 그 자신이 항상 음악을 사랑한다고 말할 정도로 음악의 중요함을 알고 있던 마틴 루터(Martin Luther)는 설교자도 음악 교육을 받아야 한다고 주장한다. 음악을 잘하는 사람은 누구나 좋은 기질을 지녔다고 보는 그는 음악 훈련을 잘 받은 사람이 아니면 설교자로 세워서는 안 된다고까지[71] 말하였다.

그렇다면 설교자가 길러지는 바람직한 장소는 어디일까? 최근의 설교학 동향이 설교의 방법과 기교에는 관심을 기울이면서도 그 말씀을 선포할 설교자들이 어디에서 훈련을 받아야 할 것인지에 대해서는 관심을 기울이지 못했다. 그러나 공동체적으로 그리스도의 정체성을 지향하는 탈자유주의적 설교를 대안으로 제시한 찰스 캠벨은 "진정으로 복음을 새롭게 들으려면 설교자의 기교 이상의 것을 필요로 한다. 즉 성경과 성례, 그리고 제자도를 실천하고 있는 훈련된 공동체를 필요로 한다."[72]고 주장한다. 설교는 가르쳐질 수 없고(Preaching cannot be taught.) 설교자는 만들어진다(Preachers can be formed.)고 주장하는

70 Andrew Blackwood, *The Fine Art of Preaching* (New York: Macmillan, 1952), 25.

71 Martin Luther, *Tischreden,* trans. by William Hazlitt, *The Table Talk of Martin Luther*, 340.

72 Charles L. Campbell, *Preaching Jesus: New Directions for Homiletics in Hans Frei's Postliberal Theology* (Grand Rapids: Eerdmans, 1997), 247.

그는 설교자가 만들어지는 장소와 훈련 방식을 설명한다. 그에 따르면 설교자가 만들어지는 공동체적 과정이란 개별의 설교학 수업을 통해 설교의 기술을 가르치는 최근의 수업 방식보다는, 교회를 세워가는 공동체의 실천적 사역 속에서 이뤄지며, 그 방식은 중세 도제 제도(apprenticeship)의 모델에 훨씬 더 가깝다 하였다.[73] 한국 교회의 설교자들이 전도사나 부목사로서 오래도록 한 교회를 섬기며 좋은 설교자로 세워지는 경우도 도제 교육의 바람직한 한 형태라 하겠다.

### (2) 설교자의 부임 정신

다산의 목민관은 부임할 때부터 자신의 사명을 시작한다. 왕의 소명을 받은 목민관으로서 부임을 잘 준비해야 절용할 수 있기 때문이다. 검소와 절용이 곧 백성을 사랑하는 근본이기에, 목민관은 부임하는 과정에서 낭비를 경계해야 한다. 목민관은 어떤 곳에 부임하든지 자신의 녹봉보다 백성 사랑에 마음을 쏟으며 백성에게 폐를 끼치지 말아야 한다.

설교자의 사역 역시 부임할 때부터 시작이다. 설교자를 청빙한 교회는 그가 부임하는 과정을 통해 그의 인격과 삶을 헤아리며 마음을 열 준비를 한다. 그러므로 부임하는 설교자는 부임지를 구할 때부터 바른 정신을 가져야 한다. 그래야 성공적인 사역을 할 수 있다. 미남감리회 감독이었던 보아스는 초기 한국 교회 설교자들에게 일렀다.

73 Ibid., 250.

우리가 흔히 잘못 생각하는 것이 있으니, 즉 일신상 안일과 임지가 훌륭한 곳으로 파송 받기를 원하는 것이외다. 우리는 주의 군병이니 위험을 무릅쓰고 진력함으로 악전고투하야 더 새롭고 훌륭한 영토에 천국을 건설할 것이 우리의 의무니 만약 중간에 우리의 편익을 위함으로 정복은 수포로 돌아가고 우리의 국경에 적군이 침입하는 때는 우리가 주를 십자가에 다시 못 박는 자가 될 것이올시다.[74]

주의 군사인 설교자들이 위험을 무릅쓰고 힘을 다해 새로운 곳에 천국을 건설할 생각은 하지 않고, 일신상 안일에 빠지거나 좋은 임지에 파송 받기만을 원한다면 정복은 수포로 돌아간다는 지적이다. 만약 그렇게 하다가 적군이 침입할 때에는 주님을 십자가에 다시 못 박는 자가 될 것이다.

목민관과 설교자가 새 일터에 부임한 후에도 조심해야 한다. 새로운 곳에 부임하면 여러 일들을 열의를 가지고 시작하고 싶어진다. 그러나 무리하게 개혁을 시도하다 심각한 물의를 일으킬 수 있으므로 다산은 조극선(趙克善)의 말을 인용하여 경계한다.

무릇 어떤 일을 할 적에는 반드시 점차로 해야 한다. 부임 하자마자 곧 일체의 폐단을 제거해 놓고 그 뒤를 잘 이어가지 못하면, 반드시 시작은 있으되 마무리가 없게 될 우려가 있다. 마땅히 먼저 몹시 지나친 것부터 제거하여

74 보아스, "成功的 敎役의 要素," 51.

점차 모든 폐단이 다 없어지도록 하는 것이 좋다.[75]

부임한 목민관은 전임자의 뒤를 이어 새로운 사명을 감당해야 한다. 그러나 지나치면 오히려 문제가 발생하기에 지혜롭게 변화를 시도해야 한다. 다산은 중국 송나라 사람으로서 자(字)가 흠지(欽之)인 부요유를 소개하였다. 그는 전임자가 축낸 군량미를 대신 보상하다 파직되었는데도 끝까지 변명하지 않았다. 그를 소강절이 칭찬하기를, "흠지여! 맑으면서도 빛나지 않고, 곧으면서도 격하지 않으며, 용감하면서 능히 온공하구나, 이야말로 어려운 것이로구나!"[76] 하였다. 새로 부임한 설교자도 신중하게 일을 시작해야 한다. 먼저 현지를 잘 파악하되 지리적 고려도 해야 한다. 지역에 따라 문화와 풍습이 다르기 때문이다. 예화를 사용해도 지역에 따라 비효과적 커뮤니케이션이 될 수 있기에 다니엘 바우만은 "지리적 고려는 청중 분석에서 하나의 중요한 요구"[77]라 하였다.

처음으로 교회에 부임한 목회자의 성공을 위해, 자신의 교역 초기의 실수 중 하나를 소개한 원로도 있다. 문창권은 초임 시절, 수양과 경험 부족으로 아부하는 이들을 측근으로 여기고 충성스런 동역자를 해치는 자로 생각했다고 고백하였다.[78] 처음 부임한 교회의 제도나 여러 가지 일들이 마음에 맞지 않더라도 곧 뜯어고치는 행동은 크게 삼가

75 『牧民心書』 卷三 奉公六條 第二條 守法.

76 『牧民心書』 卷三 奉公六條 第三條 禮際, "欽之淸而不耀。直而不激。勇而罷溫。是以難耳。"

77 J. D. Baumann, *An Introduction to Contemporary Preaching*, 56.

78 文昌權, "나의 初期 牧會時節을 되돌아본다," 「月刊牧會」 (1978, 4), 30.

고, 먼저 보고 듣는 일에 힘써서 교회의 과거 역사와 환경, 교인들의 개성과 형편을 살펴야 한다.[79] 이 점은 조선 시대의 목민관에게서도 배울 바이다. 당시에 목민관이 임지에 부임하는 절차와 과정은 임지와 통치 방안에 대한 정보를 파악할 수 있는 기회였다. 실제로 『이재난고』를 쓴 목천 현감 황윤석(1729~1791)의 경우, 임지에 부임하는 과정에서 만난 사람들을 통해 목천 현 향리들의 습속을 비롯하여 논밭 사정, 산물, 무역 상황, 지형, 사찰, 유명 인사 외에 목민관의 생활이나 지켜야 할 태도까지 꾸준히 조언을 구하였다.[80]

또한 전임 교역자를 유능한 자격자로 칭찬하며 그가 떠난 일을 매우 애석하게 말하는 이들이 있다면 후임 교역자는 이것을 결코 못마땅하게 여기지 말아야 한다. 오히려 전임 교역자에게 도움을 구하여 앞으로 해야 할 일에 대해 상세한 지식을 조언 받아야 한다고 명신홍(1905~1975)[81]은 조언하였다.[82]

부임하는 설교자가 지나치게 의무감에 사로잡힐 수 있다. 과연 설교자는 무거운 의무감으로 설교해야 하는가? 그 점에 대해 커언(John A. Kern)은 엄숙한 의무 관념을 가지면서도 늘 동정과 인애와 기쁨이 넘치는 표정을 지녀야 한다고 권면했다.

---

79 金熙寶, "牧會現場에 첫 出發하는 자에게," 「月刊牧會」 (1978. 4), 33-34.

80 노혜경, 『朝鮮後期 守令 行政의 實際』 (서울: 혜안, 2006), 107-109.

81 명신홍(明信弘) 목사, 평안남도 평원 출생. 칼빈신학교 총장 김의환은 이렇게 회고한다. "그는 너무도 솔직한 성품과 인자한 마음씨를 가지신 분이었다. 신학교 교장과 총회장을 역임하신 분이었으나, 정치적인 숨은 카드를 지니시지 않고, 자리를 구하지 않고, 물 흐르듯 자기에게 주어지는 직책을 명예롭게 수용하고 충성스럽게 감당한 목자요, 지도자요, 신학자였다." 「크리스천투데이」 2006. 6. 15.

82 明信弘, "敎役者의 倫理," 「신학지남」 134권 33-3호 (1966. 9), 9.

그러한 느낌을 가질 필요가 없나니 그렇게 함으로 우리의 발언하는 기능을 방해할 염려가 있도다. 우리는 엄숙한 의무 관념을 취하면서도 늘 동정과 인애와 희락이 넘쳐야 할 것이니 우리의 얼굴에 냉엄한 기색을 가질 것이 아니오 영생의 말씀을 가지고 민중의 앞에 서는 것으로 낙을 삼아야 할 것이다.[83]

「신학지남」에, 미국 침례신학교 교수 그라넬이 목사들이 부임할 때 주의할 점을 발표하였다. 그 내용을 살펴보면 초기 한국 교회의 목사들은 물론이려니와 오늘의 목사들도 명심할 점들이 많다.

**새로 위임한 목사의 하지 아니할 일**[84]

1. 그대의 자리를 전에 맡았던 목사를 생각할 때 그가 일을 하나도 하지 않았다든지 또는 아는 것이 없는 자로 인정하지 말 것이니 심심이 생각하면 전에 있든 그가 그대보다 못하지 않은 사람인 것을 깨닫게 될 것이다.
2. 전에 있든 목사에 대하여 시기하여 미워하지 말 것이니 떠난 목사에 대하여 일반 교우들이 계속적으로 찬성하는 말을 할 것이면 이다음에 그대가 사면하고 나갈 때에도 그대에게 대하여 같은 찬사를 드릴 것이다.
3. 위임한 지 육 개월 안에 온 교회를 변개할 수 있는 줄로 알지 말라. 큰 기관은 서서히 운동하는 것이며 또 적은 기관이라도 그리 빨리 진전되는 것이 아님을 알라.
4. 온 교회를 안팎으로 변경시키려 하지 말라.

---

83 John A. Kern, *The Ministry to the Congregation: Lectures on Homiletics*, 671.

84 그라넬, "새로 委任한 牧師의 하지 아니할 일," 「神學指南」 90권 18-6호 (1936. 11), 484-485.

5. 처음 위임하게 될 때 그 출석의 증가에 대하여 널리 광고치 말지니 사실 그대로 될 것이면 기쁜 일이지만 그렇다고 해도 그 일은 그리 급한 일이 아니다. 과거 그런 부질없는 선전한 수자를 검사해 본다면 그 수가 너무 많아 그 사실대로 되었다면 세계 중 교회에 한 번도 출석치 않은 이가 없을 만치 된다.

6. 새 교회 일을 담임해 보게 됨으로 그대가 딴사람 된 줄로 생각지 말 것이니 새로 맞은 교회가 클지라도 그대가 전보다 별로 더 위대해진 것도 아니요 다른 사람이 된 것도 아니다. 혹 교만하여 지나치는 생각을 가질 수 있으나 그대의 신변에는 변화가 없는 줄 알라.

7. 「새 일터」 라고 해서 그다지 새것으로 인정하지 말지니 어려운 일은 어디든지 일반이며 또 사람들도 대개 비슷한 것이다.

8. 나무들은 서서히 자라는 것임으로 혹 수십 년 만에야 완전하게 되나니 그렇다고 그 뿌리에 도끼를 가하지 말 것이다. 그 시일이 오랜 것은 그 이면에 상당한 이유가 있는 것이니 찍기 전에 그것을 잘 생각할 것이다.

9. 옛 풍습이나 어느 기관을 폐지하고 그 대신 어떤 다른 운동을 일으키기 전에 모든 형편을 자세히 살필 것이다. 공격하기 전에 앞에 있는 형편이 어떠한지 자세히 알아야 할 것이다.

10. 일 처음 시작할 때에 만나는 사람과 너무 급히 무슨 일을 계획치 말 것이니 흔히 경박하고 자기를 자랑하는 이들이 먼저 사교를 시작하는 것이다. 참 자격 있는 이를 만날 때까지 주의해서 기다릴 것이다.

11. 당파가 있으면 조심하여 공평과 정당함과 직리(直理)를 인하여 피할 수 없는 경우를 제하고는 어떤 당파에든지 가담치 말 것이다. 또 위임 시 이유 있든지 없든지 아무 당파에든지 가담치 말 것이다.

12. 그대가 한 곳에 여러 해 동안 있어 교우를 많이 도아주고 또 희생적으로 일을 보아 일반 교우들이 그대를 절대 지지하는 모양 있을지라도 아주 방심치 말라.

13. 그대가 교회 중에 군왕 격으로 전권을 소유한 자로 인정치 말지니 그대는 교회의 중심이나 또는 초점이 되여 교회를 바퀴와 같이 운전할 수 있는 줄도 알지 말라. 「우리가 예수 그리스도의 주되신 것과 또 예수를 인하야 우리가 너희의 종 된 것을 전파하니라. 고후 4:5」

14. 그 새 교회 교우들에게 각각 자기 옳은 줄로 아는 의견주의가 있는 것이니 특별한 이유가 있기 전에는 좀체로 그를 변개할 수 없는 줄로 알라.

15. 그대가 전에 보든 교회에서 쓴 계획과 방침을 으레이 그 새 교회에서도 잘 진행될 것으로 알지 말 것이니 그 형편은 같지 않음으로 혹 전연 실패되는 때도 있는 것이다.

16. 위임하는 날에 벌써 성공한 것으로 선전치 말 것이다.

17. 주인 노릇을 너무 함부로 하지 말 것이다.

18. 새 교회 회원에게 그 보든 옛 교회의 아름다움과 기타에 대하야 너무 자주 말치 말 것이다. 본 아내가 죽고 다시 장가들면 그 제이 아내가 첫 아내의 일에 대해 듣고 싶은 생각이 없는 것이다.

19. 특별이 이하의 제 조건을 잊지 말라.

(1) 나는 무식하고

(2) 나는 실수하기 쉽고

(3) 나는 불완전하고

(4) 나는 요긴한 사람이 못되며

(5) 나는 해석하기 힘든 여러 가지 형편 중에 쌓여 있는 줄 알라.

(6) 교만함과 망령됨과 지혜 없는 가운데서 빠지기를 피하려고 하면 그대의 발자취마다 하나님의 지도하심과 다른 모든 은혜를 얻어야 할 줄로 알 것이다.

하나하나 소홀히 여길 수 없는 그라넬의 권면을 정리해 보자.

첫째, 새로 부임한 설교자는 교만을 경계해야 한다. 6항처럼, 새 교회에 부임했다 하여 특별한 신분이 되었다고 생각해서는 안 된다. 전도사나 부목사에서 담임목사가 되었다면 책임과 사명이 더 무거워졌을 뿐이다. 더욱 겸손한 마음으로 무슨 일이든지 최선을 다할 태세를 갖추어야 한다. 13항, 17항처럼 담임목사가 되었다고 해서 마치 군왕이 된 양 한다든지, 주인 노릇을 함부로 하려다가는 순식간에 신뢰와 존경심을 잃게 될 것이다. 그러기에 19항처럼 철저히 자신을 낮추고 하나님의 인도하심과 은혜를 받아서 성도를 섬기고 말씀을 전해야 한다.

둘째, 덕과 사랑을 잃지 말아야 한다. 그라넬은 1항, 2항에서 전임자를 무시하거나 시기하지 말아야 한다고 권면한다. 실학자 순암 안정복도 『임관정요』에서 말했다.

옛날 사람들은 전임과 후임 간에 그 의가 지극히 중했던 것인데, 지금은 그런 도의는 없어지고 매양 전관의 잘못을 찾아내어 폭로하니, 참으로 후한 풍속이 아니다. 만약 대단한 패역의 죄를 범한 일이 아니라면, 숨겨줌에 힘써야 한다.[85]

---

85 安鼎福/金東柱 옮김, 『臨官政要』 乙酉文庫 133 (서울: 乙酉文化社, 1974), 68, 295.

다산도 전임자의 흠을 덮어 주되 혹 죄가 있다 해도 크지 않으면 죄가 되지 않도록 도와주라[86] 하였다. 설교자가 전임자를 낮게 평하거나 잘못을 들추면 후한 풍속이 아니다. 성도는 후임 설교자의 인격을 더 낮추어 볼 것이다. 그러나 전임자를 높이며 칭찬하면 후일 그가 은퇴하게 될 때에 자신도 성도에게 칭찬 받게 될 것이다. 또한 18항처럼 전에 시무하던 교회와 새 교회를 비교하여 자꾸 예전 교회의 장점을 말하는 것도 지혜롭지 못한 처신이다. 정작 함께 살아가야 할 사람들은 새 교회의 성도이기 때문이다.

셋째로 3항과 4항, 그리고 8항과 9항은 성급한 변화를 자제하라는 권면이다. 부임한 지 6개월이면 아직 밀월 기간일지라도 교회 전체의 변화를 시도하기에는 무리다. 빠른 변화만이 능사가 아니기에 차분한 마음으로 상황을 잘 파악하고 나무를 기르듯 변화를 시도해야지 마구 도끼를 들고 찍어서는 안 된다. 또한 14항과 15항의 권면대로 새로운 변화를 너무 쉽게 생각하지 말고 새로운 교회 환경을 잘 파악하여 가장 적합한 방법을 찾아낸 다음 변화를 시도해야 한다. 옛 조선의 목민관으로서 효종 때(1650년) 이장형은 강진 현감으로 부임하기 전에 임금께 인사를 올렸다. 임금이 목민관으로서 해야 할 일들을 물었다. 겨우 대답하였으나 부임할 강진의 상황이 어떠한지 묻자 대답을 못했다. 임금은 그 자리에서 그를 다른 현감으로 교체하도록 명하였다.[87] 그만큼 목민관은 자신이 근무할 곳의 상황을 잘 알고 있어야 했다. 그 점은

86 『牧民心書』 卷三 奉公六條 第三條 禮際.

87 박홍갑, 이근호, 최재복, 『승정원일기, 소통의 정치를 논하다』 (서울: 산처럼, 2009), 98.

새로 부임하는 설교자도 마찬가지다.

넷째로 5항, 16항처럼 양적 증가에 마음을 뺏기지 않아야 한다. 그것은 물량주의에 사로잡히는 잘못이다. 새로운 목사가 부임하면 잠시 예배에 참석하는 교인 수가 많아질 수 있다. 그러나 설교자는 교인의 많아지고 적어짐에 연연하지 말고 생명의 복음을 증거하고 성도를 돌보는 일에 온 마음을 쏟아야 한다. 단순히 외형적 요소로 목회의 성공 여부를 판단하려는 유혹은 자신과 교회를 해치는 독이 될 수 있다. 초대 교회의 경우, 양적 부흥을 목표로 해서가 아니라 오로지 말씀과 기도와 교제에 집중할 때에 주님께서 구원 받는 사람을 날마다 더하게 하셨다. 초대 교회의 양적 부흥은 사도들이 한 일이 아니라 주님께서 하신 일이었다(행 2:42-47).

다섯째, 사람을 조심해야 한다. 10항, 11항, 12항처럼 몇몇 사람에게 치우치거나 급히 가까워지지 말아야 한다. 교회 안에 파당이 있을 때는 더욱 그렇다. 전적으로 지지하는 이들이 있을지라도 역시 목회의 정도(正道)는 불가근불가원(不可近不可遠)[88]이다. 어느 사람에게도 치우치지 않고 공평과 정직과 사랑으로 대하며 올곧게 할 일을 행한다면 마침내 모두가 믿고 존경하며 따르게 될 것이다.

새로 부임한 설교자가 주의할 일들을 살펴보았다. 하나하나가 다 값진 권면이다. 오늘의 설교자들이 이 권면을 잘 참고한다면 실수를 많이 줄이고 성공적으로 사역을 시작할 수 있을 것이다.

---

88 예장(통합) 총회장을 역임한 김형태는 말한다. "목회자의 교인들과의 친근 관계, 특히 평신도 지도자들 사이의 친근 관계는 불가원 불가근의 거리를 유지할 필요가 있다. 너무 멀지도, 너무 가깝지도 말아야 한다는 것이다. 이것은 불완전한 사람들 사이의 질서유지와 윤리적 관계를 고려한 목회적 교육의 지혜라 하겠다." 김형태, 『목회적 교육』 (서울: 한국장로교출판사, 2003), 12.

### (3) 설교자의 율기 정신

한국 교회의 목사들이 이상적 설교자상을 갖추려면 율기 정신이 필수이다. 수기치인의 성취는 유교에서 강조하는 이상적 인간상의 완성이기 때문이다. 그리고 그 이상에 도달하기 위한 주체적 활동이 곧 배움이다. 다산은 그 배움을 더 깊게 하여 독실하게 실천하는 데까지 이르러야 한다고 주장하였다. 이 주장은 설교자에게도 적용되어야 한다. 설교자 역시 율기 정신으로 하나하나 바람직한 덕목들을 배우고 익혀 실천하는 데까지 이르러야 한다. 그래야 제대로 다듬어진 인격자로서 권위를 가지고 강단에 설 수 있기 때문이다.

유교 경전의 하나인 대학은 대인(大人)이 되는 학문의 내용과 방법을 담고 있다. 대인이란 완전한 인격을 실현한 이상적 인간이다. 대학은 대인이 되는 근본 과제로 '밝은 덕을 밝히고(明明德),' '백성을 사랑하고(親民),' '지극한 선에 머무른다(止於至善)'는 삼강령을 제시한다. 또한 덕을 밝히고 인격을 성취시켜 이웃에게까지 덕을 발휘할 방법과 이념을 제시하는데, 공자는 그것을 충(忠)과 서(恕)로 규정하였다. 이때 '충'은 자기의 내면적 인격을 발휘하는 것이고, '서'는 자기를 미루어 다른 사람에게로 확대시키는 것이다. 이리하여 개인의 인격 완성에서 사회적 도덕 질서를 실현하는 단계로 나아가게 하였다.[89] 이것이 바로 수기치인이다. 다산도 『오학론』에서 수기치인의 방법을 소개하며 당시의 잘못된 태도를 지적한다.

89 琴章泰, 『儒敎와 韓國思想』, 30-33.

> 옛날의 학자가 배우는 데는 다섯 가지 방법이 있었다. 이른바 널리 배우고, 자세히 묻고, 신중히 생각하고, 밝히 분별하고, 성실히 실행하는 것이다. 그런데 오늘날의 학자가 배우는 데는 한 가지 방법만 있다. 이른바 널리 배우는 것에 그칠 뿐, 자세히 묻는 그 이하는 뜻을 두려고 하지 않는다.[90]

설교자는 목민관처럼 자신을 갈고 닦아야 하지만 그 인격의 수준은 목민관의 윤리 차원을 넘어서야 한다. 하나님의 말씀을 증거하는 설교자로서 그의 인격은 신령한 단계에까지 이르러야 한다. 설교자는 율기 정신으로 신령한 인격을 갖추기까지 훈련을 쉬지 않아야 한다. 일찍이 스펄전도 설교자의 인격이 도덕성을 넘어 신령한 인격에 이르러야 할 것을 말하였다.

> 목사의 거룩함(Holiness)은 그의 주된 필수품이기도 하고 멋진 장식품이기도 하다. 단지 도덕적 탁월함만으로는 충분하지 않고 그보다 더 높은 덕이 있어야 한다. 시종여일한 인격도 있어야 하지만, 거기에 거룩히 성화된 기름으로 부어져야 한다. 그렇지 않으면 하나님과 사람을 향해 우리로 향기를 발하게 하는 것이 부족하게 될 것이다.[91]

설교자의 신령한 인격은 초대 교회 때부터 강조된 바이다. 초대 교

---

90 『與猶堂全書』 第一集 詩文集 第十一卷○文集 論 五學論二, "古之爲學者五。曰博學之。審問之。愼思之。明辨之。篤行之。今之爲學者一。曰博學之而已。自審問而下。非所意也。"

91 C. H. Spurgeon, *Lectures to My Students: A Selection from Addresses Delivered to the Students of the Pastors' College, Metropolitan Tabernacle*, 14.

회는 말씀으로 교회를 치리하는 감독이 갖춰야 할 근본 요건을 성령 충만으로 보아, 그들을 안수하여 세울 때 성령의 기름 부으심을 간구했다.[92] 초기 한국 교회 역시 설교자의 신령한 인격을 강조했다. 초기 한국 교회의 목사들이 흔히 하는 실수들을 모아 경계한 "목사의 체경"에서도 설교자는 신령한 인격을 갖추기 위해 매일 경건한 마음으로 자신의 영혼을 먹일 성경 공부와 개인 기도를 망각하지 말라고 권하였다.

> 十. 강도인이 매일 경건할 마음으로 본 영혼을 목양하는 셩경 공부를 잊어버리지 말거시오
>
> 十一. 자기의 개인젹 사기도를 잊어버리지 말거시오[93]

곽안련은 그의 『강도학』에서, 지나친 자기중심주의와 가증한 태도로 청중의 환심을 잃어버리는 목사와 겁 많고 유약하여 자신 없는 태도로 청중에게 업신여김을 받는 목사로 구분하여 둘 다 인격 문제가 있다고 지적하였다. 그리고는 보완책을 제시했는데, 인격 조견표를 만들어 부족한 성질은 피하고 양호한 성질만 수양하기로 결심할 뿐 아니라 늘 기도하고 근신하여 깨달은 대로 개선하면서 인격 조견표의 좋은 표준으로만 전진하면 성공할 것이라 하였다. 여기서 곽안련이 말한 인격 개선의 3요소는 '자신(自信)'과 '진실함'과 '애교'이다. '자신'이란 사사로운 욕심과 교만이 포함된 고집이 아니라 완전히 겸손과 일치된

---

92 Hippolytus, *Traditio Apostolica*, 77-78.

93 郭安連, "牧師의 體鏡," 「神學指南」 2권 1-2호 (1918. 7), 149.

관념이요, '진실'은 성실을 의미하며, '애교'는 겸손과 친절과 기지로써 청중에게 인기 얻음을 뜻한다.[94]

설교를 잘하고 싶은 설교자는 어떤 훈련보다 좋은 사람이 되려는 결심을 품어야 한다. 설교 잘하는 기본 준비가 바로 그 사람의 인격에 달려 있기 때문이다. 6 · 25 전쟁 직후, 온 나라가 물질적, 정신적 폐허 속에 신음하던 혼란기에 하나님의 말씀을 맡은 설교자들을 돕기 위해 발간된 『설교자필휴』에서는 유력한 설교의 요건으로 가장 먼저 설교자의 경건과 영력을 꼽고 있다.

> 유력한 설교의 제일 요건은 설교자의 경건과 영력이다. 설교자에게 이것이 결핍될 때에 도저히 청중에게 감동을 줄 수 없다. 그러므로 그리스도의 복음의 증인은 경건한 마음을 양성하며 위에서 내리는 영력을 받기 위하여 개인이 기도 생활을 게을리해서는 안 된다.[95]

하나님의 말씀을 맡은 설교자가 자신을 다듬는 경건 훈련을 빠뜨릴 수 없다. 모든 설교자는 자신의 인격이 윤리적 성숙을 넘어서서 신령한 성숙을 이루기까지 매일 말씀과 기도로 자신의 영성을 갈고 닦아야 한다. 특히 교회 안에 들어와 있는 기복적이고 무속적인 부분까지도 경계하는 영성 훈련을 해야 한다. 교인들이 매일 부딪치는 고달픈 삶의 해답을 얻으려고 무속적 유혹에 빠져드는 일이 없도록 설교자의 영성

---

94 Charles Allen Clark, *Lectures on Homiletics*, 294-297.

95 趙善出 編, 『說教者必携』 (서울: 大韓基督敎書會, 1954), 2-3.

이 건강해야 한다. 한국 문화는 기복적이고 무속적이어서 누구나 언제든지 유혹에 빠져들 수 있기 때문이다. 설교자가 혼합주의에 빠져서, 무당이나 점쟁이처럼 성도의 모든 의문에 구체적인 답을 주려는 태도를 경계해야 한다. 복음은 성도들의 일상적 삶에 많은 해답을 주지만, 복음의 초점은 구원과 하나님 나라에 있다. 그러므로 설교자는 성도로 하여금 하나님과 깊은 교제 속에서 자신의 문제에 대한 해답을 스스로 찾도록 지도해야 한다. 그뿐 아니라 무속적 신앙에 대한 거부감이 지나쳐 그 신앙에 젖어 사는 이들을 적대시함으로써 그들을 계도할 기회마저 잃어버리는 실수도 경계해야 한다.

설교자의 영성이 사람에 의해 흐려지지 않도록 교제를 삼가야 한다. 노회 정치나 지방 유지들과의 교제가 자칫 하나님의 말씀 사역을 방해할 수 있다. 또한 잘못된 영적 교제는 신비주의나 이단에 빠져드는 접촉점이 될 수 있다. 따라서 조금이라도 미심쩍은 교제는 멀리해야 한다. 다산도 목민관의 인간관계를 경계하였다. 사람을 다스리는 목민관이기에 역설적으로 사람을 경계해야 한다. 다산은 지방 토호들은 물론 고을 안의 문사들, 풍수, 사주풀이, 관상, 점, 파자 등 요사스럽고 허랑한 술수를 가진 자들과 교제를 금하였다.[96] 이런 교제는 결국 정사를 문란케 하고 화를 입게 할 것이기에, "마땅히 천리 밖으로 물리칠 것이요 그림자조차 가까이해서는 안 된다."[97] 하였다. 다산은 이런 술수에 대해 사람들을 혹(惑)하는 것이지 학(學)이 아니라고 생각하였기에 부

96 丁若鏞/다산연구회 편역, 『정선 목민심서』, 69-70.

97 『牧民心書』 卷二 律己六條 第四條 屛客.

정적 태도를 취하였다.[98]

설교자의 몸가짐도 중요하다. 다산은 목민관의 의관을 매우 중요시 했다. 목민관의 차림새는 곧 백성의 본보기가 되기 때문이었다. 다산은 자신을 잘 다스리며 목민의 사명을 감당한 실례로 한지(韓祉)[99]를 든다. 한지가 감사가 되어서는 날이 밝기 전에 세수하고 관 쓰고 도포 입고 나아가 앉되, 앉은 자리 곁에는 베개나 기댈 방석을 두지 않으며, 몸을 바로 세우고 꿇어앉아 손을 꽂고 종일토록 몸을 기울이거나 비트는 일이 없었으며, 비록 창가 난간에라도 기대는 적이 없었다. 그와 더불어 3년을 거처한 자도 일찍이 그가 피로하여 하품하고 기지개 켜는 모습을 본 적이 없었다. 저녁 식사를 마치면 언제나 뒤뜰을 거닐되, 그 걸음을 돌이키는 곳이 자로 그어놓은 듯 한결같았다.[100]

초기 한국 교회의 설교자들도 그 몸가짐이 올곧았다. 아무리 더워도 간편한 복장을 마다하고 정장을 입었다. 요즘에는 많이 간소화된 모습이다. 그러나 축구 감독이나 농구 감독의 경우, 모든 선수들이 간편한 차림으로 운동을 하는 곳에서도 정장을 한다. 그저 사람들이 즐기기 위해 운동하는 곳에서도 굳이 정장을 입는다면, 하나님께 예배드리는 곳에서는 어찌해야 할까? 오늘의 설교자들이 깊이 고려할 일이다.

설교자를 쓰러뜨리는 치명적 함정은 성의 유혹이다. 한때 인기 높던 설교자가 성 문제로 인해 여지없이 추락한 경우들이 없지 않다. 그런 점에서 다산의 색(色)에 대한 경계는 모든 설교자들이 명심할 일이

98 다산학술문화재단, 「茶山學」 제10호 (2007), 26.

99 송(宋)의 문신, 사마광과 함께 선정(善政)을 하였다.

100 『牧民心書』 律己 第一條 飭躬.

다. 다산은 목민관이 창기들과 방탕하게 노는 것을 오랑캐의 풍속이라 하였고, 목민관이 창기와 가까이하게 되면 바른 명령을 내려도 다 의심 받고 헐뜯음 받게 된다[101] 하였다. 설교자 역시 성 문제를 일으키면 아무리 하나님의 말씀을 잘 전할지라도 그 허물 때문에 하나님의 귀한 말씀이 의심 받고 멸시 당할 수 있으니 큰 병집이다. 다산의 색에 대한 경계는 매우 실천적이다. 다산이 색에 대해 얼마나 철저했는가는 그가 외로이 귀양살이하던 49세(1810년) 때 꿈속에서 지은 시를 보면 알 수 있다.

> 십일월 육일 다산의 동암 청재에서 혼자 자는데 꿈에 한 예쁘장한 여인이 나타나 추파를 던졌다. 나 역시 마음이 동했지만 잠시 지내다가 그를 보내면서 절구 한 수를 주었는데 그 꿈을 깨고 나서도 기억이 역력하였다. 시는 이러하다.[102]

| | |
|---|---|
| 눈 덮인 산 깊은 곳에, 꽃 한 송이 | 雪山深處一枝花. |
| 연분홍 복숭아꽃 붉은 비단에 싸였어라 | 爭似緋桃護絳紗. |
| 이내 마음 이미 금강철로 굳었는데 | 此心已作金剛鐵. |
| 너 비록 풍로라도 어찌 내 맘 녹이랴 | 縱有風爐奈汝何. |

이런 다산에 대해 김상홍은 "그의 내면 세계에 존재하고 있는 도덕성이 꿈속에서도 미인의 유혹을 뿌리치고 곱게 돌려보낸 것이다. 이와

---

101 丁若鏞/茶山研究會 譯註, 『譯註 牧民心書』 I (서울: 創作과 批評社, 1978), 90.

102 『與猶堂全書』 第一集 詩文集 第五卷○詩集 詩.

같은 의식 세계는 도덕적 완전주의를 지향했기 때문"[103]이라 평하였다.

또한 초기 한국 교회가 설교자들에게 주는 권면 한 가지는 "교회가 자기에 대하여 어떠한 태도를 취하더라도 더욱 겸손"[104]하라는 말씀이었다. 영적 교만은 설교자가 가장 경계할 일이기에, 주기철이 『기도지남』[105]에 기고한 기도문은 오늘의 설교자들도 드려야 할 기도이다.

> 주님은 그 지선지성(至善至聖, 지극히 선하고 거룩하심)으로도 오히려 후욕(詬辱, 꾸짖고 욕함)과 침 뱉음과 뺨침을 받으셨는데 나는 무엇이관대 주님이 못 받으시던 칭찬과 영예를 바라고 있나이까?
>
> 오! 주여! 나를 이 외람된 오만에서 구원하여 주소서. 성신의 방망이로 이 '나'라는 놈을 마정방종(摩頂放踵, 머리부터 발꿈치까지, 온몸을 남김없이)으로 때려 부수어 주시사 주님과 같이 무아의 경(境, 내가 없어지는 경지)에까지 내 마음을 비워 주옵소서.
>
> 오! 주여! 나는 의를 사모하는 마음이 갈급하지 못합니다. 주님의 완전을 사모하는 마음이 불타지 않습니다. 나의 죄악을 위하여 재에 앉아 가슴을 치는 통회가 심각하지 못합니다. 나의 부족을 생각하고 향상하고자 하는 정열이 강렬하지 못합니다. 이는 분명히 내 맘이 비어 있지 못한 증거요, 나 스스로 무던하다는 오만입니다. 주여! 주님의 얼굴빛 아래 내 심령의 자태를 그대로 드러내시사 나로 하여금 애통하고 회개하게 하옵시며, 내 신경을 긴

103 金相洪 편저, 『(다산의 꿈) 목민심서』, 65-66.

104 리사장(理事長), "교역자 이동에 대한 곤난," 「활천」 222호 (1941. 6), 195.

105 1939년 2월에 발간된 『기도지남』은 기도 안내 책자라 할 수 있는데, 선교사, 한국인 목회자를 비롯한 여러 사람들의 기도문이 수록되어 있다.

장하게 하고 주님의 완전을 향하여 달음질하게 하옵소서.

오! 주여! 나는 주님의 겸손을 사모하옵고 주님과 같이 되기를 원하나이다. 아멘.

『기도지남』 (1939)[106]

초기 한국 교회에서 이름난 산정현 교회 담임목사요, 신사참배 반대 운동의 주역으로 주목 받던 목사로서 공개적으로 기고한 기도문이기에 그마저도 교만이 될까 경계하며 썼을 것이다. 자신의 겸손하지 못한 속내를 드러내 놓고 고백하며 겸손을 구하는 주기철의 기도는 그가 얼마나 교만을 경계하며 겸손하기를 원했는지 짐작하게 한다.

스토트는 설교자가 자신의 의무를 잘 수행하기 위해서는 두 가지 특수 자질이 필요하다면서, 그것을 가리켜 '체험과 겸손'이라 하였다.[107] 이때 체험은 예수 그리스도에 대한 직접 체험인데, 이 체험이 없이는 그리스도를 설교로서 증언할 수 없다. 따라서 설교자는 영혼의 수련, 즉 말씀과 기도의 훈련을 게을리해서는 안 된다. "설교의 실제 준비는 특별히 그 설교에 바쳐진 몇 시간으로 되는 것이 아니라, 지금까지 설교자가 그리스도를 체험한 일의 전체적인 흐름이며, 설교란 그 경험 중에서 증류된 한 방울이라는 사실을 우리는 기억해야 할 것"[108]이다.

설교자의 율기 정신은 설교자로 하여금 하나님의 말씀 앞에 엎드리게 한다. 설교자는 하나님의 말씀을 전하는 사람이기에, 회중과 구

---

106 주기철/KIATS 엮음, 『주기철: 한국 기독교 지도자 강단설교』 (서울: 홍성사, 2008), 26-27.

107 John R. W. Stott, *The Preacher's Portrait: Some New Testament Word Studies*, 70.

108 Ibid., 77.

별됨에도 불구하고 그도 역시 회중의 하나다. 따라서 설교자가 전하는 그 말씀은 설교자 자신에게도 적용되어야 한다. "그가 설교하는 말씀을 통하여 하나님께서 그에게 말씀하셨을 때에만 그들은 그의 입술을 통하여 하나님의 음성을 들을 것"[109]이기 때문이다. 그럼에도 설교자들의 표리부동은 깊이 자성할 일이다. 백스터는 "자신들의 설교와 생활 사이에 불균형을 만드는 목사들, 즉 정확하게 설교하기 위해서는 열심히 공부하면서도, 정확하게 생활하기 위해서는 거의 공부하지 않거나 전혀 공부하지 않는 일부 목사들의 명백한 잘못"[110]을 지적하였다. 스펄전 역시 설교자의 실천적 삶을 강조하였다.

> 우리네 생활 전체가 우리의 설교에 무게를 더해 주어야만 한다. 그렇게 하기만 하면 몇 해가 지난 후에 우리는 오랫동안 닦아온 인격에 속한 무적(無敵)의 웅변술을 구사할 수 있을 것이고, 회중의 주목을 끌 뿐 아니라 애정 깊은 존경까지 얻게 될 것이다.[111]

### (4) 설교자의 퇴임 정신

설교자의 사명이 귀하고 복된 만큼 그 사명을 완수한 뒷모습은 모든 이가 흠모하며 존경할 수 있어야 한다. 그러나 혹 마무리를 잘못하면 지금껏 애쓴 모든 수고가 물거품이 될 수 있다. 따라서 사명 길을 살

---

109 Ibid., 29-30.

110 Richard Baxter, *The Reformed Pastor*, 103.

111 C. H. Spurgeon, *Lectures to My Students: A Selection from Addresses Delivered to the Students of the Pastors' College, Metropolitan Tabernacle*, 146.

얼음 밟듯 잘 걸어왔다면 뒷마무리 역시 아름답게 해야 한다.

다산은 아름다운 퇴임을 말한다. 그의 『목민심서』를 읽으면 단숨에 가슴이 뚫리는 듯 상쾌해지는데, 그의 정곡을 찌르는 주장과 예로 든 이야기들 때문이다. 다산은 동사의(董士毅)의 아름다운 퇴임을 설명한다.

> 동사의가 촉주(蜀州)를 다스리게 되어 부임하러 갈 때, 여러 아들들이 청하기를 "아버님의 지절(志節)은 저희들이 잘 알고 있으므로 일체 생계는 조금도 넘보지 않습니다. 다만 생각하옵건대 아버님께서 연세가 많으시고 촉 땅에는 좋은 재목이 많다 하오니 뒷일을 생각해 주시길 바랍니다." 하였다. 그는 "그렇게 하마." 대답하였다. 그가 벼슬을 살고 돌아올 때, 아들들이 마중하러 강가에 나아가서 뒷일에 관하여 물어보았다. 그가 대답하기를, "내가 듣건대 삼나무가 잣나무보다 못하다고 하더라." 하였다. 아들이 물었다. "그러면 아버님께서 준비하신 것이 잣나무입니까?" 그러자 그가 웃으면서 말했다. "내가 여기 잣나무 씨를 갖고 왔으니 심어야 하겠지."[112]

아버지께서 노년에 어렵지 않도록 어느 정도 재정적 준비를 하셨으리라 기대했던 자녀들은 매우 실망스러웠겠지만, 아름답게 퇴임하는 그를 존경하지 않을 수 없다. 더욱이 동사의가 준비한 잣나무 씨앗은 작고 보잘것없을지라도 푸른 숲의 소망이 담겨 있기에 그의 퇴임은 복된 미래를 지향하는 바람직한 퇴임의 모델이다.

다산은 퇴임하는 뒷모습이 추해지지 않도록, "벼슬에서 해직된 때

---

112 『牧民心書』 卷二 律己六條 第二條 淸心.

에는 그날로 고향으로 돌아가야 하며, 비록 절친한 벗들이나 덕을 함께 하는 동지들이 머물러 있기를 힘써 간청해도 결코 받아들이지 않아야 한다."[113]고 주장한다. 또한 "벼슬이 갈려 돌아가는 날에는 반드시 쓰고 남은 것을 장부에 기록하라."[114] 권한다. 그만큼 뒷모습을 흐트러트리지 않고 재정적 면까지 깔끔히 마무리하여 아름다운 퇴임을 하라는 말이다. 그럼에도 당시 목민관들이 물욕과 명예욕에 빠져 한심스럽게 처신하는 잘못을 다산은 지적한다.

> 돌이켜보건대 정조 때 이 금령을 거듭 엄하게 하여 30년 이래에 세운 비는 모두 쪼아 없애게 하였는데, 오늘날 이 금령이 또한 해이해져서 학정한 목민관이 겨우 떠나자마자 쇄마전(刷馬錢), 입비전(立碑錢)이라 하여 백성의 힘을 거듭 곤하게 하니 어찌 한심스럽지 않으리오.[115]

명신홍은 퇴임하는 교역자에 대해 충고하기를, "전임 교역자는 후임 교역자가 오기 전에 그 교회와 사택에서 떠나는 것이 합당하다. 떠나기 전에 미리 사택을 깨끗이 하고 떠나야 할 것이다. 떠난 후에 특별한 경우 외에는 전 시무 교회에 오지 말고 정기적으로 출신(出信)하는 것도 하지 않아야 한다."[116] 하였다. 최근까지 원로로서 활동한 방지일

---

113 『與猶堂全書』 第一集 詩文集 第十八卷○文集 家誡 示學淵家誡.

114 『牧民心書』 卷二 律己六條 第五條 節用.

115 『牧民心書』 卷十四 解官六條 第六條 遺愛.

116 明信弘, "敎役者의 倫理," 10.

은,[117] 교역자는 원칙을 떠나지 못하고 또 떠날 수도 없기에, 교역자나 교회나 주님의 말씀하심을 기억하고 그 말씀에 근거해서 일해야 한다고 주장한다. 주님께 충성하였으면, 주님께서 충성한 종의 남은 삶을 책임져 주신다는 말씀을 믿고 나아감이 원칙이라는 뜻이다. 그러나 실제로는 교회와 은퇴자 간에 서로 상업적 흥정을 할 수 있기에, 교회가 목회자를 삯군 부리듯 함부로 부려서는 안 된다. 은퇴 교역자들도 남은 생을 맑게 살기 위해서는 은퇴한 날부터 더 많이 기도하되 몸이 노쇠하다고 기도마저 노쇠하게 살지 말아야 한다.[118]

윤두환에 따르면, 은퇴 목사는 말의 설교보다 생활로 보여 주는 모범 설교를 해야 할 것이며, 물러난 교회에 대해 관심은 크게 가지되 간섭은 말아야 한다.[119] 이성봉은 신의주 교회를 사임하고 떠나올 때 차를 붙들고 우는 성도를 뒤로하고 상경하여 다음날로 새로운 사명을 시작한다. 그가 총회의 결의로 전국 부흥 사업의 중대한 일을 맡게 되어 신의주 교회를 사임할 때 그 심정을 고백한 글은 퇴임하는 설교자들에게 좋은 교훈이다.

> 이제 전임지인 신의주 동부 성결교회 큰 새 예배당을 짓고 낙성식한 지 사흘 만에 떠나려니 여러 교우들과 큰일을 겪고 떠나는 약한 마음 뒤돌아다 보임이 적지 않으나 법궤를 멘 새끼 뗀 암소 벧세메스로 향하는 길 눈 앞에 어리

117 방지일(方之日, 1911~2014)은 평북 선천읍에서 방효원 목사의 장남으로 출생, 부친의 뒤를 이어 중국 산동성 선교사로 사역하였으며 대한예수교 장로회 56회 총회장을 역임하였고 영등포 교회 원로목사로서 많은 후배 목사들에게 존경받던 그는 지난 10월 10일 새벽 별세하였다.

118 방지일, "教會는 隱退教役者를 爲해 무엇을 해야 하나," 「月刊牧會」 通卷13號 (1977, 9), 39-43.

119 尹斗煥, "나는 隱退教役者입니다," 「月刊牧會」 通卷13號 (1977, 9), 44.

어 내 심장을 고통하며 내 갈 길을 재촉하니 아니 가지 못하노라
주여! 내 떠난 후에 사랑하는 신의주 교회 배전의 축복을 더하사 큰 영광과 이적을 한 번 더 찬송케 하소서
신의주를 떠나면서[120]

인간적으로는 새로 지은 예배당에서 교우들의 사랑을 받으며 살고 싶지만 하나님의 뜻에 순종하여 새로운 사명을 지러 떠나는 심정을, 송아지를 뒤로하고 번제물로 드려지기 위해 벧세메스로 가는 어미 소에 비유하고 있다. 그는 한 달 후 이 일을 회고하면서, 놓기 아까운 신의주 교회를 떠나올 때 장애가 적지 않았으나 주님의 십자가를 바라보며 어려운 겨울 이사를 단행했다[121]고 밝혔다.

과거 왕정 시대의 목민관이 왕에게 권위를 부여받듯이 설교자는 하나님께 권위를 부여받는다. 그러나 설교자의 권위는 세속 정치의 권위와 다르다. 세상의 지도자들은 권세를 부리며 자신의 이익을 붙좇지만 설교자의 권위는 섬김에서 생겨난다(막 10:42-44). 예수님께서도 자신의 사명을 마치려 할 때에 몸소 제자들의 발을 씻어 주셨다. 그렇게 하심으로써 자기 비움과 섬김의 정신을 제자들의 마음에 새겨 주셨다. 그뿐 아니라 예수님께서는 자신을 십자가에 못 박으려는 불의한 폭력에도 폭력으로 대응하지 않으셨다. 주님은 "무방비 상태에서 다른 모든 상례적 성격의 지배 관계를 뒤집어엎는, 극치에까지 이르는 역설적

---

120 李聖鳳, "全國復興事業의 任命을 받고," 「活泉」 第十六卷 第二號 (1938, 2), 54.

121 李聖鳳, "復興事業巡廻略報," 「活泉」 第十六卷 第三號 (1938, 3), 55.

권위"[122]를 보이심으로 사명을 아름답게 마무리하셨다. 이런 자기 비움의 정신은 바울 사도에게서도 볼 수 있다. 그는 자신의 사도직에 대해 강한 자부심을 가지고 있었다(고후 11:5). 사도로서 복음 전파를 위해 수고한 이력과 놀라운 영적 체험을 열거하기도 하였다(고후 11:22-12:4). 그러나 바울은 "크게 기뻐함으로 나의 여러 약한 것들에 대하여 자랑"하겠다면서, 그가 섬기던 성도를 위해서라면 자기 자신까지도 내어 주겠다고 말한다(고후 12:9, 15). 그리고는 마침내 전제와 같이 부어져 순교로 사명을 마무리하였다.

봉사도 고상한 방식의 지배로 위장될 수 있기 때문에 설교자 자신이 예수 그리스도와 함께 죽어 무력해졌을 때라야 비로소 그의 사명은 온전한 봉사가 될 수 있다. 그리고 설교자가 가장 잘 죽을 수 있는 때, 곧 자신을 가장 잘 비울 수 있는 때는 은퇴할 때이며, 그러기에 설교자의 은퇴는 진정한 권위를 얻을 수 있는 기회다. 로핑크(Gerhard Lohfink)의 말처럼 "진정한 권위는 지배를 단념하고 무력해졌을 때라야 빛이 난다. 이것이 십자가에 못 박힌 분의 권위"[123]이며 그분을 따르는 이들의 권위이다.

자신의 사명에 충성한 설교자, 아름다운 은퇴자에게는 보상이 있다. 교황과 황제와 그 측근들에게 미움을 받던 마틴 루터는 설교자가 참고 짊어져야 할 무거운 짐을 생각하면 설교자가 되려는 이들을 겁주어 내쫓고 싶은 심정이라 고백한다. 그러나 그럼에도 불구하고 루터는

---

122 Gerhard Lohfink/정한교 옮김, 『예수는 어떤 공동체를 원했나?』 (왜관: 분도출판사, 2005), 197.
123 Ibid., 202-203.

그리스도께서 마지막 날에 인자한 말씀을 건네주실 것을 확신하고, 자신의 이름이 하나님의 생명책에 기록되었음을 알기에, 설교자로서 이 싸움을 끝까지 싸우겠다[124] 하였다.

50년이라는 긴 세월 동안 목회 생활을 하고 은퇴한 레이문도 오비스(Raimundo de Ovies)는 말했다. "목사로 봉사하는 동안에 점점 나이가 들어갈수록 목사에게 주어지는 실제적이고 영원한 보상이 증가한다는 사실을 알게 된다. 그것은 연금이나 다른 물질적 수익에 관련된 어떤 것보다 더 감격스럽고 만족스런 인격적 보상이다."[125] 그는 물질적 소득 외에도 설교자이기 때문에 받는 사랑과 존경, 민주적이면서도 성별된 목사직, 소년소녀들과 접촉하며 가르칠 수 있는 기쁨, 세상의 잡다한 지식에서 해방되어 구원의 경륜과 성숙한 신념을 가지게 된 일 등, 영적 보상과 정신적 보상이 크다 하였다.[126]

하나님이 불러 주신 사명의 자리에서, 하나님이 허락하신 시간 동안, 하나님이 맡기신 사명에 최선을 다하고 아름답게 은퇴한 설교자는 결코 불행하지 않다. 앤드류 블랙우드(Andrew Blackwood)는 설교자의 은퇴에 대해 "설교자는 나이가 들어갈수록 그의 기쁨은 증가한다. 마침내 그가 은퇴할 때에는 감사함으로 뒤를 돌아보고 소망으로 앞을 바라볼 수 있어야 한다."[127] 하였다.

설교자는 현역에서 은퇴하면 평생을 쉬지 않고 선포하던 강단을

124 Martin Luther, *Tischreden*, trans. by William Hazlitt, *The Table Talkof Martin Luther*, 185-186.

125 J. R. Spann ed., *The Ministry*, 193.

126 Ibid., 195-203.

127 Andrew Blackwood, *The Fine Art of Preaching*, 157.

잃게 된다. 그 서운한 마음이 오죽할까마는 그럼에도 설교자는 그리스도 안에서 하나님과 깊은 교제를 나누며 앞날의 소망을 품고 감사와 기쁨으로 살아가야 한다. 설교자가 은퇴 후에도 하나님과 교제를 힘쓰며 믿음과 소망과 사랑으로 늘 기쁘게 살아간다면, 그의 삶 자체가 누구도 흉내 낼 수 없는 마지막 또 한 편의 설교가 될 것이다.

## 3. 치인의 설교자

현대 설교학계에서 주목받는 학자이며, 컬럼비아 신학대학원의 설교학 석좌 교수인 찰스 켐벨(Charles L. Campbell)은 "성경을 읽고 복음을 설교하고 듣는 일은 교회의 정치적인 사역들과 불가분리의 관계에 있기 때문에, 설교는 근본적으로 정치적 행위"[128]라 하였다. 설교는 교회라는 사회 속에서 구체적으로 구현되는 매우 정치적인 사역이다. 목민관이 임금의 명을 받아 그 백성을 다스리듯이 설교자도 하나님의 명을 받아 그 백성을 다스린다. 그리고 이때 설교자의 주요 정치적 수단은 설교이다.

### (1) 설교자의 봉공 정신

봉공 정신이란 곧 목민관이 자기를 불러 주신 임금의 덕을 선전하여 백성의 마음을 임금께로 향하게 하는 것이다. 임금이 목민관을 세운 이유가 백성의 마음을 얻는 데 있음을 다산은 명나라 사람 설신

128 Charles L. Campbell, *Preaching Jesus: New Directions for Homiletics in Hans Frei's Postliberal Theology*, 242-243.

(薛愼)을 실례로 하여 밝힌다. 설신이 장청의 목민관을 하다 부모상을 당해 관직을 떠났는데, 상을 마치자 백성이 그를 다시 원했다. 반대가 있었지만 임금은 "나라에서 목민관을 두는 것은 다만 민심을 얻고자 함인데 아무리 여러 번 바꾼들 무슨 해가 있겠는가."[129]라며 설신을 장청으로 다시 부임하게 했다.

다산은 목민관이라면 이두나 실용 문자들을 익혀야 한다고 강조한다.[130] 조정으로부터 공문이 왔을 때, 바르게 이해하지 못해 백성을 다스리는 데 지장을 초래하지 않기 위해서다. 특히 다산은 나라에 경사가 있어 임금이 내리신 글을 선포할 때, 어려운 문장체의 글을 백성이 이해하도록 풀어서 선포해야 한다고 주장한다.

> 나라에 큰 경사가 있으면 이에 교문을 반포한다. 임금의 건강이 회복된다든지, 세자가 태어난다든지 임금이 특히 장수한다든지 혹은 가례(嘉禮)가 거행된다든지 하면, 이에 교문을 반포하고 인하여 사면을 선포한다. 단 변려(騈儷)[131]로 수식한 글은 어리석은 백성이 이해하지 못하므로 목민관은 마땅히 경사를 칭송하는 내용을 펴서 서술하여 별도로 유시하는 글을 만들어 백성에게 선포하고 더불어 같이 경하하도록 해야 한다. …… 우리나라에서는 사면을 반포하는 글이 본래 명백하지 못하여 백성이 알기 어려우니 목민관은 마땅히 그 뜻을 주를 달아 명백히 하고 한글로 번역하여 백성으로 하여

---

129 『牧民心書』卷十四 解官六條 第三條 願留.

130 丁若鏞/茶山硏究會 譯註, 『譯註 牧民心書』Ⅰ, 254-255.

131 변려문은 한문체의 하나로, 변려체(騈儷體)·변문(騈文)·사륙문(四六文)·사륙변려문(四六騈儷文)이라고도 한다. 문장이 4자와 6자를 기본으로 한 대구로 이루어져 수사적으로 미감(美感)을 주는 문체로, 변(騈)은 한 쌍의 말이 마차를 끈다는 뜻이고, 여(儷)는 부부라는 뜻이다.

금 환히 알게 해야 한다.[132]

어려운 글로 된 임금의 교문을 백성이 알아듣기 쉽게 풀이해서 선포하는 목민관의 봉공 정신은 설교자에게도 필요하다. 고대의 언어로 기록된 하나님의 말씀을 연구 묵상하여 이 시대의 사람들이 이해하기 쉽게 알려야 하는 점에서 그렇다. 하나님을 그분의 말씀으로 그분의 백성에게 드러내야 하는 설교자는 임금의 은덕을 알려야 하는 목민관 이상으로 그 사명이 중하다.

설교의 여러 특징들 가운데 중요한 하나를 하나님의 현존 전달로 본 바우만(J. Daniel Baumann)은, 설교자는 하나님의 현존을 전달하기 위해 설교자 자신을 설교 뒤로 감추고 그리스도의 인격이 설교를 지배하게 해야만 한다[133] 하였다. 이러한 설교가 바로 봉공 정신으로 하는 케리그마적 설교(Kerygmatic Preaching)이다. 케리그마적 설교자는 왕이신 하나님의 뜻을 그분이 택하신 백성에게 알려야 할 책임이 있다. 이러한 케리그마적 설교를 복음의 선포 또는 복음적 설교라고도 부르는데, 복음의 선포란 하나님께서 그리스도 안에서 세상을 자기와 화목하게 하셨음(고후 5:19)을 알리는 것이다. 따라서 죄의 사슬에 매여 스스로 헤어날 길이 없는 사람들에게 하나님의 용서를 전하는 복된 소식이 케리그마적 설교이다.[134]

설교자는 왕의 왕이신 하나님의 말씀을 선포하는 사자(使者)다. 그

132 『牧民心書』 卷三 奉公六條 第一條 宣化.

133 J. D. Baumann, *An Introduction to Contemporary Preaching*, 96.

134 Ibid., 207.

러기에 "하나님의 말씀을 맡은 대리자의 권위는 어디까지나 매개체이지 주체가 아니다. 대리자는 하나님의 백성을 지배하는 주인이 될 수 없다."[135] 그러므로 설교자는 하나님의 대리자로서 하나님의 백성을 위해 일하되 백성을 섬기는 종의 자세를 지녀야 한다. 자신을 던져 섬김의 삶을 살았던 본회퍼는 말씀의 권위 아래에서 하나님의 백성을 축복하며 사랑으로 보살피는 이들의 영적 권위에 대해 설명했다.

> 권위의 문제와 아주 긴밀한 관계에 있는 영적 신뢰의 문제는 예수 그리스도를 섬기는 충성됨에 의해 결정된다. 그것은 결코 섬기는 사람이 받은 특출한 은사에 의해 결정되지 않는다. 스스로 권위를 세우려고 하지 않고 말씀의 권위 아래 굴복하며 형제들 중의 한 형제로서 예수님을 섬기는 사람만이 목회적 권위를 인정받는다.[136]

다산은 수령과 현령, 곧 목민관은 백성의 스승이요 통솔자이기에 임금의 은덕을 백성에게 흐르게 하는 승류(承流)와 그 뜻을 선포하는 선화(宣化)가 목민관의 책임이라면서, 목민관이 어질지 않으면 임금의 덕이 선양되지 못하고 그 은택이 흐르지 못한다[137]고 주장하였다. 다산의 이 주장은 설교자에게도 적용된다. 설교자가 어질지 않으면 하나님의 은혜와 뜻을 선포한다고 해도 사람들이 받아들이지 않기 때문이다.

특히 다산은 임금의 말씀인 "윤음(綸音)이 고을에 도착하면 마땅

135 Edmund Clowney/유재갑 옮김, 『목회소명』, 79.

136 Dietrich Bonhoeffer, *Gemeinsames Leben* (München: Chr. Kaiser Verlag, 1939), 94.

137 『牧民心書』 卷三 奉公六條 第一條 宣化.

히 백성을 불러 모아 몸소 널리 공포하여 임금의 은덕을 알게 해야 한다."[138]고 말한다. 임금의 명령인 윤음이란 "백성의 어버이 된 임금이 자녀들을 위로하고 타이르는 것"[139]이기 때문이다. 설교자도 다산의 주장처럼 하나님의 말씀을 그 자녀들에게 선포하여 하나님의 은혜를 잘 알게 해야 할 것이다.

다산은 당시 목민관의 잘못된 행태를 지적한다.

> 매양 보매 윤음이 내려올 때 대강대강 옮겨 써서 풍헌(風憲)과 약정(約定)에게 주는데 만약 그 중에서 조서의 명을 어기더라도 향하고 싶지 않는 것이 있으면 아전과 풍헌, 약정이 숨기고 선포하지 않으니 세곡 징수의 기한을 늦추어 주고 환곡을 탕감하는 등의 일은 윤음이 열 번 내리면 감추는 것이 여덟, 아홉 번은 된다. 수령의 여러 죄 중에서 이 죄가 제일 커서 죽음을 당해도 변명할 말이 없다.[140]

임금의 말씀을 바로 전하지 않고 가감하는 것은 곧 죽임을 당해도 변명할 수 없을 만큼 큰 죄임을 다산은 강조하고 있다. 하나님께서도 말씀의 가감을 금하셨다(신 4:2). 설교자는 하나님의 말씀을 가감하는 행위가 죽을죄임을 기억해야 할 것이다.

백성에게 임금의 은덕을 선포하는 목민관은 자신의 행동거지를 신중히 하여 백성으로 조정의 존엄을 알게 해야 한다. 특히 나라의 기쁜 절

---

138 Ibid., "綸音到縣。宜聚集黎民。親口宣諭。俾知德意。"

139 Ibid., "綸音者。君父之所以慰諭子女者也。"

140 Ibid.

기를 맞아 예를 갖춰야 할 때에 목민관이 행할 처신을 다산은 설명한다.

> 동틀 때 예를 행하는 경우에는 반드시 닭이 울 때 일어나서 세수하고 빗질하고 옷을 입어야 이에 가히 때에 맞출 수 있다. 관정에 들어와서 예(禮) 행하기를 마치거든 반드시 얼마 동안 엎드려서 지난 보름 동안 행한 바가 우리 임금에게 부끄러운 것이 없는가를 묵념하되 참으로 임금이 친히 임하여 위에 있는 것 같이 한다. 만약 마음에 부끄러운 것이 있으면 마땅히 빨리 고쳐서 나의 떳떳한 천성을 기를 것이다.[141]

임금이 친히 가까이 계신 것처럼 생각하며 철저한 준비로 예를 행하는 목민관의 모습은 하나님의 임재를 느끼며 그 앞에 엎드려 말씀을 받아 전달해야 할 설교자가 반드시 본받을 태도이다.

또한 백성에게 가장 예민한 사항인 구제나 조세에 대해서 다산은 『정잠』의 글을 인용하여 목민관의 봉공 정신을 강조한다.

> 봄에 궁한 백성 구제는 마치 자식처럼 하고, 가을에 거두어들이기는 마치 원수처럼 해야 한다. 한 이익을 일으키는 것은 한 폐해를 제거하는 것만 같지 못하고, 한 일을 만드는 것은 한 일을 감하는 것만 같지 못하다. 위엄은 청렴함에서 생기고 정사는 부지런함에서 이루어진다.[142]

---

141 Ibid., "昧爽行禮者。必雞鳴而起。盥櫛衣服。乃可以及時也。入庭行禮訖。必俯伏良久。默念前此十五日以來所爲。得無愧我主上乎。眞若主上臨視在上。如有內愧於心者。亟宜改革。以養我秉彝之天。"

142 『牧民心書』卷三 奉公六條 第五條 貢納.

다산은 사랑으로 백성을 섬기는 목민관의 봉공 정신을 홍주 목사 박태상의 예를 들고 있다.

> 그가 홍주에 부임한 다음 해에 익산의 세곡을 싣고 가던 배가 홍주 관내에서 뒤집어졌다는 보고를 받고 100여 리를 즉시 달려갔으나 바닷가에 도착했을 때는 날이 이미 저물었다. 달빛을 받으며 배를 띄워 바다로 20여 리를 더 가서야 배가 침몰한 곳에 도착하였는데 뱃사람들을 동원하여 침몰한 뱃머리를 줄로 매어 끌어내었더니 쌀이 그대로 실려 있었다. 옮겨 싣고 바닷가로 나와서 말렸더니 쌀이 많이 상하지 않았다. 마침 흉년이었으므로 백성이 뒤질세라 다투어 가져갔고 이로써 구제된 백성이 많았다.[143]

배가 침몰하여 세곡이 썩게 되면 먹을 수 없는 그 곡식을 백성이 떠안고 대신 갚아야 하기에, 백성을 위해 밤을 새우며 쌀을 건져낸 목민관의 봉공 정신은 양들을 위해 하나님의 말씀을 온전히 건져내려는 설교자의 열정을 자극한다.

한국 최초의 설교학 교수인 곽안련도 그의 『강도학』에서 설교자가 지닐 정신과 태도를 말하여 "청중을 부조하려는 정신"과 "권도하고 신복(信服)케 하는 태도"를 강조하면서, 설교란 청중을 구속하려는 목적으로 하는 것이기에 설교자가 그러한 목적을 가지고 설교를 하면 큰 결과가 있을 것이라 하였다.[144] 곽안련에 따르면, 사람들로 하여금 믿고

143 『牧民心書』 卷三 奉公六條 第六條 往役.

144 Charles Allen Clark, *Lectures on Homiletics*, 298-299.

순종하도록 이끌면서도 그들을 도우려는 정신 모두가 설교자의 봉공 정신이라 할 수 있다. 초기 한국 교회의 봉공 정신을 알게 하는 설교가 있다. 1922년에 발간된 한국 교회 최초의 설교집[145] 『백목강연』에 실린 설교 중 "봉사의 정신"이라는 제목의 설교다. 설교자 김형식은 제자들의 발을 씻어 주신 예수 그리스도의 세족 사건을 본문으로 설교한다.

> 제일. 봉사의 의의, 나는 예수님의 이 교훈을 총괄하여 봉사의 정신이라 합니다 바꾸어 말하면 사람을 부리는 것이 아니라 사람에게 부리우는 것이올시다
>
> 제이. 봉사의 효력, …… 만약 이 정신이 철저하게 되는 날에는 사람의 발을 씻처 줄 뿐만 아니라 사람을 위하여 생명을 희생할 수도 있겠습니다[146]

제자들을 부리지 않으시고 친히 제자들의 발을 씻어 주기까지 겸손하게 사랑을 베푸신 그리스도의 정신을 총괄하여 봉사의 정신으로 해석하고 있다. 이것이 곧 그리스도께서 몸소 보여 주신 봉공 정신이다.

1908년부터 조선에서 선교를 시작한 구세군은 민족 운동이 활발하게 전개되는 상황에서 군복을 입고 한국인 통역을 내세워 적극적으로 선교하여, 다른 개신교파 교회보다 더 민족 운동을 추구할 수 있는 단체로 인식되었다.[147] 그 구세군 대한 본영에서 1955년에 한국어로 번

145 한국에서 최초의 설교집은 1920년 언더우드의 『원두우 강도취집』이다. 그러나 선교사가 아닌 순수 한국인 설교들을 모아 발간한 설교집은 1922년 『백목강연』이 처음이다.

146 梁翊煥 編, 『百牧講演』 第1集 (서울: 奎文名, 1976), 175-177.

147 이덕주, 『초기한국 기독교사 연구』 (서울: 한국기독교역사연구소, 1995), 182.

역하여 발간한 군령집에는 구세군 사관에 대한 정의가 기록되어 있다. 그 책에 따르면, 구세군 사관은 남녀를 불문하고 "1. 보통의 직업 및 생계의 길을 버리고 2. 하나님과 민중의 봉사를 위하여 일생을 바치고 3. 정식 훈련을 받고 4. 은퇴하지 아니하는 한 구세군의 계급에 있으며 지도자로서 일체의 시간을 바쳐 봉사하는 자이다."[148] 말씀을 전하고 가르치는 구세군 사관은 전적으로 하나님과 세상의 사람들을 위해 바쳐진 봉공자임을 밝힌 정의이다.

초기 한국 교회 설교자들의 봉공 정신을 독려한 사항들이 "목사의 체경"에 실려 있는데, 성찬예식을 준비할 때에도 봉공 정신을 강조하고 있다. 성례전은 예수 그리스도께서 봉공의 정신으로 주님의 몸을 주신 일을 재현하는 거룩하고 소중한 예식이다. 이 복된 예전을 집례하는 목사는 실수하지 않도록 깊이 생각하고 모든 성물을 하루 전에 미리 정결하게 준비하라 권한다. 몹시 가난하던 시절이기에 포도즙을 구하기가 쉽지 않은 교회들도 있었다. 그런 교회는 산의 머루라도 따서 끓여 대용하되 시중의 포도주는 결코 사용하지 말라 한다. 혹 술 끊은 교우의 "죄 정신"을 다시 깨울까 두렵기 때문이다.[149] 열악한 환경에서도 하나하나 정성을 다하여 하나님을 섬기고 성도를 돌보고자 했던 초기 한국 교회의 가르침은 잘 이어 실천할 아름다운 봉공 정신이다.

또한 "목사의 체경"은 교우 심방하는 일을 잊지 말라면서 자기 구역에 사는 불신자들을 심방하는 일 역시 목사의 의무임을 기억하라 한

148 救世軍大韓本營, 『軍令及軍律要領』 (서울: 救世軍大韓本營,1955), 90.

149 郭安連, "牧師의 體鏡," 「神學指南」 1권 1-1호 (1918. 3), 146-147.

다. 이어 여교우 심방을 경계하되 그 대안을 제시함으로써 설교자의 활동 폭을 교회 밖까지 넓혀 주면서 이웃과 성도를 잘 돌보도록 설교자의 봉공 정신을 고무하였다.[150]

초기 한국 교회가 속한 사회는 매우 어렵고 불안해서 그 고통스런 현실을 타개할 지도력이 절실했다. 정일형은 시대적 요구에 부응하는 교역자의 첫째 조건으로 개인적 종교인에서 사회적 종교인이 되어야 한다고 강조한다. 기독교는 개인 구원은 물론 사회 구원을 목적 삼고 있기에 "내 형제 내 동포 전 인류로 하여금 참된 형제와 성애(聖愛)의 생활을 이룸에 있음을 분명히 인식하고 그 깨달음과 정열에 불타는 교역자와 멸사봉공하는 위대한 청년 교역자가 있어야만 하겠다."[151]고 주장한다. 설교자의 참된 봉공 정신은 그 삶이 교회에 머물지 않고 도리어 교회로 하여금 사회를 지향하게 하는 것임을 깨우쳐 주는 주장이다.

"목사의 체경"에 따르면, 초기 한국 교회 설교자들은 바른 복음을 증거하도록 가르침을 받았다. 그들은 죄인들에게 회개를 촉구하도록 권면 받았으며, 특히 열정이 지나쳐서 복음과 진리가 아닌 말로 교인들을 위협하거나 감언이설로 그들의 신앙을 왜곡시키지 않도록 주의를 받았다. 예를 들면, 오랫동안 자녀를 갖지 못한 부부에게 예수님을 믿으면 아기 낳는다고 하거나, 담배를 피우면 예수님을 볼 수 없다고 하는 등의 설교다.[152] 이는 설교자로 하여금 올바른 봉공 정신을 잃지 않도록 경계한 것이다.

150 郭安連, "牧師의 體鏡," 「神學指南」 2권 1-2호, 150.

151 鄭一亨, "朝鮮監理敎敎役者論," 「神學世界」 제24권 제3호 (1939. 6), 46.

152 盧解理, "牧師의 體鏡," 「神學指南」 2권1-2호 (1918. 7), 152-153.

초기 한국 교회 설교자들은 예배 후에도 성도를 공경하는 봉공 정신을 잃지 않도록 가르침을 받았다.

> 一. 목사가 폐회 후에 즉시 나가는 문에 가서 손님과 회원을 전송하는 것이 좋으니라 만약 출입문이 많으면 장로도 각 문에 일인씩 가서 전송하는 것이 가하니라 이때에 회원 중 목사로 더불어 장시간 담화코자 하거나 목사가 누구와 장시간 담화코자 하는 경우에는 다른 사람이 나가기까지 기다리는 것이 가하니라
>
> 목사의 아내나 여전도인도 각 문에서 여교우를 전송하되 목사와 안면이 없는 자와 목사에게 담화코자 하는 자가 있으면 남교우가 나가기까지 기다려 목사에게 소개하는 것이 가하니라[153]

설교의 봉공 정신에는 권징도 포함된다. 설교자는 교회 안팎의 부정에 대해 저항 의지를 가져야 한다. 성도의 죄와 허물을 지적하여 회개케 하고 마귀와 죄를 대적케 하는 설교도 필요하다. 이 점에 대해 바우만은 "부정이나 불의, 어떤 어떤 종류의 죄, 곧 개인적인 죄나 사회적인 죄가 있을 때 설교자는 진리를 외칠 수 있는 용기를 가지지 않으면 안 된다."[154]고 하였다. "치리도 설교만큼 목회 사역의 본질적인 부분"[155]이기에, 악한 일은 마땅히 비난하고 선한 일은 보존하도록 격려하려는 용기와 의지가 설교자에게 필요하다. 곽안련은 프린스턴 신학교

153 郭安連, "牧師體鏡," 「神學指南」 3권 1-3호 (1918. 11), 139.

154 J. D. Baumann, *An Introduction to Contemporary Preaching*, 41.

155 Richard Baxter, *The Reformed Pastor*, 246.

(Princeton Theological Seminary) 교수였던 제임스 버럴(James Burrell)이 강연한 내용을 "강도학"이라는 이름으로 번역하여 「신학지남」에 연재하였다. 그 세 번째 강연에서 버럴은 "대개 목사의 직분은 건설하기 위하여 파괴하는 직분"[156]이라 말한다. 예수님께서도 마귀의 일을 파괴하시고 하나님 나라를 건설하러 오셨듯이, 목사 된 자들도 교우들을 교육하는 일에는 반가운 마음(歡迎心)으로 할 것이지만 마귀와 포학한 일에는 맹렬히 대적하여 물리쳐야 한다는 뜻이다.

그러나 권징의 근본 정신은 사랑이다. 곽안련은 "강도학"에서 죄를 대적하고 물리치는 목적을 "사람을 구속하는 목적인즉 죄를 심히 대적하는 중이라도 항상 예(禮) 있게 생명을 사랑하고 무휼(撫恤)하는 모양으로 할 것이오."[157] 하였다. 죄와 마귀의 세력을 대적하는 엄한 말씀을 담대히 선포해야 하지만 그럼에도 사람을 구원할 목적을 잊지 말고 사랑의 마음으로 하라는 말이다. 사랑으로 하는 참된 권징은 죄를 회개케 하고 사람을 바로 세우는 효력이 있기 때문이다. 그 한 실례가 정주 오산 교회에서 선교사 나부열(羅富悅)에게 권징을 당해 교적에서 제명된 이광수이다. 그는 권징을 당하였지만 자신을 위해 계속 기도해 온 목사의 사랑에 감격의 눈물을 흘렸다.[158]

---

156 제임스 버럴/郭安連 옮김, "講道學," 「神學指南」 3권 1-3호 (1918. 11), 74.

157 Ibid., 78.

158 1930년 10월 11일 밤, 백선행 기념관에서 이광수는 "섬기는 생활"이라는 제목으로 강연을 하면서 자신의 권징 사실을 고백하였다. 나부열(羅富悅) 목사가 정주 오산 교회를 맡았을 때 그는 이광수를 교적에서 제명하였다. 이광수는 원망을 품고 수년을 지난 후에 나목사를 만났는데, 나목사는 매주 수요일이면 "이광수! 이광수!"를 외치며 기도하였고 그것을 수첩에 기록하여 보여 주었다. 그것을 본 이광수는 감격의 눈물을 금치 못했다고 고백했다: 一記者, "勸懲과 祈禱," 「神學指南」 54권 12-6호 (1930. 11), 28.

### (2) 설교자의 애민 정신

설교자가 애민 정신을 품고 하는 설교는 사회적-예언자적 설교(Social-Prophetic Preaching)라 할 수 있다. 바우만은 사회적-예언자적 설교는 선택 사항이 아니라 절대 불가결한 것임을 몇 가지 근거로 제시하는데, 그 첫 번째가 "네 이웃을 네 자신 같이 사랑하라."(눅 10:27)고 하신 예수 그리스도의 명령이다. 또한 설교자는 떠돌아다니는 행상인이 아니기에 구약의 예언자와는 달리 설교한 그 자리에 남아 목회를 계속하는 목회자로서 예언자(pastor-prophet)라 하였다.[159]

애민 정신은 다산이 가장 강조한 목민관의 정신이다. 다산에 따르면, 흉년이 들어 백성이 굶주릴 때 목민관은 굶주리지 않는 민가에서 환자곡[160]을 거두어들여 구제할 재원을 마련해야 한다. 다산은 이때 목민관이 해야 할 바를 말하여, 날마다 절박한 사정으로 타이르고, 간절하고 온후하게 감동을 준다면 능히 다 거두어들일 수 있을 것이라 하였다. 그러나 바칠 수 없는 자는 비록 꾸짖기를 추상같이 하고 매질하여 날마다 피를 흘리게 하더라도 도움이 되지 않는다 하였다. 그러니 겨울이 되어 상사(上司)에서 추상같이 독촉하며 겁을 줄지라도, 목민관은 마땅히 조금도 동요하지 말고 한결같이 간절하고 따뜻한 말로써 백성을 타이를 것이라 하였다.[161] 다산은 당시의 목민관들이 감언이설을 하여 부자들로 하여금 굶주린 백성을 위해 곡식을 내게 하고서는 진휼

---

159 J. D. Baumann, *An Introduction to Contemporary Preaching*, 215-216.

160 환자곡(還子穀): 조선 시대에, 각 고을의 사창에서 백성에게 꾸어 주고 가을에 이자를 붙여 받아들이던 곡식. 조선 후기에는 사환곡이라 하였다.

161 『牧民心書』 卷十四 賑荒六條 第五條 補力.

이 끝나면 돌아보지 않음으로 믿음을 저버린다고 지적한다.

> 요즘 목민관이 권분하는 것을 보면, 처음에는 감언이설로 장차 크게 상을 줄 것 같이 하다가 진휼하는 일이 끝나면 술 한 잔 권하지 않고 부채 한 자루 주지 않아 마치 똥집 막대기 보듯 하며, 버리기를 마치 고기 잡은 뒤의 통발처럼 하여 막연히 서로 잊어버릴 지경에 이르니 그 경박함이 심하다. 시경에 이르기를, "덕 있는 말씀 크고 밝아, 백성에게 두터운 정 보이시네."라고 했는데, 백성에게 경박하게 보이면 그 누가 믿겠는가. 이는 크게 옳지 못한 일이다.[162]

백성을 사랑하는 목민관의 마음이 가장 잘 드러나 가히 목민관의 설교라 할 권면이 있다. 다산은 임금을 향해 절하는 예(禮)가 끝나면 패전의 섬돌에 올라가 앉아 문무의 군교와 아전을 불러 모아 패전 뜰에 엎드리게 한 후 다음과 같이 타이르라 권한다.

> 만백성은 우리 임금의 적자요, 굶주린 백성은 그 적자 중에서 역경에 처한 이들이다. 모든 아전과 군교는 그 적자들의 형이니, 우리 아우들이 역경에 처해 죽어 가는데 나와 너희들이 어찌 힘을 다해 구제하지 않겠는가. 너희들 문무의 군교와 아전들은 의당 이런 뜻을 알고 무릇 진휼하는 일에 속한 것은 마땅히 충성과 지혜를 다하여 깨끗하게 한 마음으로 이 큰일을 이루어 나가야 할 것이다. 만약 속이고 충성스럽지 못하면 임금의 위엄이 바로

---

162 『牧民心書』 卷十四 賑荒六條 第六條 竣事.

눈앞에 있고 천지 귀신이 밝게 둘러싸고 있으니 아! 두려워할 만한 일이다. 각각 삼가라.[163]

다산은 재직 중에 뜻있게 죽은 목민관을 소개하였는데, 백성을 위해 기도하다 병이 들어 죽은 정적(丁積)의 사랑은 이 시대의 설교자들에게 귀감이 아닐 수 없다.

정적(丁積)이 신회(新會) 지현이 되어 갑수전(甲首錢)을 견감해 주었다. 마침 큰 가뭄이 들었는데 규봉 꼭대기에 단을 쌓고 아침저녁으로 단 아래 엎드려 기도한 지 8일 만에 비는 크게 쏟아졌으나 정적은 드디어 병을 얻어서 죽었다. 사민(士民)이 길에 모여 울었다. 한 노파가 밤새 매우 슬프게 울므로 어떤 사람이 물었더니 "내년은 우리 집이 갑수(甲首)가 되는 해인데 정공(丁公)이 죽었으니 우리는 살아갈 길이 없게 되었다."고 하였다.[164]

다산의 목민 정신은 책만 읽고 만들어 낸 이론이 아니다. 그는 곡산 부사로 목민할 때에 몸소 백성을 사랑했다. 귀양살이 18년 동안에도 백성 곁에서 그들의 아픔을 함께 아파하며 그들을 사랑할 실천 방법을 연구하였다. 따라서 『목민심서』를 비롯한 그의 저서에 담긴 정신은 위로 임금을 위하고 아래로 백성을 사랑한 그의 삶이 녹아내린 진액이다.

---

163 『牧民心書』 卷十三 賑荒六條 第四條 設施, "萬民者。吾君之赤子也。飢民者。其赤子之顚連者也。文武將吏。其赤子之兄長也。吾弟顚連將死。吾與爾等。其敢不竭力以拯救。爾文武將吏。宜悉此意。凡屬賑事。宜竭忠殫智。精白一心。成此大事。其有欺詐不忠。天威不違顏咫尺。天地鬼神。昭布森列。吁可畏也。其各愼旃。"

164 『牧民心書』 卷十四 解官六條 第五條 隱卒.

백성을 다스리는 일에 대해 다산은 구양수의 말을 인용하여, "백성을 다스리는 일은 마치 병을 치료하는 것과 같다. 사람을 다스리는 데는 목민관의 재능 여부나 그 시설 여하에 달려 있지 않다. 다만 백성이 편안하다고 하면 그가 곧 좋은 목민관이라."[165] 하였다. 사람의 병을 치료함에는 의사의 학력이나 병원 시설도 중요하지만 병을 고치는 일이 가장 중요하다. 병을 고치지 못한다면 의사의 화려한 이력이나 좋은 시설이 무슨 소용이겠는가. 백성을 다스리는 목민관은 백성을 편하게 해야 한다. 다산은 목민관의 초점을 백성에게 맞춰 놓고 있다. 백성을 사랑하는 목민관에 대해 다산은 "앉은 자리 옆에 '백성 보기를 상한 사람 보듯이 하라'고 쓴 정명도(程明道)와 '씀씀이를 절약하여 백성을 사랑하라'는 말을 평생토록 외운 이문정(李文靖)"[166]을 소개하였다.

목민관이 백성을 사랑하면 거두기 어려운 조세도 쉽게 거둘 수 있다. 다산은 여러 예를 든 후, "수령이 능히 백성을 사랑하기만 하면 재촉하지 않아도 부세가 저절로 완납됨이 이와 같다."[167] 하였다. 성도로 하여금 헌금을 드리게 하는 일도 같은 원리다. 설교자가 헌금을 지나치게 강조하여 성도를 시험에 빠뜨리는 경우가 적지 않다. 그러나 진정으로 성도를 사랑하며 복음만 전해도 은혜 받은 성도는 감사하여 더 많은 예물을 기꺼이 하나님께 드린다. 참으로 모든 설교자가 명심하고 실천할 애민 정신이다.

---

165 『牧民心書』 卷三 奉公六條 第三條 禮際, "治民如治病。凡治人。不問吏材能否設施何如。但民稱便。卽是良吏。"

166 『牧民心書』 卷三 奉公六條 第五條 貢納, "視民如傷。程明道書諸座隅。節用愛民。李文靖誦之終身。"

167 Ibid., "牧能愛民。則不催而科自了如此矣。"

설교자는 영혼을 사랑하는 마음이 뜨거워야 한다. 스펄전은 영혼을 사랑하는 마음을 표현하여 고백했다.

> 우리의 평생 사역의 가장 참된 상급은 죽은 영혼들로 하여금 생명을 얻게 하는 것이다. 나는 설교할 때마다 영혼들이 예수님께로 이끌림 받는 것을 보게 되기를 간절히 바란다. 만약 내가 그런 일을 보지 못한다면, 나는 몹시 비탄에 잠기게 될 것이다.[168]

스펄전은 모든 영혼이 예수님께로 이끌림 받기를 사모하였으며 그렇지 못한 영혼들이 있을 때는 그의 마음이 찢어지는 아픔을 느꼈다. 영혼을 지극히 사랑하는 설교자의 모습이다. 사랑의 설교자 손양원 목사는 부흥회 때마다 읽고 되새기는 조목들이 있었다. 그는 "내 한마디 말에 청중 생명의 생사 좌우 관계 있음을 깊이 알고 말에 조심도 열심도 충성도 다할 것"이라 다짐하고, "이 한 시간 내 성경 말씀 한마디에 인령(人靈)이 생사 좌우되는 것을 잘 생각해야 된다. 지옥에서 끌어올리게도 끌어내리게도 되니까."[169]라며 스스로 경계하였다. 복음으로 생명을 살리고자 하는 그의 간절한 다짐이다.

본회퍼는 교회를 이끄는 설교자들이 어떤 태도를 취해야 할지 깨우쳐 준다. 모든 설교자들이 본받아 살아야 할 예수 그리스도는 내가 관계할 수 있는 '나를 위한(pro me)' 존재 구조로 성육신하셔서, 온 인

---

168 C. H. Spurgeon, *An All-Round Ministry: Addresses to Ministers and Students*, 236.

169 안용준, 『사랑의 원자탄』 (서울: 성광문화사, 2009), 348.

류가 서야 할 죽음의 자리에 십자가를 지고 대표자로 섰다. 그리스도는 말씀과 성례전과 공동체로서 교회 안에 임재하실 뿐만 아니라 그분 자신이 교회이시다. 그리스도께서 십자가를 지고 죽으실 때, 그가 바로 교회이시다.[170] 그리고 지금도 그리스도는 교회 안에서 수난 당하시고 죽으시며 심판 받으신다. 이제 교회는 성육신하여 교회 안에 임재하신 그분과 함께 '타인을 위한 존재(existence for others)'로서 겸손히 낮아짐의 길을 가야 한다. "교회는 타인을 위해 존재할 때만 교회"[171]이기 때문이다. 그리고 그 대열의 선두 자리는 "교회의 말씀 안에(in) 존재할 뿐 아니라 교회의 말씀으로서(as) 존재하시는"[172] 그리스도의 말씀을 맡은 설교자들 몫이다. 설교자는 완전히 자신을 비우는 믿음과 자기를 소모하는 열정으로, 사람들을 구원하는 일에 자신의 모든 것을 내던져야만 한다. 한 세대를 붙들어서 하나님을 위한 세대를 형성하는 사람들은 마음이 따뜻하고 용감하며 자비롭고 담대한 순교자들임에 틀림없다.[173]

애민하는 설교자는 성육신하신 그리스도의 사랑으로 사람을 사랑해야 한다. 그 사랑은 상대방을 소유하고 정복하기를 갈구하는 자연적 사랑과 구별된다. 본회퍼는 "자연적 사랑(seelische Liebe)은 자신을 위해서 남을 사랑하는 것이지만 영적 사랑은 그리스도 때문에 남을

---

170 Dietrich Bonhoeffer, *Wer ist und wer war Jesus Christus?: Seine Geschichte und sein Geheimnis*, trans. by John Bowden, *Christ the Center* (New York: Harper & Row, 1966), 47-49.

171 Donald Goddard, *The Last Days of Dietrich Bonhoeffer*, 198-199.

172 Dietrich Bonhoeffer, *Wer ist und wer war Jesus Christus?: Seine Geschichte und sein Geheimnis*, trans. by John Bowden, *Christ the Center*, 52.

173 Edward M. Bounds, *Preacher and Prayer*, 11.

사랑하는 것"[174]이라 한다. 영적 사랑과 달리 자연적 사랑은 남을 압도하고 항거할 수 없이 지배하려고 할 뿐 진리마저 끼어들 수 없게 만들며 남을 섬기는 것처럼 보일 때에도 오히려 자기의 욕구를 채우려 하는 사랑, 곧 섬김이 없는 사랑이다. 설교자는 자연적 사랑이 아니라 영적 사랑을 해야 한다.

백성을 사랑하는 목민관의 애민 정신을 다산은 목민관의 기우제 축문을 들어 소개한다. 자질과 기품이 남달랐을 뿐 아니라 자신의 능력을 잘 연마했기에 맑은 정신과 충만한 기백으로 덕성과 행동이 일치했던 장유(張維)는 "수령이 소임을 다하지 못해 신의 주벌(誅罰)을 범했거니, 죄는 이 몸이 받을 뿐 백성이 무슨 죄인가."[175] 하였다. 청풍 군수였던 이단상(李端相)은 "신이여 혹시 노했거든 이 몸에 벌을 내려, 내 자손을 없애고 속히 신의 인애 내리며 신의 능력을 펴서 천리에 비를 내려 마르고 시든 것들을 소생시켜 신의 은택 입게 하시라."[176] 하였다. 또한 숙종 때 강박(姜樸)은 "와야 할 비가 오지 않은 지 달포가 지났도다. 우리 농사의 재앙은 우리 백성의 한숨이요, 우리 백성의 한숨은 내 마음의 슬픔이로다. …… 신령께 나아와 기도하오니, 신령은 나를 벌하고 우리 백성을 벌하지 말아 주소서."[177] 하였다.

목민관의 애민 정신은 백성을 구제하는 일에서 더욱 드러난다. 왕명 없이는 곡식을 풀 수 없던 때에 백성을 사랑한 목민관들은 먼저 곡

---

174 Dietrich Bonhoeffer, *Gemeinsames Leben*, 25.

175 『牧民心書』 卷七 禮典六條 第一條 祭祀, "邑宰不職干神誅。罪丁厥躬民何辜。"

176 Ibid., "倘神有怒。降罰此身。軫我子遺。亟垂神仁。鼓發神用。沛然千里。蘇枯起萎。俾荷神賜。"

177 Ibid., "當雨而否。旣月于玆。我稼之殃。我民之噫。我民之噫。我心之悲。 …… 赴神而祈。爾其罰我。毋罰伊慈。"

식을 풀고 죄를 고했다. 그 실례로 중국 한(漢)나라 때의 한소는 "굶어 죽는 사람들을 살린 것 때문에 죄를 받는다면 마땅히 웃음을 머금고 땅속에 들어가리라."[178] 하며 곡식을 풀어 백성을 살렸다. 바우만은 말하기를, 설교자는 인정어린 사람이어야 한다, 사랑하려 하면 언제나 위험이 따르기 마련이지만 예수님처럼 설교자도 위험을 감당해야 한다 하였다.[179] 언제나 설교자는 여러 가지 도움을 필요로 하는 사람들에게 하나님의 사랑을 전하도록 부르심을 받고 있기 때문이다. 백스터는 설교자들이 양떼를 어떻게 사랑해야 하는가를 잘 가르쳐 주었다.

> 우리의 모든 목회 사역은 우리가 맡은 양들을 향한 포근한 사랑으로 수행되어야만 한다. 우리는 그들을 유익하게 하는 일 외에는 우리를 기쁘게 하는 것이란 아무것도 없다는 사실을 그들로 알게 해야만 한다. 그리고 그들에게 이로운 것이 우리에게도 이로우며, 그들의 상처보다 더 우리를 괴롭게 하는 것이란 아무것도 없다는 사실도 그들로 알게 해야만 한다. 우리는 아버지가 그의 자녀들에게서 느끼는 마음을 우리가 맡은 양들에게서 느껴야만 한다. 참으로 우리는 어머니의 가장 다정한 사랑 이상의 사랑을 가져야만 한다. 그들 안에서 그리스도의 모습이 형성될 때까지 우리는 산고의 고통도 감수해야만 한다.[180]

백스터의 말은, 설교자란 마치 자녀를 사랑하는 부모 마음, 부모의

---

178 『牧民心書』 卷十二 賑荒六條 第一條 備資, "詔曰。活溝壑之人。而以此伏罪。當含笑入地矣。"

179 J. D. Baumann, *An Introduction to Contemporary Preaching*, 40.

180 Richard Baxter, *The Reformed Pastor*, 178–179.

사랑 이상으로 양들을 사랑하며 사역을 감당해야 한다는 뜻이다. 그래야 설교자가 그들을 진실하게 사랑한다는 사실을 깨닫고, 설교자가 무슨 말을 전하든 다 듣고 지지할 것이다.

이렇듯 부모와 같은 설교자상을 '부'와 '모'로 나누고 그 둘의 균형을 강조한 주장도 있다. 지금까지 한국 교회의 목회 현실을 전도와 선포의 일방적 목회로 보는 이기춘은 양적 성장을 추구하며 숫자의 마력에 붙잡힌 한국 교회의 존재 양식에서 해방되어야 한다고 주장한다. 한국 교회가 성숙한 교회로 변화하려면 교회 성장의 지속성과 성숙을 향한 변화가 병행되어야 하는데, 이를 위해 선교적인 아버지 유형의 목회와 목양적인 어머니 유형의 목회가 균형을 이루어야 한다.[181] 이 점은 한국 교회의 설교자들이 유념할 일이다. 설교자의 마음이 부성애와 함께 자녀를 섬세한 사랑으로 돌보는 모성애로 채워져야 한다. 설교자의 그러한 균형을 청교도 설교자 니마이어 로저스(Nehemiah Rogers)도 일찍이 가르쳤다.

> 때로 경건한 무리들을 하나님의 아들과 딸들로 부릅니다(고후 6:18). 따라서 설교자들은 자녀들을 하나님께 낳아 드리는 영적 "아비"(고전 4:15)로 불리는 것입니다. 그들 때문에 해산의 고통을 겪는 영적 어미(갈 4:19)요, 또 그들이 아직 그리스도 안에서 어린 아이인 동안 그들을 돌보는 유모(살전 2:7)로 불리는 것입니다.[182]

---

181 李起春, 『한국적 목회신학의 탐구』 (서울:감리교신학대학교출판부,1997), 118-121.

182 Nehemiah Rogers, *The True Convert*, 1632, part 2, 73-74. Peter Lewis/서창원 옮김,『청교도 목회와 설교』 (서울: 청교도신앙사, 2002), 65에서 재인용.

충현 교회를 개척하여 부흥시킨 김창인은 자신의 50년 목회를 돌아보며 후배 목사들에게 권면을 남겼는데, 설교를 잘하고 교회를 치리하고 행정을 잘 보는 것, 높은 학위와 지식도 필요하나 "그 이상의 것이 있는데 그것은 양을 진심으로 사랑하고 그 영을 아끼는 마음이 앞서야"[183] 한다 하였다. 양들을 사랑하고 그 영혼을 아끼는 마음을 지닌 설교자라야 진정한 설교를 할 수 있다. 그런 점에서 뛰어난 언변, 잘 생긴 외모나 카리스마, 현란한 지식, 대규모의 찬양대 등에 그 권위를 의존하는 부흥회 목사나 TV 인기 설교자들의 설교는 결코 그리스도의 설교가 아니라는 윌리몬의 지적은 일리가 있다. 설교란 청중과 동떨어진 연설이 아니다. "설교란 어떤 산물(product)이 아니라 인격적이고 관계적인 과정(process)이다. 설교는 하나의 사물(object)이 아니라, 다차원적이고 장기적인 하나의 사건(event)이다."[184] 그러므로 진정한 설교자가 되기 위해서는 양들을 사랑하고 양들과 인격적 만남을 친밀히 하는 목자가 되어야 한다.

설교자는 가슴이 넓어야 한다. 그의 사랑은 모든 양들을 품어야 한다. 그 사랑이 편협하면 설교도 편협해진다. 그런 설교자는 사랑의 장애자요 설교의 장애자다. 해돈 로빈슨(Haddon Robinson)은 "교회 내의 모든 부류의 사람들에게 설교하지 못하는 설교자는 마치 부러진 팔밖에 고칠 줄 모르는 의사와 같다."[185]고 주장한다. 그런 설교자는 배

183 안재정 편저, 『목회의 증언』 (서울: 목양, 1999), 308.

184 William H. Willimon, *Integrative Preaching: The Pulpit at the Center*, 28-29.

185 Haddon Robinson and Craig Brian Larson, ed., *The Art and Craft of Biblical Preaching*, 115.

가 아픈 환자의 팔을 부러뜨리고 다시 맞추려는 의사와 다름이 없다.

현대 설교자 중 한 사람인 스토트도 설교자의 사랑을 언급한다. 그는 설교자와 회중을 서로에게 속한 "사랑스런 가족 관계"로 보며, "설교자는 그들의 아버지요 그들은 설교자의 자녀"[186]라면서 설교자는 늘 이런 관계를 의식해야 한다고 주장한다. 사랑은 아버지에게 속한 최고의 자질이기에 사랑 없는 설교자는 시끄러운 소음일 뿐만 아니라, 그보다 더 나쁘고 더 못하다. 그는 아무것도 아니다(He is 'nothing.').[187]

그러나 스토트는 설교자의 지나친 사랑도 경계한다. "우리는 우리 교인들이 우리의 앞치마 끈에 매달려 있기를 바라거나 자기 엄마 주위를 맴도는 아이들처럼 우리 주위를 맴돌기를 바라지 않아야 한다." "하나님의 의도는 하나님의 자녀들이 사람을 바라보지 않고 그들의 아버지 되신 하나님을 바라보게 하는 것"[188]이다. 설교자의 아버지 됨이란 자녀들을 사랑하는 의미에서일 뿐, 자녀들을 지배하거나 그 위에 군림하는 의미는 아니다. 설교자의 사랑은 균형을 유지해야 한다.

초기 한국 교회 설교자들에게도 부모의 사랑이 요구되었다. 감리교의 양주삼(梁柱三) 총리사는 감리교회 신학교[189] 창립 1주년 기념식에서 외쳤다.

---

186 John R. W. Stott, *The Preacher's Portrait: Some New Testament Word Studies*, 81.

187 Ibid., 86-87.

188 Ibid., 83.

189 현 감리교 신학대학은 1905년 6월 21일 일반 신학당으로 설립되어, 1907년 협성신학당으로 호칭, 1911년 12월 20일 협성신학교 1회 졸업(38명), 1917년 협성여자신학교 신축, 1924년 3월 23일 협성여자신학교 1회 졸업(4명), 1931년 3월 20일 남녀협성신학교를 합하여 "감리교회 신학교"로 개칭하였다.

조선 교회는 아직 유치함으로 앞으로 장성할 것임니다. 장성하는 동안 모든 교역자는 충성을 다하야 희생하여야 할 것임니다. 한 포기 꽃의 장성을 위하야 태양의 빛이 매일 희생하고 잇슴니다. 유아의 장성을 위하야 부모가 희생하는 것과 같이 교회의 장성을 위하야 교역자는 희생하여야 함니다. 순교자는 교회의 종자(種子)라 하지 아니하엿읍니가. 희생적으로 노력하는 것은 즉 순교자임니다.[190]

부모의 사랑으로 교회를 위해 희생하라는 이 호소가 어찌 한국 교회의 초기 설교자들만을 향한 외침이겠는가. 오늘의 설교자들도 이 외침을 들어야 하지 않겠는가. 모든 설교자는 이 외침에 귀를 기울이며, 예수님께서 친히 피 값으로 세우신 교회를 부모의 심정으로 사랑해야 한다. 교회의 장래를 책임질 소중한 씨앗으로서, 기꺼이 썩어지는 순교 정신으로 교회를 위해 희생해야 한다.

그럼에도 설교자들이 스스로 경계할 일이 있다. 마틴 루터는 설교자들의 야심이 갈수록 커져 가는 것을 염려하며 말한다. "야심은 교회를 해치는 가장 고약한 독이다. 야심이 설교자들의 마음을 사로잡을 때, 그것은 다 태워버리는 불이다."[191] 설교자의 야심이 결국 교회에 큰 재앙과 불화를 초래하게 된다는 경고이다. 그러면서 루터는 "곧고 경건하고 참된 설교자는 마치 엄마가 자기 아기를 달래고 어르고 함께 놀아 주며 자신의 가슴으로 젖을 먹이는 것처럼, 가난하고 순박한 사

---

190 梁柱三, "現代敎會가 要求하는 敎役者," 「神學世界」 十七卷 第六號 (1932. 11), 52.

191 Martin Luther, *Tischreden*, trans. by William Hazlitt, *The Table Talk of Martin Luther*, 187.

람들을 향해 말씀을 전해야 한다."[192] 하였다. 복음을 맡은 설교자로서 세상의 부자와 지혜자만을 위하지 않고 가난하고 배우지 못한 이들에게도 그 복음을 전하여 그들도 말씀을 듣고 깨달아 생명을 얻을 수 있게 해야 한다는 말이다. 초기 한국 교회 설교자들을 위한 "목사체경"에서도 "교우 중에 유식한 자 한두 사람이 있을지라도 그 사람만 위하여 생각하지 말고 구십구 인 되는 보통 교우를 위하여 강도를 예비할 것이니라."[193] 하였다.

설교자의 열정도 애민 정신이다. 사랑하는 마음이 있으면 열정이 생긴다. 선비의 고장 안동에 세워져 수많은 설교자를 길러 낸 안동 성경학교의 초대 교장 인노절(印魯節, Roger E. Winn)은 설교자의 열정을 강조하였다. 그는 설교할 때 열정을 얻는 방법을 소개하였는데, 하나님께 마음과 뜻을 드릴 것, 하나님의 임재를 깨달을 것, 영혼의 귀중함을 깨달을 것, 그리고 십자가의 의의를 깊이 연구할 것, 청중의 필요를 알 것 등등 조목조목 설교의 열정을 회복하고자 하는 이들에게 필요한 사항들이다.

三. 강도에 열성 얻는 방침

1. 하나님께 심지를 드릴 것

이는 강도자의 제일 힘써 지킬 목적인데 만약 그렇지 아니하면 하나님

192 Ibid., 192.

193 南大理, "牧師體鏡,"「神學指南」4권 1-4호, 135.

과 심선(心線)이 연합할 수가 없어 강도를 경홀히 여겨 필경 열성을 발할 수 없게 되느니라

2. 하나님께서 가까이 거하시는 줄 깨달아야 됨

이것도 강도자의 힘쓸 목적인데 이것을 확실히 먼저 깨달을지면 제일 무심적(無心的)에 원인 되는 경솔한 성품을 변하여 진중한 사상을 이룸으로 사위(事爲)의 결과를 얻어 자연히 강도에 열성을 얻게 될지니라

3. 영혼의 귀중함을 깨달을 것

4. 십자가의 뜻을 십분 연구하여야 됨

5. 듣는 이들의 각 형편을 아는 것이 필요함[194]

목민관의 너그러움도 애민의 덕이다. 다산은 사람들이 "벼슬살이에는 위세와 사나움을 앞세우는 것이 제일이다."[195]고 하지만 이는 속되다 말한다. 먼저 사나움을 마음속에 간직하고 있으면 스스로도 좋지 않을 것이라[196]는 다산은 너그러움의 유익을 송나라의 장영(張詠)을 예로 들었다. 그가 백성을 다스릴 때, 백성이 자신을 믿고 있음을 알고서는 엄격하던 태도를 너그럽게 바꾸었는데도 한번 명령을 내리면 사람들이 기꺼이 받아들이지 않는 일이 없었다.[197] 하버드 대학 신약 교수였던 아모스 와일더(Amos N. Wilder)는 복음의 언어는 신선하고, 그 형식

194 印魯節, "講道에 熱誠," 「神學指南」 6권 2-2호 (1919. 7), 86-87.

195 『牧民心書』 卷一 律己六條 第一條 飭躬, "人有恒言曰。居官莫如尙猛。此俗語也。"

196 Ibid., "先設一猛字在胸中。卽其存諸中者。已自不好。"

197 丁若鏞/茶山硏究會 譯註, 『譯註 牧民心書』 I, 82.

은 새롭고 유동적이라면서 햇빛과 바람과 비의 자유로움이 있다[198] 하였는데, 다산의 주장과 상통한다. 애민의 너그러움은 어조에서도 나타난다. 곽안련은 설교자의 음성에 대해, "강도인의 육체상으로 가장 활기를 가지고 있는 것은 발성이니 음성의 조화가 아름다우면 듣기 쉽고 유쾌"[199]하다 하였다. 다산도 목민관이 백성을 구휼할 때 그 어조에 애민 정신을 담아야 한다고 강조하였다. 그 구절들을 열거하면 다음과 같다.

> 먼저 이웃을 돕도록 타이르고 복을 쌓도록 깨우침[200]
>
> 그 예우를 두터이 하며 이해로 타이름[201]
>
> 마땅히 두 번 세 번 권유함[202]
>
> 반드시 자세히 타일러서 지극한 정성에서 우러나오게 함[203]
>
> 애틋하고 곡진한 뜻이 문구에 나타남[204]
>
> 따뜻한 말로 타이름[205]
>
> 거듭거듭 타이름[206]

---

198 Richard Lischer, *Theories of Preaching*, 355.

199 Charles Allen Clark, *Lectures on Homiletics*, 284.

200 『牧民心書』 卷十三 賑荒六條 第二條 勸分, "必先喩之以惠鄰。開之以積福。"

201 Ibid., "厚其禮意。諭以利害。"

202 Ibid., "亦當再三勸諭。"

203 『牧民心書』 卷十三 賑荒六條 第三條 規模, "必委曲戒諭。出於至誠。"

204 Ibid., "測怛溫諄。情見于辭。"

205 『牧民心書』 卷十三 賑荒六條 第四條 設施, "溫言諭之曰。"

206 『牧民心書』 卷十四 賑荒六條 第五條 補力, "三令五申。" 세 번 명령하고 다섯 번 말한다, 즉 여러 번 되풀이하여 말한다는 뜻이다.

성심으로 권유함[207]

곽안련에 따르면 음성은 수련하면 개량할 수 있다. 그러나 모든 음성은 개성을 지니고 있으므로 다른 사람을 모방하지 말고 자신의 음성을 개선해야 한다.[208] 양들을 사랑하는 설교자는 목자의 음성을 아는 양들을 위해 기꺼이 자신의 음성을 아름답고 유쾌하게 훈련시켜서 양들로 하여금 기쁨으로 믿고 따르게 해야 할 것이다.

### (3) 설교자의 교민 정신

애당초 '교육 국가'를 지향한 조선 왕조는 후기에 이르자 사회 전반에 위기를 드러내기 시작했다. 그 중 한 가지가 교육 문제였다.[209] 조선 후기를 살면서 점차 사회 전반의 질서들이 무너지는 현상을 목격하며 개혁을 꿈꾸던 다산은 목민관을 통한 교육 개혁안을 마련한다. 그것이 『목민심서』다. 다산은 교민 정신을 『목민심서』의 예전(禮典)에서 다룬다. 당시에는 예(禮)를 가르쳐 개인과 사회를 통제하였다. "조선 시대에는 백성을 다스리는 일(治民)은 곧 백성을 기르는 일이요(牧民), 백성을 기르는 일은 곧 백성을 가르치는 일(敎民)이었으며, 백성을 가르치는 일은 곧 백성에게 예의를 알게 하는 일이었다."[210] 충과 효가 바탕인 예의를 백성에게 가르치면 자연히 임금께 충성하며 정치가 안정

207 Ibid., "牧宜誠心勸諭。"

208 Charles Allen Clark, *Lectures on Homiletics*, 284-285.

209 우용제, 『조선후기 교육개혁론 연구』 韓國敎育史庫 연구총서 II (서울: 교육과학사, 1999), 175-176.

210 한국고문서학회 엮음, 『조선 시대 생활사』, 356.

되리라 생각했다. 물론 부정적인 면에서, 교민이 지배 세력만을 위한 도구로 사용될 소지가 다분하다. 그렇지만 긍정적인 면에서, 조선 왕조가 꿈꾼 왕도 정치를 실현하는 데 교민은 필수 요소였다. 백성에 대한 사회적 교화가 선행되어야 나라가 평안하며 왕도(王道)를 잘 실행할 수 있기 때문이다.

소피스트의 수사학을 극복하고 기독교 수사학의 본질을 강조한 위대한 설교자 어거스틴도 가르침을 강조한다. 특히 행할 바를 알지 못하는 이들에게는 가르침이 필수다.

> 만일 (할 바를) 모른다면 설복을 시키기보다 먼저 가르쳐야 한다. 만일 (할 일을) 인식하기에 이른다면 이미 그것으로 마음이 움직일 것이고 따라서 거창한 어조로 그들을 움직이는 일은 필요치 않을 것이다. 그러나 그럴 필요가 있으면 하여야 한다. 알기는 하면서도 해야 할 바를 하지 않을 때에는 필히 이 작업이 요구된다. 바로 그래서 가르치는 일은 필수적인 문제라고 한다. 사람이란 아는 바를 행할 수도 있고 행하지 않을 수도 있다. 하지만 알지도 못하는 바를 실행해야 한다고 누가 말할 수 있겠는가?[211]

사람을 설복시키고 매료시킴도 중요하지만 그보다 우선은 진리를 가르쳐야 한다. 사람은 진리를 잘 배웠을 때 자연히 매료되고 설복되어 행동하기 때문이다.

영국의 신학자 다드(C. H. Dodd)는 복음서나 사도행전, 서신서나

---

211 Aurelius Augustinus/성염 역주, 『그리스도교 교양』 제4권, XII 28.

계시록에 설교(케리그마)와 교훈(디다케)[212]이 분명하게 구분되어 있다면서, 오직 케리그마만이 초대 교회의 설교에 속한다[213]고 주장했다. 그러나 밥존스 신학교 교수인 제랄드 존슨(Gerald Johnson)은 케리그마와 디다케를 설교의 두 부분으로 보았다. 이때 설교로서 디다케는 그 목적이 성도를 교훈(교육)하는 것이며,[214] 이렇게 교민 정신으로 하는 설교는 교훈적 설교(Didactic Preaching)라 할 수 있다. "사람과 관계되는 하나님에 관한 진리를 강단에서 체계적으로 해설해 주는"[215] 이 교훈적 설교는 교리적 설교라고도 부른다. 브로더스(John A. Broadus)는 "교리, 즉 가르침은 설교자의 주된 직무다. 진리는 경건의 생혈(lifeblood)이다. 진리 없이 우리는 경건함의 생명력을 유지할 수 없고 경건의 활동을 지탱할 수 없다."[216]며 진리를 가르치는 교리적 설교를 강조하였다. 다니엘 바우만은 이 교리적 설교의 특징을 들어서, 그것은 본질적으로 교육적이며 반드시 실천적이어야 한다고 주장하였다.[217]

설교자는 반드시 진리의 말씀을 설교해야 한다. 그러기 위해서는 본질적이고 실천적인 교리 설교를 하지 않을 수 없다. 예수 그리스도의 진리는 사람의 생명을 살리고 그 생명을 풍성히 누리며 살게 하는 것

---

212 다드는 디다케를 대부분 윤리적 교훈으로 보았다. 이런 주장은 케리그마만을 중시하며 윤리를 부차적으로 여긴다는 비판을 받았지만 설교자들로 하여금 자신의 사역을 반성하고 설교가 무엇인지 돌아보게 하였다.

213 C. H. Dodd, *The Apostolic Preaching and Its Developments* (New York: Harper & Row, 1964), 7.

214 Gerald Johnson/추연수 옮김, 『(설교학) 말씀선포』, 39-40.

215 J. D. Baumann, *An Introduction to Contemporary Preaching*, 211.

216 John A. Broadus, *A Treatise on the Preparation and Delivery of Sermons*, 76.

217 J. D. Baumann, *An Introduction to Contemporary Preaching*, 211-212.

이기에, 하나님께서는 목회를 위해, 회중을 위해, 그리스도의 몸을 세우기 위해, 목사들을 양떼의 설교자와 목자뿐 아니라 교사로 임명하셨다. 그러므로 "우리 주께서 그의 목사들에게 주신 가장 흥분되고 마음 끌리고 필요한 임무 중 하나는 가르치는 것이다."[218]

예수 그리스도의 복음을 선포하는 케리그마와 그 케리그마에 기반을 두고 복음의 각 부분을 교육적으로 가르치는 디다케는 서로 분리될 수 없다. 바울 사도의 서신 속에서도 이 둘은 언제나 서로 얽혀 있다.[219] 바울 사도는 에베소서 4장 11절에서 교회에 세우신 여러 직분을 설명하며, '목사와 교사'를 하나로 묶어 놓았다. 목사로서 복음을 선포하는 설교자는 또한 그 복음을 세부적으로 가르치는 교사여야 하기 때문이다. 그 점에 대해 스토트는 "하나님의 양 무리를 먹이는 것은, 당연히 교회를 가르친다는 은유적 표현이다. 따라서 목사는 본질적으로 교사다."[220]라고 하였다. 다산이 소중히 여기는 목민관도 목자요 교사이다. 다산은 백성을 교화할 책임을 목민관에게서 찾는다. 그는 『목민심서』에서, "목민관의 직분은 백성을 가르치는 일"[221]이라 한다. 임금을 대신하여 직접 백성을 가르치는 일이 목민관이 힘써 행할 직무라는 말이다.

조사한 바에 따르면, 한국 교회의 설교자들은 대부분 자신을 교사형(43.7%) 설교자로 생각한다.[222] 김운용은 이런 조사 결과에 대해, 이

---

218 Ralph G. Turnbull, ed., *Baker's Dictionary of Practical Theology*, 322.

219 Ibid., 414-415.

220 John R. W. Stott, *Between Two Worlds: The Art of Preaching in the Twentieth Century*, 118.

221 『牧民心書』 卷七 禮典六條 第三條 敎民, "民牧之職。敎民而已。"

222 목회와 신학 편집부 엮음, 『한국 교회 설교 분석』, 32.

것은 전통적 설교 패러다임과 유교 문화의 영향 때문이라면서 예전과 달리 하나님의 말씀을 차분하게 가르치는 교사형 설교자로 자신을 규정하려는 경향을 볼 수 있다[223] 하였다. 유교 문화가 오래도록 뿌리내린 한국 문화권에서, 설교자도 가르치는 교사형을 선호하지만 설교를 듣는 성도 역시 가르치는 설교를 선호한다고 볼 수 있다. 한국 교회의 설교자가 가르치는 설교를 소홀히 할 수 없는 이유다.

한국 사회의 교육열은 조선 시대의 유산이다. 조선 시대 교육은 양반과 평민, 천민에 이르기까지 그 열의가 대단했다. 조선 시대 사람들과 중국의 명 · 청 시대나 일본의 막부 시대 사람들의 문자 해독력을 비교하면 조선의 백성이 월등히 앞선다.[224] 이러한 교육열은 현대에까지 이어지는 우리 민족의 특징이자 한국 교회의 특징이다.

한국 교회에서 설교자가 설교를 통해 성도를 가르치는 일은 매우 중요한 설교 사역의 하나다. 이런 교훈적 설교는 일찍이 종교 개혁자 칼빈이 몸소 실천하였다. 칼빈의 설교는 대부분 가르치고 교육하는 내용이 주를 이루고 있다. 그런 점에서 목사란 학자가 되어야 한다는 칼빈의 주장은 오늘의 설교자도 새겨들을 말이다. 설교자는 지적으로 잘 훈련되어 있어야 할 뿐 아니라 그것을 교인들에게 가르쳐야 하기 때문이다.[225] 칼빈의 영향과 조선의 교육열에 더하여 조선에 복음을 전하여 준 선교사들의 교육열 또한 한국 교회의 설교자들에게 영향을 끼쳤다. 그 한 실례가 평양 신학교를 세워 조선의 설교자들을 길러 낸 마포삼

223 Ibid., 45.

224 한국고문서학회 엮음, 『조선 시대 생활사』, 356.

225 이현웅, 『21세기에 다시 본 존 칼빈의 설교와 예배』, 38.

열의 교육열이다. 그는 어느 마을에나 예배당을 지으면 주일 외에 6일은 마을 학교로 사용했으며 그것이 그의 교회 정책이었다.[226] 한국 감리교 신학의 기초를 놓은 탁사(濯斯) 최병헌(1858~1927)도[227] 만백성을 구하기 위한 교육을 강조하였다.

> 경서에 말하되 사람에게 하나를 가르치려면 이미 백의 능력을 알아야 하고 사람에게 십의 능력을 가르치려 하면 천의 능력이 있어야 한다. 사람은 반드시 경쟁하는 마음이 있어서 분발하고 용맹을 다하여 침식을 잊고 학술을 연구해야 위대한 업적을 남길 수 있음이니 위로는 지존을 돕고 아래로는 만백성을 도탄에서 구할 수 있다.[228]

곽안련은 설교자들에게 교사의 책임을 늘 기억하라고 권면하여, "강도를 잘 할지라도 목사가 또한 교사 된 책임을 잊어버리지 말거시오."[229] 하였다. 이로써 한국 교회의 설교자들은 그 초기부터 가르치는 책임이 설교자에게 있음을 알았다. 최초 한국 장로교 총회 헌법에서도 강도의 목적을 말하면서, 하나님의 진리 말씀 중 일부분을 해석하고 반대하는 자가 있다면 그 말을 막고 그 진리를 적용할 것을 가르치라 하였고, 때로 많은 성경을 해석하여 교우로 하여금 성경의 뜻과 사용할

---

226 마포삼열박사전기편찬위원회 편, 『馬布三悅博士傳記』 (서울: 大韓예수敎長老會總會敎育部, 1973), 364-365.

227 조문시(趙文時, G. H. Jones)와 함께 한국 최초의 신학지 「신학세계」를 창간한 탁사는 1901년에 한국인이 쓴 첫 신학 논문 "죄의 도리"를 발표했으며 『성산명경(聖山明鏡)』과 『만종일련(萬宗一臠)』을 썼다.

228 李柱翊 譯編, 『蒙養園』 (서울: 도서출판 濯斯, 1999), 32.

229 郭安連, "牧師의 體鏡," 「神學指南」 2권 1-2호, 149.

바를 가르치는 것이 옳다 하였다.[230]

남궁혁은 "목회의 진정신(眞精神)"이라는 글에서, 목회의 정신을 네 가지로 설명하면서, "기독교의 권면 또는 교훈은 생명의 근원 되는 예수님과 도덕의 기초 되는 예수님을 가라치는 것이니 권면과 교수는 목회의 둘째 정신이다."[231] 하였다. 설교자인 목사는 또한 교사로서 하나님의 백성을 가르치려는 정신을 지녀야 한다. 그때 설교자가 가르칠 내용은 바로 생명의 근원 되시는 예수 그리스도와 도덕적 삶의 기초 되시는 예수 그리스도이시다.

목사의 지식이 증가하면 설교할 때마다 본교회의 성도가 교육을 받게 된다는 공위량은 "목사가 무식하면 교회도 무식하고 목사가 유식하면 교회도 유식"[232]하게 된다 하였다. 초기 한국 교회 설교자들을 위한 "목사의 체경"에서도 설교자의 가르치는 방법이 자세히 언급되었다.

> 一. 목사가 책망하는 버릇이 나면 위태한 것이니 가령 어부가 낚시질 할 때에 낚시를 가지고 물속에 뛰어 들어가 고기 입을 억지로 열고 낚시를 물리려면 도저히 안 될 것이니 이와 같이 늘 책망만 하는 목사가 실패를 보는 것이라
>
> 二. 특별히 예배 시에 아이를 늘 책망만 하지 마는 것이 좋으니 유심히 책망만 하면 그 아이와 그 부모까지 잃을 것이라 …… 아이들은 강도 마치는 끝까지 안정히 앉아 있을 수 없은즉 유심하게 책망만 말고 권장하는 말

230 郭安連 編,『朝鮮예수教長老會憲法』, 199-200.

231 南宮爀, "牧會의 眞精神,"「神學指南」59권 13-5호 (1931. 9), 3.

232 孔韋亮, "牧師의 思想的 生活," 92.

씀으로 친목 하는 중에 직접으로 아이에게 재미있는 강도도 하고 이따금 문답도 시켜서 순히 인도하는 것이 좋은 법이 됨이라[233]

설교자는 하나님의 말씀을 선포할 뿐 아니라 가르치는 사람이다. 그렇지만 어부가 낚시를 가지고 물속에 들어가서 억지로 고기 입에 물리게 할 수 없듯이 사람들을 가르치되 억지로나 책망으로 할 일이 아니다. 심지어 예배 때에 떠드는 어린이라 할지라도 효과 없는 책망으로 가르치지 말고 재미있게 설교하며 순히 이끌어야 할 것이다.

가르치는 설교의 유익으로 손꼽을 점은 인재 양성이다. 다산은 교민 정신을 진흥시키기 위해 진양(陳襄)을 예로 들었다. 진양이 상주를 맡아 다스릴 때 학교를 지었다. 그는 새벽이면 학교에 들어가서, 자리에 앉아 학생들에게 경서의 뜻을 가르치면서 한편으로 업무를 결재했다. 그 결과 학자들이 많이 배출되었다. 그는 인재 양성을 사명으로 여겼다.[234] 인재 양성의 사명을 완수하려고 새벽부터 가르쳤던 진양의 열정이 돋보인다.

다산은 백성을 가르치는 목민관의 여러 모습을 소개했는데, 설교자로서 배울 점이 많다. 백성이 교화되지 못한 점에 대해 "내가 나라의 중임을 떠맡고 있으면서 교화가 행해지지 않으니 허물은 나에게 있다."[235]고 탄식한 허형은 설교자의 책임감을 일깨워 준다. 타이르는 말이 간절하여 도적도 자복하게 했던 장흡, 비유로 말하여 뉘우치고 복

233 郭安連, "牧師의 體鏡," 「神學指南」 1권1-1호, 151-152.

234 『牧民心書』 卷七 禮典六條 第四條 興學.

235 Ibid., "荊歎曰吾荷國重任。而敎化不行。咎在太守。"

종하게 한 하문연, 가마솥 때문에 싸우는 형제에게 당장 솥을 때려 부셔서 똑같은 무게로 나누어 주라고 소리쳐 굴복케 하고 소송을 그치게 한 함우치, 의로 꾸짖어 부끄러워하며 다툼을 눈물로 뉘우치게 한 박원도 등[236] 백성을 향한 진심어린 사랑과 올바른 가르침이 감화력 있는 교민임을 보여 주었다.

다산은 인과 예의 가르침을 강조한다. 사람은 인격을 지닌 존재로서 나 외에 여러 사람들과 관계를 맺고 살아간다. 그리고 그런 관계들이 원만하게 형성되려면 인(仁)과 예(禮)를 배워야 한다. 인(仁)은 사람 인(人) 변에 두 이(二)가 결합된 단어이다. 다산은 이 어질 인(仁)자를 가리켜 두 사람이 인(仁)이 된다고 하면서, 부자지간에 아버지를 효로 섬기면 그것이 인이요, 형제지간에 형을 공손히 섬기면 그것이 인이며, 임금을 충성으로 섬기면 인이고, 벗을 믿음으로 사귀면 인이며, 목민관이 백성을 자애롭게 다스리면 그것이 인이라 하였다.[237] 이처럼 사람과의 관계에서 인에 충실한 "동양의 교육은 근본적으로 예의를 갖춘 인간의 형성에 있다. 야만적 사회로부터 개화된 사회로 들어서는 분수령, 동물과 인간을 구별 짓는 분수령은 다름 아닌 예이며 이는 바로 교육이다."[238] 그런 점에서 설교자의 사명도 교육을 통해 교회 공동체를 새롭게 하여 하나님 나라의 예법이 실현되는 교회를 건설해야 한다.

그러나 하나님 나라의 예법 실현은 교회 공동체에 머물러서는 안

236 丁若鏞/茶山硏究會 譯註, 『譯註 牧民心書』 Ⅳ(서울: 創作과 批評社, 1984), 26-28.

237 『與猶堂全書』 第一集 詩文集 第十六卷○文集 墓誌銘 自撰墓誌銘(集中本), "二人爲仁 事父孝仁也 事兄恭仁也 事君忠仁也 與友信仁也 牧民慈仁也"

238 고요한, 『교육의 철학: 소유에서 존재로』 (서울: 서현사, 2007), 110.

된다. 교민 정신을 지닌 설교자의 지향점은 사회 전체를 향해야 한다. 교민 정신의 설교자는 교회 공동체를 통해서 사회 전체에 하나님 나라를 실현해야 한다. 왜냐하면 "사회 교육은 가정과 학교와 교회에서의 교육과 나란히 요청되는 기독교 교육의 제4 영역"[239]이기 때문이다.

### (4) 설교자의 진황 정신

흉년이 들었을 때 목민관이 할 처신에 대해 다산은 "생각하건대 목민관으로서 흉년에 능히 음식을 갖추어 먹지 않고 말에게 곡식을 먹이지 않는다면 예를 아는 자"[240]라 하였다. 백성은 굶고 있는데 자기만 진수성찬을 먹거나 짐승에게 곡식을 먹이면서 백성을 돌아보지 않는다면 진황 정신을 지닌 목민관이라 할 수 없다. 다산은 당시의 목민관들이 양식을 제대로 공급해 주지 않음으로 백성이 죽어 가는 비참한 현실을 고발한다.

> 물처럼 묽은 죽은 겨와 흙이 반이나 섞였고, 삽살개 꼬리 같이 해진 옷은 음부조차 가리지 못하고 몽당머리에 얼어터진 피부는 그 꼴이 마치 까마귀 귀신과 같다. 나팔 소리 한번 나면 돼지처럼 모여들어 먹고, 흩어져 구걸하면 밥 한술을 얻지 못한다. 저녁이 되면 한 구덩이에 모여 자는데 몸을 꾸부리고 꿈틀거리는 것이 마치 똥구더기 같다. 서로 짓밟아 약한 자는 깔려 죽고 병을 서로 옮겨 역병이 성행한다. 감독자는 염증 내고 미워하여 죽는 것을

239 오인탁 외 12인, 『기독교교육론』 (서울: 대한기독교교육협회, 1986), 217.

240 『牧民心書』 卷十二 賑荒六條 第一條 備資.

다행으로 여기며 하루에 수십 명씩 구렁에 갖다 버리니 까마귀와 솔개는 창자를 쪼아먹고 여우와 이리는 피를 빨아먹는다. 천하에 원통하고 비참함이 이보다 심한 것은 없다.[241]

오늘의 한국 사회가 다산 시대처럼 헐벗고 굶주리지는 않는다 할지라도 영적으로는 굶주려 죽어 가는 이들이 많다면 큰 불행이 아닐 수 없다. 그뿐 아니라 다산은 이런 비참한 일이 일어나게 된 배경으로 목민관의 잘못을 지적하고 있으니 설교자들 역시 자신과 주변을 자세히 돌아볼 일이다. 다산은 어질지 못한 목민관들이 하는 말을 전한다.

무릇 유리걸식하는 자는 모두 무용지물이고 하늘이 버린 자로 나라에는 쓸데없는 존재다. 게을러서 생업이 없고 도둑질을 타고난 성품으로 삼으니 거두어 길러도 곡식만 낭비할 뿐, 결국 다 죽을 것이니 수고만 하고 공은 없다. 차라리 몹시 곤궁하게 만들고 구휼미도 주지 말아서 죽음을 재촉하는 것만 같지 못하니, 그들에게도 슬플 것이 없고 나라에도 애석할 것이 없다.[242]

참으로 궁핍한 인간을 파리 목숨만도 못하게 여기는 섬뜩한 사고방식이다. 그러나 다산은 유리걸식하는 이들도 사실은 본래 양민이었으나, "굶주림이 쌓이고 오랫동안 얼어서 그 어진 본성을 잃고 염치가 모두 없어지고 총명과 식견도 드디어 어두워져 귀신과 짐승처럼 되어

241 『牧民心書』 卷十三 賑荒六條 第四條 設施.

242 Ibid.

사람들로 하여금 싫어하게 하는 것이지 어찌 본질이 다르겠냐."[243]고 말한다. 이렇게 모진 목민관의 생각이 혹여 설교자의 마음에 자리하지 않도록 경계할 일이다.

초기 한국 교회 설교자들의 진황 정신은 어떠하였을까? 당시 설교학 교수였던 곽안련은 『목사필휴』[244]에서 병자 위문이나 임종 시, 상을 당한 자 위로와 장례식 때 설교할 성구들을 제시하였다.[245] 또한 그의 『강도학』에서는 장례식이나 재난을 당했을 때 어떻게 설교할 것인가를 설명하였다. 장례식 설교의 경우, 예배당에 나오지 않는 이라도 상을 당하면 목사에게 장례를 청하는 일이 있다. 그때는 심성이 악한 자라도 반성할 기회이니 목사는 거절하거나 등한히 여기지 말고 민첩하게 행해야 한다며, 설교자로서 목사가 할 일과 주의할 점들을 제시한다. 장례식 설교에 설교자가 할 일은 5가지다.

1 생존한 가속을 위로하고 인생이 짧음과 죽음의 필연과 그 준비를 말할 것.

2 별세자의 생전 생애의 아름다운 점을 칭송할 것.

3 별세자의 생애 중에 본받을 점을 청중에게 지시할 것.

4 불신자의 장례식이면 깊이 주의하여 그 설교는 생존한 자에게 대하여 권고하고 사망한 자의 사후 형편을 외람되게 비평할 것 아니다.

5 신자의 소아 장례식이면 소아와 그리스도 사이에 속죄의 은혜로 구원 받

---

243 Ibid. "積飢久凍。喪其良性。廉恥都亡。聰識遂昧。如鬼如獸。使人可惡。斯豈本質有殊哉。"

244 곽안련은 『목사필휴』를 아무 교역자나 다 가져야 할 책으로 소개하였다.

245 郭安連, 『牧師必携』 (서울: 大韓基督敎書會, 1932), 25-48, 56-96.

은 관계를 말할 것이다.[246]

그 밖에 주의할 점으로 설교는 10분 내지 15분에 하고 가족을 진실히 위로하며 별세자가 회개치 않은 자면 굳이 내세 생활을 말하지 말라 하였다. 또한 황제나 대통령의 별세, 악질의 유행으로 많은 사망자가 발생하거나 세계적 대전란이 일어나는 등 재난을 당한 때에 설교자는 사람들의 마음을 붙잡고 환난에서 예수님께 돌아오도록 "구조의 정신으로 복음을 전"[247]하라 하였다.

초기 한국 교회 설교자들을 위한 "목사의 체경"에서는 빚을 지지 말고 도리어 빈궁한 이들을 도울 뿐 아니라 성도로 하여금 구제하도록 말씀을 통해 권면하라 하였다.

卅一. 재정에 대하여 항상 주의할 것이오

卅二. 빚을 지지 말 것이오

卅三. 빈궁한 자 구제하기를 잊어버리지 말 것이오 자기가 친히 하기도 하고 교우들을 권하여 구제하게 할 것이오[248]

이런 진황 정신의 가르침은 민족의 수난기에 한국 교회의 설교자들로 구제에 관심 갖고 설교하게 하였으며 실제로 구제의 삶을 살게 하였다. 그 중 한 실례가 한경직이다. 한경직은 신앙인으로서는 매우 값

246 Charles Allen Clark, *Lectures on Homiletics*, 260-261.

247 Ibid., 262-263.

248 郭安連, "牧師의 體鏡," 「神學指南」 2권1-2호, 151-152.

진 상인 템플턴상[249]을 수상하였다. 한경직의 수상 연설문을 보면 그의 진황 정신을 알 수 있다.

> 피난민들이 가장 먼저 필요로 한 것은 살아갈 거처를 마련하는 일이었습니다. 그래서 우리는 그 두려운 시기를 서로 도우며 살아갈 각종 위원회를 만들었습니다. 우리에게는 소년 소녀들을 위한 새로운 학교가 필요했습니다.
> 복음 전도, 교육과 복지 사역이 이 시련의 과도기에는 너무도 절실했습니다.[250]

6 · 25 전쟁의 충격이 아직 남아 있던 시절에, 명신홍은 홍수나 전염병, 전쟁 등 교인들이 중대한 위기를 당했을 때 교역자가 자기의 교구를 떠나 안전지대로 피해서는 안 된다 하였다. 설교자가 자신의 가족은 피난시킬지라도 설교자 자신은 죽도록 충성해야 하며, 혹 모든 교인을 다 데리고 피난한다면 그것은 대단히 잘한 일이라 하였다.[251]

선교 초기부터 한국 교회는 진황 정신을 실천하였지만 그보다 교회 성장을 더 시급한 사명으로 알고 전도에 온 힘을 쏟았다. 그래서 놀라운 양적 성장을 이루었으나, 그 성장에 비해 한국 교회의 사회봉사는 부족하다. 그 이유를 이삼열은, 한국 교회의 신앙 고백과 신학 사상에서 신앙의 실천과 봉사가 강조되지 않고 있는 점과 개교회 중심의 한

---

249 템플턴상(Templeton Prize)은 1972년 미국의 사업가이자 투자자 존 템플턴((John Templeton)이 노벨상에 종교 부문이 없음을 안타깝게 여기고 제정한 것으로 종교계의 노벨상이라 불린다. 상금은 140만 달러가 넘으며 마더 테레사를 시작으로 빌리 그레이엄, 빌 브라이트 등 여러 종교계 인사들이 수상하였고 대한민국에서는 1992년 한경직이 유일하게 수상했다.

250 탁준호, 『영원한 스승 한경직 목사』 (서울: 대광고등학교, 2000), 353.

251 明信弘, "教役者의 倫理," 11.

국 교회 구조 때문이라고 지적하였다.[252] 하해룡 역시 한국 교회를 구조적 면에서 살피어, '내향적 구조'로 본다. 이런 내향적 교회 구조의 결과는 개교회주의와 기복주의의 오도된 현상으로 나타나는 바, 이런 한국 교회를 개혁하기 위해서 교회의 구조는 사회 지향적인 선교적 구조로 개혁되어야 한다고 주장하였다. 그는 또한 성공주의와 물량주의가 야합한 비극적 일면이 한국 교회에 있다면서, 오늘의 목회자는 회중의 중심부에서 힘 있는 이들의 지지와 도움으로 군림하는 지도력의 소유자가 아니라, 회중의 가장자리(edge)에 살면서 소외되고, 병들고, 눌림받는 그들에게서 문제를 찾아 중심부와 더불어 전 교회가 동참할 수 있도록 노력하는 도덕적 지도력의 소유자가 되어야 한다[253]고 하였다.

생명의 신학, 생명의 선교를 주장하는 몰트만(Moltmann)은 인류가 멸망한다면 사회적, 군사적 재난으로 멸망하기 전에, 가난하고 낯선 이들이 당하는 죽음과 그들의 참담한 고난에 대한 영적 무관심 때문에 망하게 될 것이라 한다. 생명의 영을 일깨우는 복음을 강조하는 몰트만은 생명의 복음에 속하는 것들을 가리켜, "슬퍼하는 사람을 '위로하는 것,' '병든 사람들을 치유하고 기억들을 회복하는 것,' '낯선 사람들을 받아들이는 것,' '죄를 용서하는 것,' 곧 파멸의 세력에 의해 위협받고 상처 받은 생명의 '구원'"[254]이라 하였다. 생명을 살리는 진황 정신이 인류를 구원하는 복음적 대안이라는 말이다.

다행히 현재 한국 교회는 진황 정신의 실마리를 아주 잃어버리지

252 이삼열, "사회봉사의 신학과 실천과제," 바른목회실천협의회 엮음, 『바른목회』, 259.

253 하해룡, "개혁을 향한 바른 목회의 전망," 바른목회실천협의회 엮음, 『바른목회』, 111-112.

254 노영상 편, 『21세기 대학 교육과 신학』, 30-31.

는 않았다. "교회가 대사회적으로 힘써야 할 부분은?"이라는 설문 조사에 "사회 복지"라고 응답한 성도가 46.9%나 된다는 사실은 고무적이다. 그러나 "개신교가 타 종교에 비해 호감을 덜 받는 이유"에 대해서 "신앙과 삶의 불일치"라고 대답한 응답자가 57.5%인 점은[255] 설교자들로 하여금 진황 정신을 가르치고 실천해야 할 책임을 느끼게 한다.

국가적으로도 점차 복지에 관심을 기울이는 때에, 진황 정신으로 행할 '사회 복지'는 선진 사회로 나아가는 실현 과제이다. '복지(福祉)'라는 단어의 '복(福)'자는 신(神)과 관계되는 보일 '시(示)'와 가득할 '복(畐)'자로 이루어졌다. 그 의미는 신(神)이 많은 사람들의 입을 밭으로부터 채워주니 물질적으로 풍요하다는 뜻이다. 또한 가득할 '복(畐)'자는 표주박 모양인데, 옛 중국에서는 표주박에 술이나 물을 담았다. 고대에 술은 질병의 치료제로 사용되었기에 복(福)이라는 단어는 신(神)이 인간의 질병을 치료해 주거나 아프지 않게 해 주는 의미를 담고 있다. 또한 '지(祉)'자는 신과 관계되는 보일 '시(示)'와 그칠 '지(止)'로서, 복은 신만이 주는 것으로 인식되었다.[256] 그만큼 신과 관련지어 생각하는 것이 복지다. 따라서 하나님의 뜻을 전하는 설교자들은 생활 보호 사업과 사회적 약자를 대상으로 하는 사회 복지 사업을 소홀히 여기지 말고 힘써 선포하며 실천해야 하겠다.

성도의 영적, 육신적 복지를 위해 진황 정신으로 하는 설교는 치료적 설교(Therapeutic Preaching)이다. 사람의 병을 고쳐 주는 이 치료적

---

255 백재찬, "신행일치 예배회복 가장 시급한 과제," 「국민일보」 2007. 6. 16.

256 박경일 외 8인, 『사회복지학강의』 (파주: 양서원, 2005), 17-18.

설교는 과거에 비해 오늘날 더 요청되고 있다. 바우만은 치료적 설교를 설명하여, 이 설교에서는 교인들이 설교를 위한 자료이며 그들과 감정이 통할 때에만 치료적 설교를 할 수 있다면서, 치료적 설교자의 관심은 어떤 주제나 본문에 있지 않고 사람에게 있다 하였다.[257] 치료적 설교에 대해 케네디(Gerald Kennedy)도 그의 견해를 밝혔다.

> 우리의 설교는 애통하는 자에게 고침이 되고 두려워하는 자에게는 자신을 회복시켜 줄 것이며, 각자로 하여금 그가 중요한 존재임을 자각케 하는 동시에, 어떻게 인간이 생을 발견하게 되는가를 설명해 주는 데 있다고 보겠다.[258]

진황 정신을 지닌 치료적 설교자는 회중으로 갈등하게 하지 않고 마음에 불안을 조장하지도 않는다. 자신의 과거에 대해 도덕적으로나 영적으로 부정적 감정을 지닌 이들에게 죄책감을 주지도 않는다. 치료적 설교는 비인격적이지 않고 형식적이거나 웅변적이지도 않다. 오히려 회중의 인격을 잘 살피고 회중으로 자신의 자아를 직면케 할 뿐 아니라, 가족 간의 애증이나 직업상의 긴장, 인간 행위를 유발시키는 근본적인 욕구 따위의 깊은 정서적 문제를 재조정하게 한다.[259] 그렇지만 이런 유익 때문에 상당수 한국 교회 설교자들은 위로만 계속하여 양적 성장을 이루고, 그런 행태를 다른 설교자들은 모방하는데, 그것은 치

---

257 J. D. Baumann, *An Introduction to Contemporary Preaching*, 213-214.

258 Gerald Kennedy/白理彦 옮김, 『說敎의 理論과 實際』 (서울: 大韓基督敎書會, 1985), 222.

259 Wayne E. Oates, *The Christian Pastor (Philadelphia: Westminster Press*, 1946), 119-120.

료적 설교의 부작용으로서 심히 염려되는 일이다.[260]

진황 정신의 설교자는 정신적 치료만을 목표로 하지 않는다. 진황 정신으로 살아가는 설교자는 가난하고 병든 이들, 재난을 당한 이들에 대한 진휼을 게을리하지 않는다. 이런 진황 정신을 다산도 강조한다. 그는 “여유가 생기기를 기다린 후에 남을 구제하려 하면 반드시 남을 구제할 날이 없을 것”이라고 한 정선의 말을 인용하여, 절용함이 본래 원칙이지만 눈앞에 슬픈 일이 닥쳐 급히 구원해야 할 사람이 있다면 여유가 있고 없음을 헤아릴 수 없는 일이라[261] 하였다.

“모든 교회가 살아 움직이는 생체 구조”[262]라고 생각한 클라인벨(Howard J. Clinebell)은 사회 생체 구조 이론(social systems method)으로 교회의 구조와 기능을 설명하였다. 그는 교회도 살아 있는 유기체처럼 각기 형태, 성격, 체온이 서로 다르며 인간들처럼 생명의 주기를 가진다고 보았다. 그는 가정이 그 구성원을 낮에는 지역 사회에 내보내고 저녁에는 받아들이는 것처럼 교회 역시 지역 사회와 영향력을 주고받으며 교류해야 한다면서 효과적인 교회 생체 구조가 되려면 교인들이 지역 사회와 효율적으로 연관을 맺을 수 있도록 도와주어야 한다[263] 하였다. 그렇게 교인들을 도와서 교회의 사명을 다하게 하는 주요 역할은 설교자의 몫이다. “교회 안에서 목사의 역할은 배타적으로 교회에만 관계되는 것이 아니라 교인들로 하여금 지역 사회 안에서 훌륭한 참여의

---

260 정장복, 『설교 사역론』 (서울: 대한기독교서회, 1990), 241.

261 『牧民心書』 卷二 律己六條 第六條 樂施, “鄭瑄曰。待有餘而後濟人。必無濟人之日。…… 節用。固爲徑法。如有觸目生悲。急欲拯救者。又不可商度有無也。”

262 Howard J. Clinebell/오성춘 옮김, 『牧會와 地域社會』 (서울: 大韓基督敎出版社, 1984), 12.

263 Ibid., 51.

삶을 살도록 함으로써 수행되는 것"[264]이기 때문이다.

그러므로 영적 목민관인 설교자는 "전 세계가 나의 교구"라고 한 존 웨슬리의 비전을 가져야 한다. 예수 그리스도께서 세상을 사랑하시고 세상 속에 오셔서 세상과 교제하시며 세상을 구원하셨듯이, 설교자들도 그 삶의 자리를 세상 속에 두고서 세상을 사랑하고 세상과 사귀며 세상을 구하기 위해 힘써야 한다. 세상을 향한 설교자의 접근은 그 목적이 "구원의 소식을 전하는 자로서 서로 만나는 것"[265]이어야 한다. 특히 진황의 일은 자칫 자선 사업에 그칠 수 있으므로 구원의 메신저로서 사명을 잊지 않아야 한다. 설교가 하나님의 말씀인 까닭은 오로지 하나님의 구속 목적을 위해 사용되기 때문이다.[266] 총체적 설교에 관해 목회자와 평신도를 대상으로 연구 실험을 한 김외식은 이렇게 결론지었다.

> 설교는 우선적으로 개인 구원에 관심을 두어야 하고, 다음으로 사회 구원에 관심을 두어야 한다. 그러나 개인 구원은 영적 성장을 위하여 사회 구원과 연관을 맺어야 한다. 달리 말하면 개인의 회심은 집단적 차원의 사회 변혁으로 확장되어야 한다.[267]

지금까지 『목민심서』를 중심하여 바우만이 제시한 네 가지 설교 형태로 설교 정신을 살펴보았다. 바우만은 네 가지 형태의 설교를 제

---

264 Ibid., 76.

265 Dietrich Bonhoeffer, *Gemeinsames Leben*, 14.

266 David Buttrick/김운용 옮김, 『시대를 앞서가는 설교』, 68-69.

267 김외식, 『목회 전문화와 한국 교회 예배』 (서울: 감리교신학대학교출판부,1994), 188.

시하면서 설교의 목적이 결국 "전인으로서 한 사람에게 말씀을 전하는 것"이라고 하였다. 그 사람은 곧 예수 그리스도의 능력으로 구원받아야 할 사람이요. 기독교 신앙에 대해 가르침 받아야 할 사람이다. '길르앗의 향유'로 고통을 달래며 치료와 격려를 받아야 할 사람이고, 한 사람의 그리스도인으로 위치를 잡고 살아가야 할 사회에 대해 하나님의 말씀을 알아야 할 사람이다.[268] 『목민심서』를 중심하여 살펴본 설교 정신도 바우만의 주장과 같다. 결국 하나님의 백성 한 사람 한 사람을 구하고 돌보며, 나아가 그들로 하여금 세상을 향해 복음의 빛을 발하게 하는 설교자가 목민 정신을 지닌 설교자이기 때문이다.

## 4. 선비 설교자

조선 시대와 구한말에 선비들이 주체적으로 천주교와 개신교를 수용한 역사를 고려하고, 다산의 목민 정신으로 설교자상을 그리면, 선비 설교자가 떠오른다. 깊은 통찰로 한국 문화권의 설교를 분석한 정장복은 "한국인의 심성은 글을 사랑하는 선비 문화 속에서 오랫동안 자리를 잡아 오고 있다는 점에 오늘의 설교자는 깊은 관심을 두어야 한다."[269] 하였다. 선비처럼 학문적 노력과 실천적 삶에 힘쓰는 설교자라야 이 시대의 한국인 심성에 적합할 수 있기 때문이다.

선비 설교자는 이 시대의 풍조가 겉 가꾸기에 치중하고 대형, 대

268 J. D. Baumann, *An Introduction to Contemporary Preaching*, 219.

269 정장복, 『설교학 서설』, 68.

량을 선호하기 때문에 더욱 필요하다. 초야에 묻혀서도 학문에 힘쓰며 당당함과 의로운 기백, 절조를 잃지 않고 올곧게 자신의 삶을 지킨 이들이 선비이다. 그뿐 아니라 주변 사람들에게 선한 영향력을 끼치며 존경받는 지도자들이 선비이다. 그러기에 물질주의와 대형 선호 풍조에 주눅 들지 않고 당당하게 사명을 감당하기 위해서는 선비 정신을 지닌 올곧은 설교자들이 세워져야 한다.

### (1) 선비의 정체성

선비란 누구인가? 선비 '사(士)'를 한자로 풀어서, 열(十) 가지 일을 뭉뚱그려 하나(一)로 만드는 능력을 지닌 사람이라 한다. 공자의 '추십합일위사(推十合一爲士)'라는 말에 근거한 주장이다.

또한 갑골문과 금문에 근거해 '도끼'의 상형으로 보기도 한다. '도끼(士)'를 쥔 사람은 무사(武士)다. 그러나 고대의 무사들이 평화로운 시대가 되자 전장에 나가지 못하게 되고 문부(文簿)를 담당하면서 문사(文士) 개념이 생겨났다.[270] 그래서 문반과 무반의 선비를 가리켜 양반이라 한다.

이장희는 선비를 논하면서, 사농공상(士農工商)의 사민(四民)은 각각 업이 있는데 그중 학문을 익혀서 위(位)에 있는 것을 사(士)라 한다는 한서의 글을 인용하여 "사민 가운데 일위(一位)를 점하는 '사(士)'는 학문을 익혀서 벼슬하는 자"를 가리킨다[271] 하였다. 또한 '유(儒)'도

270 김언종, 『한자의 뿌리』 I (서울: (주)문학동네, 2007), 337, 443-444.

271 李章熙, 『朝鮮時代 선비 研究』 (서울: 朴英社, 1989), 1-2.

'사(士)'와 함께 순수한 우리말 '선비'의 호칭이 되었는데, '선비'는 삼국 시대에서 통일 신라 시대를 거치는 과정에서 태동하여 성리학이 전래되기 이전인 고려 초, 중엽에 그 골격이 만들어졌다고 본다.[272] 그러나 선비의 기풍이 확립된 것은 성리학이 전래된 이후이다. 조선 시대에 들어와 선비 정신은 성리학과 융합하여 더욱 발전하였고, 선비라고 하면 유학자를 떠올리게 되었다.[273]

선비의 신분을 따진다면, 고대 중국에서는 사민 중 '사(士)'를 고관인 경(卿)과 대부(大夫) 다음에 두었으나 조선에서는 명예직인 '대부' 앞에 '사'를 붙여서 '사대부(士大夫)'로 부르고 이들을 '사족(士族)'으로 통칭하였다. 이런 까닭에 벼슬을 하지 않아도 조상이 벼슬을 하였거나 대대로 학문을 숭상해 온 가문의 자손들은 모두 사족으로 인정받았다.[274] 이에 조선 시대의 선비들은 과거에 합격하고도 평생 벼슬을 거부하거나 벼슬자리를 버리고 낙향하여 향촌 사회에 머물면서 양반의 권위를 유지하며 영향력을 끼칠 수 있었다. 학문 수양은 과거에 합격하여 벼슬길로 나서기 위함일 뿐 아니라 유교 교양을 몸에 익혀 사대부의 품위를 유지하는 데에도 필수 요소였다.[275] 이런 선비의 사회적 신분을 가리켜 정옥자는 "선비란 신분적으로는 양인이고 경제적으로는 중소 지주층"[276]이라 하였다.

---

272 Ibid., 62.

273 한영우, 『한국선비지성사』 (파주: 지식산업사, 2010), 38.

274 손병규, 『호적』 (서울: 휴머니스트, 2007), 339.

275 Ibid., 75.

276 정옥자, 『(우리가 정말 알아야 할) 우리 선비』, 21.

선비에 대한 『조선왕조실록』의 기록을 보자. 세종 때 사헌부에서 예조 좌랑 이선로(李善老)의 고신(告身)을 서경(署經)[277]하지 아니하였다. 이선로는 자신이 왕명으로 보고 있는 지리서 때문에 서경을 해 주지 않는다며 사직서를 제출했다. 세종은 대간들을 불러 그 까닭을 물었다. 사헌부는 실제 이유[278]는 말하지 않았으나 평소 이선로의 행실이 바르지 못하였기에 몇 차례 논의를 거치면서도 서경을 하지 않았다. 그러자 왕은 또 사간원 좌정언(左正言) 신자승(申自繩)을 불러서 다시 물었다. 자승이 답하기를, "선비란 마땅히 몸가짐을 삼가고 절조를 굳게 가져야 하는데, 선로는 경망하고 오만하여 남의 윗사람 되기를 좋아하므로 서경이 부결되었습니다."[279] 하였다. 자승의 말에 따르면, 선비란 몸가짐을 삼가는 사람, 절조를 굳게 지키는 사람, 그리고도 경망하거나 오만하지 않은 사람으로 압축할 수 있다.

『중종실록』에서도, 검토관(檢討官) 기준(奇遵)이 왕에게 말하기를, "이른바 선비란 녹(祿)을 사모하고 몸을 영화롭게 하려는 것이 아니라, 임금을 바르게 하고 나라를 태평하게 하려는 것입니다. 그러나 그 사이에 조금이라도 불합한 마음이 있으면 떠나가는 것입니다."[280] 하였다. 선비란 일신상의 영달을 바라지 않기에 의가 아니면 언제든지 자신의

---

277 고신서경(告身署經): 고려와 조선 시대 신임 관원의 임명과 법령, 시호(諡號) 제정 등 주요 사안에 대해서 대간(臺諫: 고려 시대에는 어사대와 문하성 낭사, 조선 시대에는 사헌부와 사간원)의 서명을 받아야 했던 제도이다. 고신(告身)은 오늘날의 사령장(辭令狀)에 해당하며, '서'는 '서명', '경'은 '거친다'는 뜻이다.

278 이선로는 집현전 수찬(修撰)이 되었을 때 풍수설로 유자(儒者)의 지조를 잃었고, 주서(注書)로 있을 때는 상의원(尙衣院)의 계집종을 대궐 안에서 간통하여 사림(士林)을 떠들썩하게 하였다.

279 『朝鮮王朝實錄』 世宗 106卷, 26年(1444 甲子) 12月 15日(庚申) 2번째 기사.

280 『朝鮮王朝實錄』 中宗 32卷, 13年(1518 戊寅) 2月 21日(庚寅) 5번째 기사.

지위를 버리는 사람이다.

홍대용은 『담헌서』에서 선비를 논하였다. 글을 공부하여 벼슬과 명리를 얻고자 힘쓰는 선비는 재사(才士)요, 경전 등을 인용하여 말을 꾸며 오랜 명예를 구하는 선비는 문사(文士)다. 말이 고상하고 몸가짐도 단정 엄숙하며 어질어 벼슬에 천거되지만 사실 속은 텅 비어 진실한 덕이 없고 천하를 다스릴 경륜도 없는 선비는 경사(經士)다. 홍대용은 이 모두를 가리켜 참된 선비가 아니라 한다. 그러면 누가 참된 선비인가? 그는 주장한다.

> 반드시 인의를 깊이 생각하고 예법을 조용히 따르며, 천하의 부귀도 그의 뜻을 어지럽히지 못하고, 누항(陋巷)[281]의 곤궁도 도를 즐기는 기쁨을 바꾸지 못하며, 천자도 감히 신하로 삼지 못하고 제후도 감히 친구를 삼지 못하며, 출세해서 도를 행한다면 혜택이 사해에 두루 퍼지고, 벼슬하지 않고 숨는다면 도를 천세에 밝힐 수 있는 자라야 내가 이른 바 선비이니, 이런 자라야 참된 선비라 할 수 있다.[282]

홍대용은 홍자 백능(洪子伯能)을 진정한 선비로 소개하여, "나의 친구 홍자 백능은 아름다운 선비이다. 재주와 학문이 정(精)하고 박(博)하며, 뜻과 기개가 밝고 맑다."[283] 하였다. 상촌 신흠(申欽)[284]도 선비에

---

281 누항(陋巷): 좁고 지저분하며 더러운 거리를 말한다.

282 『湛軒書』 內集 卷三 說 贈洪伯能說.

283 Ibid., "吾友洪子伯能佳士也。才學精博。志槩耿潔。"

284 상촌(象村) 신흠(申欽, 1566~1628)은 조선 중기의 문신이다. 송강 정철, 노계 박인로, 고산 윤선도와 더불어 조선 4대 문장가로 꼽힌다. 그는 문장으로 명성이 있었으나 문장을 일삼지 않았고, 벼슬로

대해 말하기를, 몸에 재능을 지니고 나라에서 쓰기를 기다리는 자로서 뜻을 고상하게 가지고 배움을 두텁게 하며 예절을 밝히고 의리를 지키며 청렴을 긍지로 여기고 부끄러워할 줄 아는 사람인데 세상에 흔치 않다 하였다. 그러면서 당시 선비들의 선비답지 못한 모습을 지적하였다.

> 세상에서 선비라고 이름하는 사람들을 살펴보면 과연 무엇과 같은가? 숭상하는 것은 권세이며 힘쓰는 것은 이익과 명예이며 밝은 바는 그때의 유행이고 가지고 있는 바는 이야기이고 자랑스럽게 여기는 바는 겉치레이고 잘하는 바는 경쟁이다.[285]

다산이 집주한 논어에서도 선비에 대한 언급을 볼 수 있다. 자장은 말한다. "선비가 위태함을 보면 목숨을 바치며 이익을 보면 옳음을 생각하고, 제사에는 공경을 생각하며 상사에는 슬픔을 생각한다면, 그런대로 괜찮다."[286] 선비란 목숨을 버려서라도 위기를 막으려는 정신의 소유자요 단순히 자신의 이익에 치우쳐 의로움을 저버리지 않는 곧은 마음의 소유자이다. 그뿐 아니라 예배를 드릴 때는 하나님을 공경하는 마음을 우선하고 슬픈 일을 보았을 때는 슬퍼할 줄 아는 사람이다. 그러니까 선비는 학문의 증진과 자기 수련에 최선을 다하면서도, 행동할 줄 아는 실천인이다.

---

현달했으나 벼슬에 마음 두지 않았으며, 죄벌로 쫓겨났으나 마음이 흔들려 지절을 잃은 적이 없었다. 가난한 처지를 부유한 듯 여기고 풍족한 때라도 검약했다.

285 『象村稿』 卷之四十一 內稿第二 雜著二 士習篇.

286 『與猶堂全書』 第二集經集第十六卷○論語古今註子張第十九.

한국인으로 귀화한 호사카 유지 교수는 조선의 선비와 일본의 사무라이를 비교하면서 선비 정신을 논하였다. 사무라이가 무력으로 막부까지 굴복시키는 사람들이라면 선비는 재야에 있으면서 도를 배우고 실천하며 벼슬로 백성을 위해 정도를 구현하는 사람들이다. 선비 정신과 사무라이 정신이 상당히 유사하지만 사무라이는 칼을 숨기고 있다. 이에 비하여 학문과 예술성뿐 아니라 덕성을 갖춘 인격체로서, "사회와 사람을 사랑하는 깨끗한 인격을 바탕으로 강인한 의지와 사명감을 갖고 비리와 타협하지 않으며 사회에 인도를 구현하는 사람들이 바로 선비"[287]이다.

그는 일본의 사무라이 정신이 선비 정신에서 비롯되었다면서, 둘의 유사성을 열거하였다. 차이점이라면 무사는 칼을 들고 주군과 나라를 섬기는 반면 선비는 붓을 들고 주군과 나라를 섬겼다. 무사도가 충을 강조하였다면 선비 정신은 효를 강조하였다. 호사카 유지는 1900년, 니토베 이나조(新渡戶稻造)가 영어로 서양에 소개한 무사도의 규범을 열거하면서 '무사'라는 단어를 '선비'로 바꾸면 놀라울 정도로 일맥상통한다[288] 하였다.

> 무사는 주군에게 충성을 다해야 한다.
>
> 무사는 부모에게 효도를 다해야 한다.
>
> 무사는 스스로를 엄하게 다스려야 한다.

287 호사카 유지, 『조선 선비와 일본 사무라이』 (파주: 김영사, 2007), 23.

288 Ibid., 26-38.

무사는 아랫사람에게 인자하게 대해야 한다.

무사는 사적 욕심을 버려야 한다.

무사는 부정부패를 증오하고 공정성을 존경해야 한다.

무사는 부귀보다 명예를 소중히 여겨야 한다.

무사는 패배한 적에게 연민의 정을 베풀어야 한다.

무사는 죽음을 두려워하지 않아야 한다.

그렇다면 선비 정신의 뿌리는 무엇인가? 그것은 입지(立志)이다. 선비가 뜻을 굳게 세우지 않으면 나아갈 방향을 잃게 되기 때문이다. 그것은 마치 소년 다니엘이 바벨론에서 뜻을 정함과 같다(단 1:8). 선비의 뜻 정함이 중요함을 퇴계 이황은 말하길, "선비가 병폐를 일으킴은 뜻을 세우지 못했기 때문이다. 진실로 뜻이 정성스럽고 두텁다면 어찌 배움에 이르지 못하고 도를 듣기가 어렵다고 근심하겠는가."[289] 하였다.

그러면 다산은 선비를 어떻게 생각하였는가? 다산이 곡산의 목민관이 되었을 때, 전국 팔도의 모든 고을이 인재를 육성하려고 교화에 힘쓰는데, 곡산만은 향교에서 글 읽는 소리가 그쳤음을 알았다. 그래서 다산은 곡산 고을의 선비들에게, "묻는다. 『주례』 천관편에 '도덕으로 민심을 얻는 사람을 선비라 한다.' 하였으니, 선비라는 명칭이 어찌 크지 않은가."[290] 하였다. 다산에 따르면 선비란 도덕적이면서도 그 도덕성으로 민심을 얻는 사람인 점에서 정치 지향적 존재임을 알 수 있

---

289 『退溪先生文集』 卷之二十四 書 答鄭子中.

290 『與猶堂全書』 第一集 詩文集 第九卷○文集 策問.

다. 이처럼 선비가 수기만 하는 데 머물지 않고 치인을 지향하는 사람임을 다산은 『오학론』에서도 언급한다.

> 옛날에는 도 배우는 사람을 선비라 불렀는데, 선비 사(士)란 벼슬할 사(仕)의 뜻이다. 위로는 공(公)에게 벼슬하고 아래로는 대부(大夫)에게 벼슬하여, 임금을 섬기고 백성에게 은택을 베풀면서 천하의 나라를 다스리는 사람을 가리켜 선비라 한다.[291]

또한 『속유론』에서도 다산은 참된 선비의 배움이 무얼 지향하는지 밝힌다.

> 참된 선비의 학문은 본디 나라를 다스리고 백성을 편안히 하며, 오랑캐를 물리치고 재물 사용함을 넉넉하게 하며 문무를 갖추는 데 필요하지 않음이 없다. 어찌 옛 사람의 글귀를 따서 글이나 짓고 벌레나 물고기 따위에 대한 주석이나 내고 소매 넓은 선비 옷을 입고서 예모만 익히는 것이 학문이겠는가.[292]

선비라면 마땅히 예모를 익히겠지만, 그보다 더욱 나라를 다스리고 백성을 돌보고 지켜서 잘 살게 하기 위해 학문을 익히는 사람이 선비라는 말이다.

---

291 『與猶堂全書』 第一集 詩文集 第十一卷○文集 論 五學論一.

292 『與猶堂全書』 第一集 詩文集 第十二卷○文集 論 俗儒論.

다산의 선비 정신은 수기와 치인을 합일한 참여적 정신이다. 다산의 선비는 비열하게 명성을 구하지 않으면서도, 덕을 갖춰 세상을 구함으로 명성이 드러날 경우에는 그것을 부끄럽게 여기지 않는다. 그 점을 다산은 설명한다.

> 명성을 원함은 너무 비열한 일이라 군자는 행하지 않는다. 명성을 피함은 너무 고상한 일이라 이 또한 군자는 행하지 않는다. 오직 행실이 닦이고 덕이 쌓이며, 문예가 성취되고 재능이 갖춰져서, 출세하여 천하에 드러난 명성을 잃지 않음은 성인이라도 부끄럽게 여기지 않는데, 하물며 평범한 선비이겠는가.[293]

"선비의 명예는 지극히 청아한 것"[294]이라 한 다산은 아름다운 선비 한 사람을 소개한다. 그는 화순(和順)의 우송(友松) 김세규(金世奎)이다. 다산은 김세규를 가리켜, 그가 죽은 지 1백 80년이 지났건만 청빈한 선비로서 그의 영향력이 후대에 전해지고 있다 하였다.

> 그가 참다운 사람을 참되게 여기고 선한 사람을 좋아하며 이욕(利慾)에는 마음을 두지 아니하고 뛰어난 조예(造詣)를 힘껏 실천하여 덕이 외면에 함치르르[295]하게 나타나서 바라보면 마치 상서로운 기린과 위엄스런 봉황 같았을 것이다. 따라서 죽었어도 그가 끼친 풍도와 남긴 운치는 오히려 쇠하지

293 『與猶堂全書』第一集 詩文集 第十三卷○文集 序 詞林題名錄序.

294 『與猶堂全書』第一集 詩文集 第十九卷○文集 書 與曺進士, "士之爲名。至潔至雅。"

295 함치르르: 깨끗하고 윤이 반들반들 나는 모양.

않았음을 또한 알 수 있다.[296]

다산은 실용적 선비 정신을 구체적으로 말한다. 그는 여러 복장 중에서 오직 삼년상을 마쳤을 때나 결혼식 때 입는 길복(吉服)과 군인들이 입는 군복, 이 두 가지만 남기고 나머지는 모두 없애야 한다고 주장한다.

> 신은 생각하건대, 여러 복장 가운데 두 가지만 남겨두고 나머지는 모두 도태하여야 한다고 여깁니다. …… 그러나 길복과 군복 가운데에도 모름지기 실속 없는 겉꾸밈을 버리고 실용을 힘쓰며 사치한 것을 없애고 검소하게 하면 제도가 생략되고 경비가 줄어 나라가 부유해지고 선비가 탐하지 않을 것이니, 선비가 탐하지 않아야 백성이 쪼들리지 않을 것입니다.[297]

다산은 선비들이 자기 집안을 다스리는 일에 대해서도 아들 학연에게 보낸 두 번째 편지에 언급하였다.

> 부녀자가 어진 사람이면 살림을 맡겨 줄 따름이다. 그 중에 혹 부모의 덕을 잘 이어받지 못한 사람은 예방하여 살피며 조종하여 바로잡기를 반드시 아주 간사한 사람에게 하듯 해야 한다. 내가 일찍이 부인은 깨진 그릇과 같아 새는 구멍이 많다 했는데 지나친 말이 아니다. 함부로 돈을 빌려 쓰는 사람은 반드시 가산을 망치는 법이다. 벼슬하는 집안이야 그런대로 보충할 길이

296 『與猶堂全書』 第一集 詩文集 第十三卷○文集 序 友松集序.

297 『與猶堂全書』 第一集 詩文集 第九卷○文集 議 公服議.

있겠지만 만약 남편이 농사를 짓거나 가난한 선비인 아내가 감히 돈을 빌려 쓴다면 사사로운 법률을 정해서 한 번 위반하면 경고하고, 두 번 위반하면 저지하고, 세 번 위반하면 쫓아내도 괜찮다.[298]

그러나 이처럼 청렴과 청빈을 최우선 가치로 삼고 일상생활에서 검약과 절제를 미덕으로 삼는 선비 정신이 현대에 와서는 고루한 정신으로 취급되고 있다. 그 점을 정옥자는 지적한다.

현대의 실리주의적 가치관은 조선 시대의 가치 덕목들을 하나같이 평가 절하한다. 명분은 핑계로, 의리는 깡패 용어로, 선비의 기개를 뜻하는 사기(士氣)는 군대용어로 전락해 버렸다. 소비가 미덕이 되고 청빈은 낡아빠진 구시대의 덕목으로 조소의 대상이 되고 말았다. 동기나 과정보다는 결과만 중요시하는 결과주의가 판을 치고 있다.[299]

이런 변질에도 불구하고 선비 정신은 다시금 회복되어야 한다. 끊임없이 자기를 수행하여 일상생활을 신앙생활처럼 엄숙한 경지로 끌어올리며, 청렴과 청빈과 절제와 검약의 정신으로 부패하고 부정한 세상에 정면으로 맞선 선비는 한국적 지식인상으로 충분한 가치를 지니고 있다. 그러므로 왜곡된 선비상을 성찰하면서 현대에 맞는 선비상을 새롭게 정립해야 한다. 자신의 삶이 세욕에 젖지 않도록 수기에 힘

298 『與猶堂全書』 第一集 詩文集 第十八卷○文集 家誡 示學淵家誡.

299 정옥자, 『(우리가 정말 알아야 할) 우리 선비』, 57.

쓰면서도 사회 현실을 통찰하며 치인의 삶으로 세상을 구하고자 했던 선비의 인간상은 시대가 변해도 잃어버리지 않아야 할 우리의 이상이기 때문이다.

### (2) 선비 정신의 긍정적 가치

본래 선비의 개념은 유교에서 발생한 것이 아니다. 선비 정신 또한 유교만의 정신이 아니다. 그럼에도 불구하고 우리 사회에는 유교에 대한 반감과 함께 선비 정신에 대한 부정적 시각을 가진 이들이 없지 않다. 항간에 떠도는 부정적 편견들을 받아들여 신념화함으로써 능히 부정적 생각을 상쇄하고도 남을 선비의 긍정적 면까지 외면하는 이들이 있다. 그들은 선비의 기원을 유학으로 보고 유학과 유교 문화를 폄하함으로써 선비 정신까지 깎아내린다. 그들은 유교 문화를 도덕의 정치 도구화, 정치적 기만과 위선의 문화, 남성 중심의 문화, 창의력을 죽이는 문화, 주검을 숭배하는 우울한 문화 등으로 한정한다. 또한 사농공상으로 나뉘는 신분 사회, 토론 부재를 낳은 가부장 의식, 위선을 부추기는 군자의 논리, 패거리로 뭉치는 혈연적 폐쇄성과 분열 등을 들어 유교를 비판한다.[300]

물론 유교에도 폐단이 있다. 어떤 고귀한 사상이나 고상한 종교일지라도 그 본질이 흐려져 폐단으로 치닫는 경우가 많다. 그러나 본질이 흐려진 잘못을 지적할 수는 있지만 본질이 흐려진 사례를 가지고 본질 그 자체를 오류라고 규정하고 배척한다면 문제다.

---

300 김경일, 『공자가 죽어야 나라가 산다』 (서울: 바다출판사, 1999), 7.

모든 사물과 사상에는 그림자가 있다. 사람들은 그림자를 의식하면서도 밝은 쪽을 바라보며 살아갈 수 있고, 밝은 쪽을 볼 수 있음에도 그림자만 바라보며 살아갈 수 있다. 선비 정신에 대해서도, 비판의 그림자 속에 파묻혀 자학하지 말고 더 나은 미래를 향해 밝은 빛 쪽을 바라보며 나아가야 한다.

선비의 부정적 면을 물리치고 긍정적 면을 통해 민족을 깨우쳐 개조코자 한 이는 안창호이다. 해방 후 한국의 교육 지도자 중 한 사람인 오천석(1901~1987)이 공자, 소크라테스, 페스탈로치와 함께 선비 정신을 지닌 교사로 지목한 안창호는[301] 무실역행을 교육 표어로 삼고 민족 개조를 위해 흥사단(興士團)을 창설하였다. '흥사(興士)'란 곧 문약한 썩은 선비가 아니라 문무를 겸비한 선비를 흥하게 한다는 뜻이다. 그는 흥사단의 표지를 만들면서, 선비 '사(士)'자에서 아이디어를 얻어, 새가 두 날개를 펼치며 나는 형상으로 만들되 떼를 지어 단결하는 기러기로 하였다.[302] 전혀 소망이 없던 시대에 선비 정신을 부흥케 함으로써 민족을 새롭게 하고 살길을 찾으려 한 선각자의 뜻이 오늘에도 필요하다.

그렇다면 바람직한 선비 정신은 어떤 것일까?

첫째, 호학 정신이다.

유교의 경전인 논어의 제1편은 학이편이다. 논어는 학(學), 즉 배움으로 시작한다. 첫 문장이 "學而時習之不亦說乎[학이시습지불역열호] 배우고 때때로 익히면 또한 기쁘지 아니한가?"이다. 그만큼 배

301 남국용권, 『교육의 역사철학적 기초』 (서울: 학문사, 1995), 364.

302 주요한 編, 『島山全書』 (서울: 삼중당, 1963), 142-143.

움을 우선하는 선비 정신을 읽을 수 있다.

"선비는 인간이 추구하는 이상적 인격체로서 학문을 사랑하는 사람이다."[303] 그러나 선비는 시가와 문장을 아는 지식 충족이나 자신의 영달을 추구하지 않고 도덕적 인격 건설을 추구하였다. 참 선비와 썩은 선비는 이 대목에서 갈린다.[304] 선비의 호학 정신은 학행일치로서 생활 속에 영향을 끼쳤다. 선비는 "'참 자아의 완성과 타자의 성취'라는 목표 의식"[305]을 가지고 자기 존재뿐 아니라 타자의 완성을 추구하였다. 호학 정신을 지닌 선비들은 수기에 힘써서 온전한 인격을 이루고 나아가 백성을 교화하며 나라를 잘 다스렸다. 선비들은 학문에 열정을 쏟는 만큼 실천적 지식인, 행동하는 지식인으로 살았다. 특히 다산은 선비를 결코 책만 읽는 서생으로 보지 않았다. 다산에 따르면, 선비란 조정에 나가게 되면 벼슬을 살지만 재야에 묻힐 때는 밭갈이를 하며 주경야독하는 사람이었다.[306] 그는 선비와 농민을 하나로 생각하여 만민 평등의 이상 국가론을 실현하려고 국가적 중농 정책을 수립하기까지 하였다. 이처럼 배움으로써 사물의 이치를 깨닫고 그것들을 활용하며 자신과 이웃의 삶을 새롭게 하는 선비의 특징을 순자는 권학편에서 잘 표현했다.

수레와 말을 빌리면 발이 빠르지 않은데도 천리에 도달할 수 있다. 배와 노를 빌리면 물에 능하지 않아도 강을 건널 수 있다. 군자는 태어날 때부터 특

---

303 權文奉, "傳統的선비精神에대한一考察,"「한문교육연구」Vol. -, No. 23 (2004), 191.

304 丁淳睦, 『옛 선비교육의 길』 (서울: 文音社, 1992), 129.

305 김기현, 『선비: 사유와 삶의 지평』 (서울: 민음사, 2011), 15.

306 李乙浩, 『茶山經學思想硏究』, 276.

별한 것이 아니라 사물을 잘 빌릴 뿐이다.[307]

둘째, 자주 정신이다.

선비는 자주성을 길러서 신의를 생명처럼 여기고, 자기 자신에게는 추상 같으나 다른 사람에게는 봄바람처럼 온화하고 관대하다.[308] 선비는 주체 의식이 뚜렷하다. 그는 불의한 일인데도 시류에 편승하거나 잘못임에도 다수를 따라 휩쓸려 행하지 않는다. 선비의 자주 정신은 그로 하여금 자긍심을 갖게 하고 자기를 지키게 한다. 내면은 물론 외모에서도 덕과 예를 잃지 않고 당당히 처신하게 한다. 그 실례를 연암 박지원의 『양반전』에서 추려 볼 수 있다.

> 비루한 일 끊어버리고, 옛 사람을 흠모하여 뜻을 고상히 가지며, …… 주림을 참고 추위를 견디며 가난 타령일랑 아예 말고, …… 손에 돈 쥐지 말며 쌀값도 묻지 말고, 날 더워도 맨발로 있지 말라. 밥상은 맨상투로 받지 말고, 밥보다 먼저 국 먹지 말며, 소리 내어 마시지 말고, 젓가락으로 방아 찧지 말고, 생파 먹지 말고, …… 분이 나도 아내 때리지 말고, 성난다고 발로 기물 차지 말고, 아이들에게 주먹질 말고, 종들에게 뒈지라 나무라지 말고, 소나 말을 꾸짖을 땐 그 주인까지 욕하지 말고, 병들었을 때 무당 부르지 말고, 제사에 중 불러 재(齋) 올리지 말고, 화로에 불 쬐지 말고, 말할 때 침 튀

307 荀子, 勸學篇 第一, "假輿馬者, 非利足也, 而致千里 ; 假舟檝者, 非能水也, 而絕江河。君子生非異也, 善假於物也。"

308 盧相浯, "韓國 傳統思想을 通한 선비精神硏究," 「부산교육대학 논문집」 Vol. 23, No. 1 (1987), 15.

기지 말고, 소 잡지 말고 도박하지 말라.[309]

비록 연암의 『양반전』이 명분이나 절의를 닦기보다 자기 집안의 지위만을 귀히 여겨 미덕을 사고파는 사회상을 풍자하였지만 그럼에도 선비의 삶은 결코 돈으로 살 수 없을 만큼 고귀한 것임을 일깨워 준다. 아울러 선비라면 자신의 삶을 얼마나 철저히 지켜야 하는지 알게 한다. 옛 선비의 구구한 모습을 현대 생활에 다 적용할 수는 없지만 가난해도 자긍심을 잃지 않고 자기에게 철저한 선비의 자주 정신은 잘 간직하고 힘써 실천할 덕목이다.

셋째, 청렴 정신이다.

청렴의 정신을 지닌 선비는 제 분수를 지키며 성실히 살면서 이(利)를 멀리하고 절제함으로 순수하고 고고한 기품을 잃지 않는다.[310] 재야의 선비 허균은 그의 『한정록』에서, "한 푼의 욕심을 덜면 한 푼의 천리(天理)를 얻는다."는 왕양명(王陽明)의 말을 인용하여[311] 선비가 추구하는 청렴의 지향점을 밝혔다.

이광린(李光麟)은 조선 시대의 선비 정신 중에서 가장 높이 평가받고 본받아야 할 점으로 불의에 타협하지 않음과 금전이나 권력에 아부하지 않음을 들었다.[312] 금장태도 자신의 삶을 현실과 감각의 욕구에 매몰되지 않도록 지켜 내며 자신과 사회를 높은 가치로 끌어올리려는

---

309 『燕巖集』 卷之八 ○別集 放璚閣外傳○傳 兩班傳.

310 박동준, "韓國 敎師像으로서의 專門職的 선비에 관한 適合性 考察," 「韓國敎師敎育」 Vol. 15, No. 2 (1998), 17.

311 허균/김원우 옮김, 『청빈의 즐거움』 (서울: 솔출판사, 1998), 35.

312 國際文化財團 編, 『韓國의 선비 文化』 (김포: 김포대학출판부, 2002), 177.

선비의 가치 의식을 소중히 여겨야 한다 하였다.[313] 사람이 욕심을 품으면 비굴해지고 추해진다. 그러나 욕심을 버리면 맑은 삶을 살 수 있고 당당할 수 있다. 선비의 당당함은 바로 이 불의에 타협하지 않고 물욕과 권력욕을 버린 맑은 정신에서 우러나온다. 근검 청렴으로 사회의 양심이 되었던 선비 정신은 오늘 더욱 필요하다.

넷째, 봉공 정신이다.

선비는 사욕을 버리고 공익을 위하여 힘쓴다. 멸사봉공의 선비 정신은 곧 사욕을 극복하는 정신이다. 그러나 선비의 봉공(奉公)은 공익(共益)추구와 다르다. 엄밀히 구분하면 공익(公益, public interest)과 공익(共益, common interest)은 같지 않다. 공변된 공(公)의 공익(公益)은 사전적 의미가 "사회 전체의 이익"이다. 함께 공(共)의 공익(共益)은 사전적 의미가 "공동의 이익"이다. 자기 집단만의 공익(共益) 추구는 배타적이고 폐쇄적인 경향을 띠고 전체 사회를 분열시킬 수 있다.

그렇지만 사회 전체의 공익(公益) 추구는 나라나 공동체가 어려울수록 진가를 발휘한다. 선비는 사사로운 욕망에 매이지 않고 사회 전체의 공익(公益, public interest)을 위해 힘썼다. 그들은 현실 권력에 대해 엄정한 비판 세력으로서 사회 전체의 이익에 기여했다. 선비에게는 자기 나름의 공익(公益) 원칙이 있었고 공익을 지키기 위해 사사로움을 물리치는 훈련과 그 실천에 최선을 다했다.

율곡은 일상생활 속에서 자기의 사욕을 이기는 공부를 가장 절실한 것으로 보았으며, 자기 마음이 좋아하는 바가 천리에 부합하지 않는

313 강석윤 편, 『현대적 선비, 그 참삶을 위하여』 (서울: 大正眞, 1991), 192.

것을 가리켜 기(己)라 하였다.[314] 율곡에 의하면 수기(修己)란 극기복례(克己復禮)이다. 선비는 자신의 이기심과 욕망을 이겨 내고 예로 돌아가 모두가 함께 공존 공생하는 대동사회(大同社會)를 실현하려 한다.[315] 선비의 삶이 수기치인을 지향하는 점에서 멸사봉공의 정신은 선비의 기본 정신이며, 공동체성이 약해져 가는 현대에 더욱 필요한 정신이다.

다섯째, 의리 정신이다.

윤사순에 따르면, 선비의 의리는 사인(私人)의 규범과 공인(公人)의 규범에 다 적용된다. 의리 정신을 지닌 선비는 수기에 의해 군자가 될 뿐 아니라 청렴과 위민, 충성의 마음가짐에 기초한 청백리나 충신이 된다. 그는 반정(反正)이라는 뜻이 본래 부정한 것을 '바르게 되돌려 놓음'을 가리킨다면서, 의리 구현의 성공 사례로 중종반정을 들었다.[316]

또한 한국 근현대 문학사를 선비 정신의 표현사로 해석한 이명례도 외유내강한 선비의 정신을 의리로 보았다.[317] 노상오는 도산의 글을 인용해 말하길, 도산은 선비의 길에는 선비의 도(道)와 기(氣)와 절(節)이 있으며, 선비는 오만한 자리에 서지 않고, 죄악의 길에 들지 않고, 신의심(信義心)이 강하며, 염치를 생명처럼 여기고, 맡은 책임을 다하고, 남에게 절대로 손가락질 당할 일을 하지 않아서 항상 송죽처럼 푸르고

---

314 『栗谷先生全書』 卷之二十七 擊蒙要訣 持身章第三, "克己工夫。最切於日用。所謂己者。吾心所好。不合天理之謂也。"

315 정옥자, "조선 시대 선비의 선비 정신," 「寒碧文叢」 第七號 (1998, 5), 86.

316 윤사순, "16세기 조선 유교사회와 竹川(朴光前)의 선비 정신," 「退溪學과 韓國文化」 Vol. 32 (2003), 6, 8.

317 이명례, "한국 근현대시의 선비 정신 연구," 박사학위논문, 청주대학교 대학원(2001), 96.

곧고 늠름하다 하였는데, 이것은 곧 선비의 의절을 나타낸 말이라[318] 하였다. 이러한 선비의 의리 정신에는 지조의 정신도 함께 들어 있다. 지조란 진리에 대한 믿음에서 나타나는 일관된 삶의 태도로서, 편협한 옹고집을 말하는 것이 아니라 사고의 유연성과 고도의 지성을 겸한 정신을 말한다. 순교자가 바로 의리와 지조의 사람이다.

여섯째, 애국 정신이다.

나라는 선비가 살아가는 삶의 터전이다. 선비의 삶이 보호받는 곳이다. 따라서 선비는 누구보다 애국 정신이 투철한데, 선비의 애국 정신은 곧 나라를 상징하는 임금뿐 아니라 학문을 가르쳐 준 스승, 그리고 신체와 생명을 준 부모가 일치한다는 군사부일체(君師父一體)의 실천적 윤리라 할 수 있다.[319] 애국 정신이 투철한 선비들은 나라가 위태로울 때, 의병을 일으켜 오랑캐를 몰아내거나, 물러가 유교적 규범을 보존하거나, 스스로 목숨을 끊었다. 특히 어찌 해볼 수 없는 한계 상황에서는 자진 순국했는데, 단발령이 내려진 1895년부터 1940년까지 전국에서 자진 순국한 선비가 90명이나 된다. 한 실례로 안동 풍산의 김순흠(金舜欽, 1840~1908)은 세금이 일본군에게 납부된다는 사실을 알고 "왜놈 천하에서 자란 곡식을 먹을 수 없"다면서 단식 23일로 자진 순국하였다.[320]

일곱째, 저항 정신이다.

이 저항 정신은 두드러진 선비 정신으로서, "유교적 인격의 배양

---

318 盧相浯, "韓國 傳統思想을 通한 선비精神硏究," 16.

319 Ibid., 17.

320 김희곤, 『나라 위해 목숨 바친 안동 선비 열 사람』 (파주: 지식산업사, 2010), 10-27.

을 통해서 발현되는 비리에 대한 저항 정신"[321]이다. 선비는 그 시대의 양심으로서 정의와 양심의 법정을 하나씩 가슴에 안고 살았으며, 불의와 위선을 비판하고 역사를 심판하는 사명자였다.[322]

선비로서 완성된 인격자인 군자의 상징으로 '매란국죽'을 든다. 겨울의 대나무는 눈 속에서도 푸르고, 봄의 매화는 추위 속에서 꽃을 피우며, 여름의 난초는 죽어서도 그 이파리가 곧은데, 고우나 화려하지 않은 가을 국화는 서리 무릅쓰고 향기를 풍기니 가히 저항 정신의 귀한 표상들이다.

진정 선비란 개인의 청아하고 고아한 수신에 머물지 않는다. 진지하게 시대를 성찰하고 치열하게 사회적 책임을 다하는 치인의 사람이 선비이다. 추호의 비리도 용납하지 않고 그 어떤 권력자 앞에서도 굴하지 않는 당당함으로 부정과 불의와 억압에 목숨을 걸고 맞서는 선비의 저항 정신은 시대가 혼탁할수록 긴히 필요하다. 불의한 시대를 거슬러 살 뿐 아니라 그 시대의 사람들에게 하나님의 말씀으로 빛과 소금의 역할을 다하는 예언자 정신이 여기에 속한다 하겠다.

여덟째, 역사 정신이다.

역사란 등불이다. 우리는 옛날 일의 조명으로 오늘을 살피고 최선의 길을 찾아 앞을 향해 나아간다. 하나님께서는 이스라엘 민족의 역사를 하나님의 말씀 삼으셔서 성경에 새겨 주시기까지 하셨다. 이처럼 역사가 중요하기에 선비는 자신의 시대를 역사적으로 성찰한다. 이때

---

321 權文奉, "傳統的 선비精神에 대한 一考察," 186.

322 丁淳睦, 『옛 선비교육의 길』, 129.

선비는 불변하는 경전을 날줄로 인식하고 시간에 따라 변하는 역사를 씨줄로 인식하는 경경위사(經經緯史)의 태도를 취한다.[323] 선비는 개인적으로 올바른 도덕성을 지닐 뿐 아니라 사회를 개선하고 변혁한다. 선비는 역사 앞에서 자신의 행위를 분명히 책임지려는 역사 의식을 지니고 산다.[324] 자신이 몸담은 사회를 주도하는 지식인 지도자로서, 선비는 자신이 겪고 있는 현실을 직시하고 통찰하며 회피하지 않는 자의식으로 부단히 현실에 참여하는 책임적 존재이다. 역사 정신이 투철한 선비는 자신이 속한 사회가 병들지 않도록 그의 지성적, 윤리적 책임을 다한다. 그 한 가지 일이 기록이다. 사소한 일들까지 기록에 남겨 전하고 성찰케 하려는 선비의 생활은 역사 정신의 발로이다. 이러한 선비의 역사 정신은 절조 없는 지식인들이 역사를 어지럽히거나 말소하는 시대에 반드시 필요하다.

아홉째, 풍류 정신이다.

선비는 예(禮)뿐 아니라 악(樂)에도 능하다. 다산은 악(樂)을 국가의 흥망과 사회 질서의 유지에 중요한 부분으로 강조하였다. 악(樂)이란 결코 형식적 의식의 절차를 의미하는 것이 아니라 사람들의 마음을 고무하고 순화하여 평화로운 사회를 세우는 토대이다.[325] 그러기에 악(樂)을 아는 선비는 고루하게 방 안에 틀어박혀 책만 읽는 사람이 아니다. 예의범절을 갖추어 사람들과 교제하면서도 자연과 벗하여 시와 노래로 아름다움을 즐길 줄 아는 사람이다. 선비는 그림과 글씨를 감상

---

323 정옥자, "조선 시대 선비의 선비 정신," 81-82.

324 최병철, 『공자가 살아야 나라가 산다』 (서울: 시아출판사, 1999), 290.

325 李乙浩, 『茶山經學思想研究』, 245-246.

하고 이해할 수 있는 능력을 지녀야 했다.[326] 선비들은 산수를 찾아 풍류를 즐겼는데, 그들은 기생, 악공, 광대를 데려가 흥을 돋우기도 하였다. 그들이 산수를 유람한 목적은 단순히 풍광만을 구경하려는 데 있지 않고 호수나 바다처럼 드넓은 정신세계를 추구함에 있었다.[327] 선비의 이러한 풍류 생활에는 학문과 예술을 일치시키려는 학예일치의 정신이 깃들어 있었다. 글과 그림도 잔재주가 아니라, 만 권의 책을 읽어 가슴에 쌓인 문자향(文字香, 글자에서 피어나는 향기)과 서권기(書卷氣, 책에서 솟아나는 기운)가 흘러넘쳐야 비로소 좋은 작품이 나올 수 있다고 생각했다.[328]

열째, 평화 정신이다.

조선 시대의 선비 문화가 반상(班常)의 구별 속에서 발전하였으며, 다산 역시 변등(辨等, 신분 구별)을 주장하였기에 선비 정신을 신분 차별 정신으로 생각할 수 있다. 그러나 다산은 민주(民主)가 아니라 민본(民本)을 고취한 유교 이상주의자로서,[329] 그의 근본 의도는 백성의 안정과 평화에 있었다. 다산은 모든 사람이 각자 명분에 맞게 분수를 지킴으로써 결국 백성이 안정되고 평화롭게 살도록 하려고 변등을 주장하였다.[330] 다산의 그런 생각을 그의 시문집에서도 볼 수 있다.

---

326 안대회, 『선비답게 산다는 것』 (서울: 푸른역사, 2007), 87.

327 심경호, 『산문기행 조선의 선비, 산길을 가다』 (서울: 이가서, 2007), 767-768.

328 정옥자, "조선 시대 선비의 선비 정신," 87.

329 한형조, 『왜 조선 유학인가』 (파주: 문학동네, 2008), 133.

330 『牧民心書』 卷八 禮典六條 第五條 辨等, "辨等者。安民定志之要義也。"

> 양반이 많아지면 노동력이 줄어들고 노동력이 줄어들면 토지의 생산고가 높아지지 않는다. 토지의 생산고가 높지 못하면 나라가 가난해지고 나라가 가난해지면 선비를 권면할 수 없다. 선비를 권면하지 못하면 백성이 더욱 곤궁하게 된다.[331]

또한 선비의 천지인(天地人) 합일 사상이나 포용적 조화 사상은 평화의 큰 틀을 제시한다. 생명 사랑에 근거를 두고 있는 천지인의 합일 사상을 따르면 자연까지도 극복의 대상이 아니라 상생 관계이다. 싸움과 갈등은 사물을 대립으로 보는 데서 발생하지만 천지인 합일의 사상을 지닌 선비는 근본적으로 평화 지향적이다.[332]

이런 선비 정신을 종합하면 예수 그리스도가 떠오른다. 예수 그리스도는 선비 중의 선비이시다. 그의 위대한 인격은 선비 정신을 내포하고 있다. 평화의 왕으로 오신 예수 그리스도는 누구와도 화이부동(和而不同)하셨다. 잇속에 치우쳐 경건함을 잃고 성전을 오염시킨 이들에게는 분연히 저항하셨으나 삶의 짐이 무거운 이들에게는 온유 겸손한 마음으로 쉼을 주셨던 분이다. 그는 친히 십자가에 달려 멸사봉공하심으로 하나님의 의, 곧 온 인류가 따라야 할 대의를 완성하셨다. 그뿐 아니라 자신의 피 값으로 하나님과 사람 사이에 막힌 담을 허시고 친히 평화와 생명의 길이 되셨다. 그러면서도 인간을 사랑하신 그의 인애는 타의 추종을 불허한다. 불의한 재판으로 십자가를 지셨으나 죄와 죽음

---

331 『與猶堂全書』 第一集 詩文集 第九卷○文集 議 身布議.

332 한영우, 『한국선비지성사』, 301.

에 굴복하지 않으시고 마침내 사망의 권세를 깨뜨려 부활하심으로써 정의와 진리의 승리를 성취하신 선비가 예수 그리스도이시다. 그리고 오늘의 설교자들은 선비이신 그분께 부름을 받았으며 그분의 뜻을 받들어 그분의 복음을 전해야 한다.

### (3) 선비의 인격과 생활

조선 왕조 건설에 사대부(士大夫)의 역할이 컸다. 유교적 이상 정치를 목표로 하는 사대부의 도움이 없었다면 태조 이성계는 결코 왕위를 차지할 수 없었다.[333] 선비들의 도움으로 나라를 건국한 조선 왕조는 초기부터 학교를 '교화의 본'으로 삼았다. 퇴계는 학교를 가리켜 풍속과 교화의 본원이요 선함의 머리되는 곳이라면서, 선비는 예의에 가장 뛰어나며 원기(元氣)가 함께하는 사람이기에 국가에서 학교를 설립하여 선비를 양성하는 데는 크고 높은 뜻이 있다 하였다.[334] 당시 조선의 교육 목적과 방식을 밝히는 말이다. 조선의 수도에는 성균관을 두어 고급 인재를 양성하였고, 중앙에는 사학(四學)[335]과 지방에는 향교를 두어 사람들을 가르침으로써 학교가 선비를 길러 내는 요람이 되었다.[336] 이렇게 나라의 지도자로 길러지는 선비들의 마음가짐과 몸가짐은 어떠해야 했을까? 정조 때 실학자 이덕무(李德懋)는 주장했다.

---

333 李基白, 『韓國史新論』 (서울: 一潮閣, 1987), 208.

334 『退溪先生文集』 卷之四十一 雜著 諭四學師生文.

335 사학(四學)은 성균관의 예비 학교로서, 도성 안의 중학(中學), 동학(東學), 서학(西學), 남학(南學)을 합쳐 부른 말이다. 태종 11년 신묘년(辛卯年, 1411년)에 처음으로 동부학당, 중부학당, 서부학당, 남부학당을 설치하되 각각 교수 2명을 두고 가르쳤다: 태학지번역사업회 역저, 『국역 태학지(太學志)』 하 (서울: 成均館, 1994), 985.

336 李章熙, 『朝鮮時代 선비 硏究』, 32.

선비는 마음 밝히기를 거울같이 해야 되고 몸 규제하기를 먹줄같이 해야 한다. 거울은 닦지 않으면 먼지로 더럽혀지기 쉽고 먹줄[337]이 곧지 않으면 나무가 굽기 쉽듯이, 마음을 밝히지 않으면 사욕이 저절로 가려 막고 몸을 규제하지 않으면 게으름이 저절로 생긴다. 따라서 마음과 몸을 다스리는 일은 마땅히 거울처럼 닦아야 하고 먹줄처럼 곧게 해야 한다.[338]

조선 왕조는 예(禮), 의(義), 염(廉), 치(恥)의 사유(四維)[339]를 개국과 더불어 법제화하여 백성을 교화시켰는데 이 사유는 선비들의 대절(大節)[340]이었다. 이 사유 중에서 더욱 강조된 것은 염치였으며[341] 다산 역시 선비의 청렴을 말하여, "그러므로 예부터 무릇 지혜가 깊은 선비는 청렴으로써 교훈을 삼고 탐욕으로써 경계를 삼지 않은 이가 없다."[342] 하였다.

선비의 생활이 중요한 까닭은 선비의 삶이 곧 나라의 흥망에 관련되기 때문이다. 선비의 생활 풍속이 중요함에 대해 중종 때 참찬관 송세형(宋世珩)은 이렇게 주장했다.

사습(士習)은 국가에 매우 중요한 관계가 있는 것입니다. 염치와 절의를 숭

337 먹통에 딸려 목재에 검은 줄을 곧게 치는 데 쓰이는 실이나 노로 만든 줄. 옛날에는 목수들이 나무를 자르거나 다듬을 때 먹줄을 튕겨 줄을 쳐놓고 다듬었다.

338 『靑莊館全書』 卷之五 嬰處雜稿[一] 戊寅篇.

339 나라를 다스리는 데 필요한 네 가지 수칙.

340 대의를 위하여 죽음으로써 지키는 크게 빛나는 절개.

341 李章熙, 『朝鮮時代 선비 硏究』, 38-39.

342 『牧民心書』 卷二 律己六條 第二條 淸心, "故自古以來。凡智深之士。無不以廉爲訓。以貪爲戒。"

상하면 자연히 조정 안의 기개와 절조가 늠름해져, 국가의 사세가 위태롭게 되었을 적에는 절개를 지키고 의리에 죽는 선비가 빈빈彬彬)하게 배출될 것입니다. 만일 사습이 아름답지 못하면 일시에 풍조가 비굴하게 아첨하는 짓을 하게 되어 연옹 · 지치[343]하는 것도 장차 부끄러워하지 않게 되고, 비록 국가의 사세가 위태롭게 되어도 사람들이 모두 구차하게 자신만 보존하니, 누가 국가를 위해 몸을 바치려 하겠습니까? 사습이 국가에 관계가 있음이 이와 같습니다.[344]

중종 때 문신 이언적(李彦迪)은 선비의 습속이 바르지 못하게 된 까닭을 가리켜 "근년 이래 교화가 밝지 못하니 선비의 습속이 바르지 못하게 되었다."[345] 라고 하였다. 밝은 교화가 선비의 습속을 바르게 한다는 이언적의 주장은 설교자에게도 적용된다. 설교가 밝지 못할 때 설교자의 습속도 바르지 못하며 사람들의 생활도 문란해지기 때문이다. 따라서 모든 설교자는 영향력을 지닌 영적 지도자로서 바른 생활 습관을 가져야 한다. 그리할 때 선비적 지도자들이 많이 길러지며 그들을 통해 각 가정이 건강해지고 나라가 든든히 서며 하나님의 나라 또한 확장될 것이다.

오늘날은 많은 신학교에서 설교자들을 배출하고 있다. 그러나 옛날에는 수도원이 신학교 역할을 하였다. 교회가 발전하면서 수도원이

---

343 연옹지치(吮癰舐痔): 연옹은 악성(惡性) 종기의 고름을 빨아 주는 것. 지치는 치질을 핥아 주는 것. 권력과 부귀를 누리기 위해서는 더럽고 천한 짓이라도 마다하지 않고 아첨함을 뜻함.

344 『朝鮮王朝實錄』 中宗 102卷, 39年(1544 甲辰) 3月 27日(乙丑) 1번째 기사.

345 『晦齋先生集』 卷之十二[拾遺]○疏,弘文館上疏, "近年以來。敎化不明。士習不正。"

〈표 1〉 선비와 수도사들의 일과 비교

| 조선 시대 선비[346] | | 시간 | 로마가톨릭 베네딕도 수도원 | 그리스정교회 판토크라토로스 수도원 | 개신교 은성수도원 |
|---|---|---|---|---|---|
| 鷄鳴<br>(계명)<br>02-04시 | 기상(여름철)<br>깨달은 바 메모,<br>앎과 느낌 개발 | 03:00 | | 기상,<br>개인기도 | |
| 昧爽<br>(매상)<br>04-06시 | 기상(겨울철)<br>새벽문안,<br>입지(立志)하고<br>경신(敬身)하는 공부 | 04:00 | | | |
| | | 04:30 | | 아침기도 | |
| | | 05:00 | 기상 | | |
| | | 05:20 | 독서기도와<br>아침기도 | | |
| | | 05:30 | | | 새벽기도회 |
| 日出<br>(일출)<br>06-08시 | 자제들에게<br>글을 가르침,<br>독서와 사색 | 06:00 | 아침묵상 | | |
| | | 06:30 | 미사 | | |
| | | 07:00 | | | 아침청소 |
| | | 07:10 | 아침식사 | | |
| 食時<br>(식시)<br>08-10시 | 식사. 마음을 가다듬고<br>고요히 살핌 | 08:00 | 오전일과 | 아침식사 휴식<br>오전일과 | 아침식사 |
| 禺中<br>(우중)<br>10-12시 | 성심성의의 손님접대와<br>독서 | 11:45 | 낮기도 | | |
| 日中<br>(일중)<br>12-14시 | 일꾼들을 살핌,<br>친지에게 편지,<br>경전과 역사 독서 | 12:00 | 점심식사 | | 대도시간 |
| | | 12:30 | | | 점심식사 |
| | | 13:00 | 오후일과 | | 오후작업 |
| | | 13:30 | | 중보기도 | (2시간정도) |
| 日昳<br>(일질)<br>14-16시 | 독서 또는 사색,<br>여가를 즐기거나<br>실용기술 익힘. | 14:00 | | 점심식사 | |
| 日晡<br>(일포)<br>16-18시 | 소박한 식사,여유로운<br>마음의 독서, 성현의<br>기상을 본받는 묵상 | 16:30 | | 저녁기도(겨울) | |
| | | 17:00 | | 저녁기도(여름) | |
| | | 17:30 | 성체조배[347] | | 저녁식사 |
| 日入<br>(일입)<br>18-20시 | 가족과 일꾼의 일을<br>점검함, 자제들 교육 | 18:00 | 저녁기도 | 선택일과 | |
| | | 18:30 | 성독(聖讀) | | |

346 정옥자, 『(우리가 정말 알아야 할) 우리 선비』, 397. 정옥자는 이 조선 시대 선비의 일과를 윤최식(尹最植)의 저서 『일용지결(日用指訣)』(1880)을 토대로 작성했다: 丁淳睦, 『옛 선비교육의 길』, 371-375 참조.

| | | | | | |
|---|---|---|---|---|---|
| 黃昏<br>(황혼)<br>20-22시 | 일기, 장부정리,<br>자제교육,<br>우주와 인생을 묵상함,<br>자기행동 반성 | 19:00<br>20:00<br>21:00 | 저녁식사<br>끝기도 | 소찬 석식<br>끝기도<br>형제간<br>사죄 시간 | 개인기도<br>대침묵 |
| 人定<br>(인정)<br>22-24시 | 수면, 심신을<br>안정시키고<br>원기를 배양함. | 22:00 | | 경야(經夜) | |
| 夜半<br>(야반)<br>24-02시 | 깊은 잠, 밤기운으로<br>심신을 북돋음 | | | | |

성직자를 양성하는 기관이 되었는데, 성 베네딕트 수도원을 중심으로 여러 수도원에서 선교사, 성직자, 성인, 신학자들이 훈련 받고 배출되었다.[348] 또한 교황권이 붕괴된 후로는 대학 교육이 시작되어 신학을 학문적으로 취급하게 되었다. 오늘의 신학교는 수도원과 대학의 종합 형태라 할 수 있다.

그러면 옛 선비의 습속, 선비의 일과는 어떠했을까? 제시된 표들을 통해 선비를 길러 내었던 성균관과 수도원 · 신학교의 일과를 비교하고 이어 설교자의 일과 모델을 살펴보자. 〈표 1〉은 선비의 일과를 로마가톨릭교회, 동방정교회, 개신교 수도원 수도사들의 일과와 비교한 표이다. 이 표로 선비의 일상을 살피면 다음과 같다.

첫째로 선비의 하루 시작은 수도사들보다 훨씬 유연성이 있다. 사계절이 뚜렷한 기후 영향이기도 하겠지만 조선의 선비들은 여름철과

---

347 성체 안에 현존하는 예수님께 존경과 애정을 가지고 개인적으로 대화, 기도, 봉헌하는 행위이다.

348 Philip Schaff, *History of the Christian Church* Vol. Ⅲ, 176.

겨울철의 기상 시간이 달랐다. 특히 수도사들은 속세와 구별된 삶을 살았다면 선비들은 속세에서 살되 계절까지 잘 적응하며 생활 속의 수도자로 살았다.

둘째로 선비들은 수도사들처럼 기도로 하루를 시작하지는 않았다. 그러나 선비들은 부모께 문안 인사를 드린 다음, 자신의 계발을 위해 뜻을 세우고 공부에 매진하여 마치 신심 깊은 신앙인처럼 경건한 생활을 하였다.

셋째로 선비들은 수도사들과 달리 아침 일찍 그리고 저녁 무렵 두 번에 걸쳐 자제들에게 글을 가르쳤다. 그들은 자신의 수신에만 몰두하지 않고 선비의 정신과 삶이 자녀들에게 대물림 되도록 의도된 교육을 실천하였다.

넷째로 수도사들이 육체노동을 수양의 방법으로 삼은 데 반하여 선비들은 노동보다 글을 읽고 사색함으로써 자신을 수양하였다. 이런 생활은 결국 선비라 하면 일은 하지 않고 글만 읽는 사람이라는 인식을 낳게 하였다.

다섯째로 수도사들은 모두 점심을 먹었지만 선비들은 점심을 먹지 않고 조석만 먹었다. 선비들은 아침과 저녁 식사 후에 사색과 묵상으로 심신을 보양하였다. 특히 일중(日中, 12-14시)에 선비는 점심을 먹는 대신 편지를 쓰거나 글을 읽었다.

여섯째로 수도사들이 속세의 친지들과 교제를 끊음으로써 수신하려고 애쓴 데 반하여 선비들은 오히려 가족과 일꾼들을 점검하고 손님을 접대하며 친지들과 교제함으로써 수신에 힘썼다.

일곱째로 하루를 마무리하는 선비는 자기 자신은 물론 가족과 일

끈들까지 하루의 삶을 성찰케 하였고 일기와 장부 정리로 하루의 기록을 남겼다.

여덟째로 베네딕도 수도사들의 경우 항상 침묵을 힘써 지켜야 했고, '끝기도' 후 밤 시간에는 더욱 침묵했다.[349] 그들이 침묵을 중요시한 까닭은 침묵함으로써 혀로 짓는 죄를 피하려 함이었다.[350] 그런데 선비 역시 저녁 시간에는 대화보다는 우주와 인생, 그리고 하루를 살며 행한 자신의 행위에 대해 묵상하면서 밤을 보냈다. 선비는 수면까지도 수신의 연장으로 보았으며 수면을 통해 다음날에 건강한 삶을 살 수 있도록 심신을 안정시키고 원기를 배양하고자 했다.

선비적 지도자들이 각계각층에서 선한 영향력을 행사토록 하려면 지도자 양성이 필수이다. 〈표 2〉는 옛 선비 지도자를 양성하던 성균관 유생의 일일 생활과 오늘의 신학교 학생들의 일일 생활 비교표이다. 그 특징들은 다음과 같다.

첫째, 성균관 유생과 신학생의 기상 시간이 비슷하다. 신학생은 기도회나 미사, 경건회를 하는 반면 유생은 독서하는데, 유생의 기상과 독서를 『태학지』는 소개한다.

> 매일 날이 밝기 전에 북이 한 번 울리면 유생은 침상에서 일어나고, 평명(平明)에 북을 두 번 울리면 의관을 가지런히 입고 단정히 앉아 글을 읽으며, 북을 세 번 울리면 차례로 식당에 가서 동 · 서로 마주 향해 앉고, 먹기를 마

---

349 Benedictus/이형우 옮김, 『베네딕도 수도 규칙』 (왜관: 분도출판사, 1991), 171.

350 Ibid., 83.

〈표 2〉 성균관 유생과 각 신학 대학생 일과 비교

| 성균관 유생[351] | | 가톨릭 대학교 | 개신교 장로회신학 대학원 | 시간 | 평양 신학교[352] | 고베 간사이성서 신학교[353] |
|---|---|---|---|---|---|---|
| 미명(未明) | 기상 | | | 05:00 | 기상 | 기상 |
| | | 새벽 경건회 | 새벽 경건회 | 06:00 | | 새벽 기도회 |
| 평명(平明) | 독서 | 아침기도 및 묵상 | | 06:30 | | |
| | | | 봉사활동 | 07:00 | | 아침식사 |
| | | 미사 | | 07:15 | | |
| | 식사 | | 아침식사 | 07:30 | | |
| | | 아침식사 | | 08:00 | 아침식사 | 기숙사 청소 |
| | 강제(講製)[354] | | 오전강의 | 08:30 | | |
| | | 오전강의 | | 09:00 | | 수업 시작 |
| | | | 경건실천 | 11:00 | | |
| | | 양심성찰 | | 12:30 | | |
| | | | 점심식사 | 12:00 | | 점심식사 |
| | | 점식식사 및 휴식 | | 12:40 | | |
| | 강제(講製) | | 오후강의 | 13:00 | 점심식사 | |
| | | | | 14:00 | | 노동(채소 재배) |
| | | 오후강의 | | 14:30 | | |
| | | | | 15:00 | | 선택강의 |
| | | 저녁기도 | | 17:30 | | |
| | 식사 | 저녁식사 및 휴식 | 저녁식사 | 18:00 | 저녁식사 | 저녁식사 |
| | 독서 | 묵주의 기도 | | 19:15 | | |
| | | 끝기도 후 대침묵 | | 19:30 | | |
| | | 독서 및 자습 | | 20:00 | | |
| | | | 공동체 모임 | 21:00 | | |
| | | | | 22:00 | | 취침 |
| | | | 생활관 출입통제 | 22:30 | | |
| | | 취침 | 침묵훈련 | 23:00 이후 | | |

치면 차례로 나온다. 차례를 지키지 않거나 떠드는 자는 벌한다.[355]

유생의 독서에는 일정한 규칙이 있었다. 이이(李珥)가 성균관 유생들의 생활 지침으로 지은 학교 모범[356]에 따르면 가히 유생의 경전 읽는 태도가 신학생의 새벽 기도회 이상이다.

셋째는 글 읽기이다. 배우는 자가 이미 선비의 행실로 몸가짐을 단속하고 나서는 반드시 독서와 강학(講學)으로 의리를 밝혀야 하나니 그런 뒤에 학문에 나아가야 학문의 방향이 흐리지 않을 것이다. 스승에게 배우되 배움은 넓어야 하고 질문은 자세히 해야 하며 생각은 신중히 해야 하고 분별은 명확히 하고 깊이 생각하여 반드시 마음으로 터득하기를 결심해야 할 것이다. 언제나 글을 읽을 때는 반드시 태도를 정숙하게 하고 단정히 앉아서 마음과 생각을 한곳으로 모아 한 가지 글에 익숙해진 다음에 비로소 다른 글

---

351 태학지번역사업회 역저, 『국역 태학지(太學志)』 상, 417-420, 428.

352 1908년, 미국 시카고의 매코믹 여사(Mrs. Macormick)가 보낸 기부금으로 지어진 평양 신학교는 학생 수가 늘어나 협소하였다. 맥코믹 여사가 다시 건축비를 보내 주어 1922년 3층으로 된 새 교사를 완공하였다. 새 교사 1층에는 오락실, 도서실, 신학지남사 등이 있어 탁구도 하고 신문도 읽었다. 3층에는 350명을 수용할 강당이 있어 매일 예배를 드리고 새벽 기도회로 모였다: 金光洙 외 7인, 『長老會 神學大學 70年史』 (서울: 장로회신학대학교, 1971), 48, 72.

353 안재정 편저, 『목회의 증언』, 370. 고베 신학교에 다니던 임권택의 요청으로 1921년 고베(神戶)에 총회 지원 한인 교회가 설립될 만큼 고베 신학교는 초기 한국 교회 지도자 양성에 영향을 끼쳤다: 韓國敎會史學會 編, 『朝鮮예수敎長老會史記』 下卷 (서울: 연세대학교출판부, 1968), 28 참조.

354 강제(講製)의 강(講)은 강독이요, 제(製)는 제술(製述)이니 글월을 읽고 해석하는 것과 시나 문장을 지어 평가하는 것이다.

355 태학지번역사업회 역저, 『국역 태학지(太學志)』 상, 419-420.

356 조선의 예비 지도자들인 성균관 유생들은 15세기에 이어 16세기 선조 대까지 여러 가지 불미스런 문제들을 일으켰다. 이에 당시 대제학이던 이이가 사습이 야박스럽고 사도(師道)가 무너진 폐단에 대하여 언급하자 선조는 이이(李珥)에게 학교 모범을 제정하게 하였다. 『朝鮮王朝實錄』 宣修 16卷, 15年(1582 壬午) 4月 1日(戊子) 1번째 기사 참조.

을 읽어야 하고 많이 보기에 힘쓰지 말며 기억하기만 일삼지 말아야 한다.[357]

둘째, 성균관 유생과 신학생은 아침 식사를 비슷한 시간에 한다. 그러나 유생은 식사 시간을 알리는 북이 세 번 울리면 모자와 옷을 갖추어 입고 나이순으로 마주 대하여 읍례를 한 다음 식당에 들어간다.[358] 장로회 신학대학과 고베 신학교는 아침 식사 전후로 가벼운 청소 등의 봉사 활동을 하는 점이 유생과 다르다.

셋째, 오전 강의는 모두 있다. 유생의 경우, 날마다 "예복을 갖추고 모두 나와서 읍을 하고 글을 읽으며 배우기를 청"[359]해야 했으며, 매일 학관(學官)은 모든 학생을 인솔해서 정읍례를 행한 다음에 상하제(上下齊)에서 각각 한 사람씩 뽑아 읽은 책을 외우게[360] 하였다.

넷째, 유생은 점심이 없으나 신학생은 모두 점심 식사 및 휴식 시간이 정해져 있다. 가톨릭 대학교는 점심 식사 전 10분간의 양심 성찰이 있고, 장로회 신학대학은 점심 식사 전에 1시간의 경건 실천(chapel)이 있다. 유생은 일정한 경건 실천 시간이 정해져 있지는 않지만 이이의 학교 모범에 따르면 생활 속에서 경건 훈련을 했다.

다섯째는 본마음을 간직함이다. 배우는 자가 몸을 닦으려면 안으로 마음을 바로잡아 외물(外物)의 유혹을 받지 않아야 한다. 그런 후에야 마음이 태연

---

357 『栗谷先生全書』 卷之十五雜著二學校模範.

358 태학지번역사업회 역저, 『국역 태학지(太學志)』 상, 447.

359 Ibid., 397.

360 Ibid., 384.

하여 온갖 사특함을 물리치고 진실한 덕에 나아갈 수 있다. 그러므로 배우는 자가 먼저 할 일은 마땅히 마음을 가라앉히고 가만히 앉아서 본마음을 간직하여 조용한 가운데에서 흐트러지지도 않고 사리에 어둡지도 않음으로써 근본을 세우는 것이다. 이를테면 일념이 생길 때에는 반드시 선악의 기미를 살펴 그것이 선일 때에는 그 의리를 궁구하고, 그것이 악일 때에는 그 싹을 근절하여 본마음을 간직하고 본성을 기르고 성찰하여 노력을 그치지 않으면 모든 언동이 의리의 당연한 법칙에 부합하지 않음이 없을 것이다.[361]

다섯째, 유생이나 신학생들은 모두 오후에도 강의 시간을 가졌다. 그러나 고베 신학교 학생만은 채소 재배 등의 노동 후에 선택 강의를 들었다.

여섯째, 유생은 저녁 식후 독서로 하루를 마무리하는데, 가톨릭 대학교 학생들은 기도와 독서로, 장로회 신학교 학생들은 공동체 모임과 침묵 훈련으로 마무리하고 있다. 유생에게 침묵 훈련의 시간이 정해져 있지는 않았지만 그들도 말에 대한 규정을 지켜야 했다.

넷째는 말을 삼가는 것이다. 배우는 자가 선비의 행실을 닦으려면 반드시 언어를 삼가야 한다. 사람의 과실은 언어로부터 오는 것이 많으니 말을 반드시 정성스럽고 믿음직스럽게 하고 때맞추어 말하고 수정이나 승낙은 신중하게 해야 한다. 말투를 정숙하게 하고 익살이나 떠들지 말아야 한다. 다만 문자와 이치에 유익한 말만 하고 허황한 것, 괴이한 것, 귀신의 이야기나

---

361 『栗谷先生全書』 卷之十五 雜著二 學校模範.

거리의 상말을 입 밖으로 내지 말아야 한다. 그리고 무리들과 잡담으로 날을 보내거나, 시대의 정치를 함부로 논란하거나, 남의 장단점을 논하는 것은 모두 공부에 방해되는 것이니 일체 경계해야 한다.[362]

이로써 보건대 유생들은 하루 일과가 단순하면서도 자유롭다. 해가 있을 동안에는 강의에 집중하지만 이른 아침과 해가 진 뒤에는 개별로 독서를 하였다.[363] 또한 기도는 하지 않지만 경전을 읽고 깊이 생각하며 정성을 다함으로 경건성을 길렀다. 신학생은 새벽 기도회와 경건 시간이 정해져 있어서 경건 훈련에 힘쓰는 모습이다. 그렇지만 대부분의 신학 교육자들은 신학 교육이 목회 현장과 연결되어야 하며 이를 위해서는 인격 교육과 경건 훈련에 더욱 역점을 두어야 한다고 지적한다.[364] 현재의 훈련 상태로는 부족하다는 뜻이다.

아무리 선비적 인격 훈련과 경건 훈련에 힘쓰더라도 잊지 말아야 할 점이 있다. 그것은 자기 훈련을 하려는 동기의 순수성이다. 자기 훈련을 하는 이들이 나라를 위해 귀히 쓰임 받고자 하는 순수한 동기를 상실하면, 수기치인이 제대로 이루어질 수 없기 때문이다. 옛 선비들도 그 점을 크게 경계하였다. 선비의 고장 안동의 풍기 지방에서 문학과 절의로 이름이 높은 단곡(丹谷) 곽진은 탈속적이고 고고한 인간성

362 『栗谷先生全書』 卷之十五 雜著二 學校模範.

363 현종 4년(1663년), 대사성 민정중은 밤이면 숙직을 하면서, 유생들 기숙사의 등불을 살폈다. 만약 독서를 하지 않는 이가 있으면, 사람을 보내 몸이 아픈지 알아오게 하였다: 태학지번역사업회 역저, 『국역 태학지(太學志)』 상, 400.

364 김명혁, 『한국 교회 쟁점진단』 (서울: 규장, 1999), 125.

의 소유자로서 안동의 선비 정신에 일정한 영향을 준 이로 평가된다.[365] 그는 풍기 지방 선비들의 추앙을 받아 백운동 서원의 원장으로 서원을 보수하고 원생들을 지도하였는데, 그가 서원의 생도들에게 참다운 학문과 선비 정신을 깨우쳐 주려고 훈계한 글이 『단곡집』에 실려 있다.

> 여러분은 이 서원에 거하는 선비들로서 과연 무엇을 닦고 무엇을 사모하는가? 수기치인의 학문을 위하는가? 이름을 탐하고 명예를 구하는 학문을 위하는가? 뜻은 세상의 바른 도를 떠받들고 가정과 나라를 지키고자 하는가, 백성을 착취하여 자기 한 몸을 살찌우려 하는가? 세상이 학문하는 사람이라 부르는 이들을 살펴보면, 사당을 지키는 종들을 매질하여 자기 입과 배가 좋아하는 것들로 채우거나, 서원에 소장 중인 온갖 세간들을 빼앗아서 자기 집안의 필요한 데 쓰거나, 독서를 걷어치우고 잡담이나 하고 놀면서 남을 공격하고 자신을 해치니, 이는 선비 가운데서 가장 천한 자들이므로 함께 의논할 필요가 없다. 입으로는 늘 성현의 경전을 외우면서 마음은 옥과 비단에 가 있고, 혀로는 임금을 섬기고 백성을 윤택하게 한다고 떠들면서, 생각은 헐뜯고 아첨하는 무리에 가 있는 자도 또한 볼 게 없다.[366]

곽진의 글에서 우리는 선비의 옳지 못한 생활 태도를 경계함과 아울러 선비의 바람직한 수련 자세와 삶을 촉구하는 간절한 마음을 읽을 수 있다. 곽진의 훈계는 설교자나 훈련받고 있는 예비 설교자들도 받아

---

365 이종호, 『안동선비는 어떻게 살았을까』 (서울: 신원, 2004), 111-113.

366 『丹谷集』 丹谷先生文集 卷之四 序 安文成公廟秋享序.

간직할 경계의 말이다. 모두 설교자로 살려는 바른 동기를 명심하고, 힘써 자신을 수련하며 끝까지 올곧게 설교 사역의 길을 가야 할 것이다.

〈표 3〉은 박근원이 제시한 설교자의 한 주간 일과이다. 여기에 김익두의 40일 금식 기도 일과를 더했다. 박근원의 일과표에 따르면, 설교자는 일주일 내내 새벽 기도를 드린다. 주일 아침에는 새벽 기도를 마치고 명상하며 설교를 점검한다. 그렇게 설교를 점검함으로써 그날 전할 하나님의 말씀을 따뜻하게 데워 말씀의 온기를 잃지 않게 한다. 토요일은 온전히 주일을 준비하였으므로 주일 저녁 예배 후에는 가족과 시간을 가지며, 화요일부터 금요일까지도 저녁 식사 전 1시간씩 가족과 시간을 가진다. 월요일은 자유롭게 보내지만 저녁에는 식사 후에 가족과 함께하는 시간을 평소보다 더 많이 가진다. 그러나 토요일은 가족과의 시간이 없으며 대신에 토요일 저녁까지 매일 저녁 가정 예배를 드린다. 설교자가 바쁜 일정 속에서도 가족과 시간을 가진다는 사실은 매우 중요하고 유익한 일이다. 가정이 화목하지 않으면 설교 사역이 막대한 지장을 받기 때문이다.

평일에는 월요일부터 토요일까지 아침 식사 전 시간을 명상과 독서, 취미와 건강을 위해 사용한다. 화요일부터 금요일까지 아침 식사 후 점심 전까지의 시간은 성경을 연구하고 설교 준비를 한다. 설교 준비를 주 중의 오전에 함으로써 집중이 잘 되는 시간을 우선적으로 설교에 할애하려는 의도이다. 성도와 만남은 화요일부터 금요일까지 점심 식사 후 1시간 정도 가지며 이어 2시간 반 동안은 심방함으로 성도를 만나고 그들을 살피며 위로한다.

박근원이 제시한 일과는 주일 예배를 '대예배'라고 표현한 점과

〈표 3〉 설교자의 일과 모델

<table>
<tr><th colspan="8">목회 시간표[367]</th><th rowspan="2">김익두의 40일 금식기도 일과[368]</th></tr>
<tr><th>시간</th><th>주일</th><th>월</th><th>화</th><th>수</th><th>목</th><th>금</th><th>토</th></tr>
<tr><td>04:30</td><td colspan="7">기상</td><td></td></tr>
<tr><td>05:00</td><td colspan="7">새벽 기도회</td><td></td></tr>
<tr><td>05:30</td><td>명상<br>설교<br>점검</td><td colspan="6">명상, 독서, 취미, 건강</td><td rowspan="6">기상,<br>성경봉독,<br>냉수 마심,<br>한 시간 등산,<br>돌아와 휴식,<br>찬송부름,<br>성경봉독,<br>중간 중간<br>찬송,<br>성경 주석</td></tr>
<tr><td>07:30</td><td colspan="7">아침식사</td></tr>
<tr><td>08:30</td><td></td><td rowspan="4">자유의<br>시간</td><td colspan="4" rowspan="4">성서 연구<br>설교 준비</td><td rowspan="4">주일<br>준비</td></tr>
<tr><td>09:00</td><td>주일<br>학교</td></tr>
<tr><td>10:30</td><td></td></tr>
<tr><td>11:00</td><td>대예배</td></tr>
<tr><td>12:30</td><td colspan="7">점심식사</td><td rowspan="4">냉수 마심,<br>한 시간 휴식,<br>설교 작성,<br>찬송,<br>설교집 읽음,<br>등산, 휴식</td></tr>
<tr><td>13:30</td><td rowspan="3">교회<br>모임<br>및<br>활동</td><td rowspan="3">자유의<br>시간</td><td colspan="4">목회상담</td><td rowspan="3">주일<br>준비</td></tr>
<tr><td>14:30</td><td colspan="4">심방</td></tr>
<tr><td>17:00</td><td colspan="4">가족과의 시간</td></tr>
<tr><td>18:00</td><td colspan="7">저녁식사</td><td></td></tr>
<tr><td>19:00</td><td>예배를<br>위한<br>명상</td><td rowspan="2">가족과의<br>시간</td><td rowspan="2"></td><td rowspan="2">기도회<br>및<br>교인과의<br>친교</td><td colspan="2" rowspan="2">교인과의<br>시간<br>(각모임)</td><td rowspan="2">교회<br>활동<br>(토요<br>집회)</td><td rowspan="2">냉수 마심,<br>기도,<br>성경봉독</td></tr>
<tr><td>20:00</td><td>저녁<br>예배</td></tr>
<tr><td>21:00</td><td>가족과의<br>시간</td><td colspan="6">가정예배</td><td></td></tr>
<tr><td>22:30</td><td colspan="7">취침</td><td>휴식</td></tr>
</table>

367 박근원, 『오늘의 목사론』 (서울: 대한기독교서회, 1978), 224.

368 이태선, 『초기 한국 교회 불의 사자 김익두 목사』 (서울: 보이스사, 1993), 40.

많은 교회들이 저녁 예배를 오후 예배로 드리는 상황을 고려하고, 기타 찬양 집회와 기도회 시간들을 조정한다면 대체로 오늘의 설교자들이 참고하기에 유익하다. 김익두의 일과는 특별한 경우이지만 오늘의 설교자들이 박근원의 일과와 영적 성숙에 힘썼던 김익두의 일과를 참고한다면 각자 열정과 유익을 얻을 일과를 작성할 수 있을 것이다.

로이드 존스는 설교자가 신문, 잡지, 전화 등으로 설교를 위해 연구할 시간을 빼앗기는 것을 경계하면서 특히 아침 시간을 강조하여 "여러분의 아침을 보전하십시오!(Safeguard your mornings!)"[369]라고 하였다. 선비들의 일과나 수도사, 신학생들의 일과에 아침이 영성 훈련 시간으로 정해져 있음은 아침이 영성 향상에 긴요하기 때문이다.

한국 문화권에서 선비 설교자가 힘쓸 일은 말씀과 기도이다. 말씀과 기도에 대한 열정은 세계 교회사의 위대한 설교자들이 지녔던 공통점일 뿐 아니라 초기 한국 교회의 선비 설교자들이 보여 준 모습이기도 하다. 로이드 존스는 설교자는 기도의 사람이어야 한다면서 기도하고 싶은 충동이 일어나면 결코 저항하지 말고, 기도를 연기하지 말고, 바쁘다는 핑계로 제쳐 두지 말고 자기를 쳐서 기도하라 하였다.[370] 또한 스토트는 로이드 존스에게서 맥체인(Robert Murray McCheyne)의 '성경 읽기 달력'을 소개받은 일에 대해 감사하면서, 맥체인의 방법은 성경 전체를 개관하며 그 기저에 깔려 있어 반복하여 나타나는 주제를 파악하는 데 큰 도움이 된다 하였다.[371] 맥체인의 성경 읽기 달력에 따

369 D. M. Lloyd-Jones, *Preaching & Preacher*, 167.

370 Ibid., 171.

371 John Stott, *I Believe in Preaching*, 183-184.

르면 매일 4장씩 읽어 일 년에 구약은 한 번, 신약은 두 번을 읽을 수 있는데, 맥체인은 이 '성경 읽기 달력'을 가정 예배용으로 사용하는 방법 등 8가지 설명을 덧붙여 놓고 있다.[372]

로이드 존스는 독서에 대해 경건한 독서는 물론 일반적인 독서도 모두 게을리하지 말아야 한다면서 성경을 포함하여 단지 설교 자료를 얻으려는 의도에서 책을 읽는 태도는 직업병이며 위험한 일이라 지적하였다. 독서의 기능은 스스로 생각하도록 자극시키는 것인데 자료만 얻어서 녹음기처럼 반복한다면 비극이라 하였다.[373]

그러나 선비 설교자들이 성결한 설교자로서 수기치인에 전념할지라도 결코 잃어버리지 않아야 할 보화가 있다. 그것은 성도를 향한 사랑의 마음이다. 켄터키 애즈베리 신학교 학장인 맥시 더넘(Maxie Dunnam)은 타락한 세상에서 거룩은 하나님의 백성에게 선택 사항이 아니라 필수라면서, 그럼에도 그리스도께서 우리를 사랑하셨듯이 설교자는 사랑의 마음을 간직하고 살아야 함을 강조하였다.

> 사랑이 없는 거룩은 하나님의 거룩이 아니다. 또한 거룩이 없는 사랑도 하나님의 사랑이 아니다. 선지자이자 제사장으로 하나님의 백성에게 선포하려면 자신과 백성을 동일시해야 하며, 그들을 구원하려는 열정을 가져야 하며, 그들을 위해 고난 당할 만큼 그들을 불쌍히 여기는 마음이 있어야 한다.[374]

---

372 Robert Murray McCheyne, *The Life and Remains, Letters, Lectures and Poems of the Rev. Robert Murray* (New York: Robert Carter, 1860), 347-354.

373 D. M. Lloyd-Jones, *Preaching & Preacher*, 180-181.

374 Haddon Robinson and Craig Brian Larson, ed., *The Art and Craft of Biblical Preaching*, 101.

하나님의 백성을 사랑하는 마음은 선비 설교자로 훈련받을 때부터 설교자로서 살아가는 일평생 한시도 잊지 않고 품어 간직해야 할 덕목이다. 다산은 젊은 날 정조의 총애를 받던 때는 물론이고, 귀양살이로 목민의 꿈을 펼치지 못하게 되었을 때는 더욱 백성을 사랑하는 마음이 지극하였다. 그 마음을 엿볼 수 있는 시들이 많은데, 그 중 흉년에 부모 잃고 우는 '유아'[375]라는 시는 목민관들에게 백성 사랑을 일깨워 준다.

| | |
|---|---|
| 불쌍한 이 백성이 | 哀此下民 |
| 하늘의 법도마저 다 잃었는지 | 喪其天彝 |
| 부부끼리도 사랑을 못하고 | 伉儷不愛 |
| 어미마저 제 자식을 사랑치 못하네 | 慈母不慈 |
| 옛날 내가 암행어사로 나갔던 | 昔我持斧 |
| 그 해가 갑인년이었는데 | 歲在甲寅 |
| 왕께서는 고아들을 돌보아서 | 王眷遺孤 |
| 신음하지 말도록 하라 하셨지 | 毋俾殿屎 |
| 모든 목민관들은 | 凡在司牧 |
| 감히 그 분부 어기지 말아야 하리 | 毋敢有違 |

일곱 살 여자아이가 젖먹이 동생을 데리고 길거리를 방황하면서 엄마를 잃어버렸다고 엉엉 울고 있는 처지는 목자 잃은 양의 피폐한 모습이다. 귀양살이하던 다산은 그 처참한 광경을 목격하면서도 어찌 해

375 『與猶堂全書』 第一集 詩文集 第五卷 ○詩集 詩, "有兒。閔荒也。夫棄其妻。母棄其子。有七歲女子。携其弟彷徨街路。哭其失母焉。"

볼 수 없어 가슴 저미는 아픔으로 백성 향한 사랑을 시로 새겼다. 다산은 이 시를 통해서 당대는 물론 후대의 모든 목민관을 향해 고아와 같은 백성을 결단코 버리지 말라고 당부하고 있다.

선비 설교자 역시 하나님의 백성을 돌보는 목민관으로서 하나님의 백성을 향한 깊은 사랑을 마음에 간직하고 살아야 한다. 선비 설교자는 자신이 처한 삶의 자리를 귀히 여기고, 그곳에서 성육신적 사명자로 경건한 삶을 살면서 맡은 성도를 사랑으로 돌봐야 한다. 설교자의 삶은 현실에 깊이 뿌리를 내려야 하기 때문이다. 만약 설교자가 세상을 부정하고 개인적 경건에만 몰두한다면 자신은 거룩할지 모르나 설교자로서는 자격 미달이다. 이런 문제점을 존 로빈슨(J. A. T. Robinson)이 지적한다. 그는 그리스도 안에서 거룩한 사귐과 공동생활을 의미하는 성만찬이 우리의 개인주의적 경건 생활에 의해 종교적 의식으로 변질되는 경우를 언급하면서, 삶의 현장을 떠난 경건을 가리켜 '종교적 타락(religious perversion)'이라 하였다.

> 그것(Communion)은 성찬(holy meal)이 되지 못하고, 우리가 통속적인 것과 공동체에 등을 돌리고 개인주의적 경건을 통해 '저 밖에 있는 하나님'과 '우리만의 교제(communion)를 만들어가는' 종교적 의식이 된다. 다시금 세상으로 돌아갈 힘을 얻기 위해서라 할지라도, '하나님과 함께 있기' 위해 예배가 세상으로부터 물러나는 곳이 되었을 때, 이는 종교적 타락의 핵심이다.[376]

376 John. A. T. Robinson, *Honest to God* (Philadelphia: The Westminster Press, 1963), 86-87.

따라서 설교자의 경건 생활은 "이 세상으로부터 하나님께로 물러남이 아니라 이 세상을 통해서 하나님께로 나아가는 것"[377]이어야 한다.

### (4) 선비 설교자

#### 1) 소명의 선비 설교자

선비는 임금의 부르심을 전제로 치인을 꿈꾸며 수기에 힘쓰는 이들이다. 설령 임금이 자기를 부르지 않는다 할지라도 선비는 자신의 정체성을 나라를 위한 존재로 생각했다. 선비들은 초야에 묻혀 살면서도 나라가 위태로우면 의병을 일으켜 나라를 지켰고, 사회가 혼탁할 때는 가장 먼저 잘못을 지적하며 바로잡으려 힘썼다. 그러기에 다산은 "국가가 의지하는 바는 사족(士族)이라."[378] 하였다. 선비를 나라의 근간으로 여기는 생각을 『정조실록』에서도 볼 수 있다. 정조 원년에 집의(執義) 임관주(任觀周)는 당시 과거 시험장에서 시험관들이 선비의 몸을 수색하는 일에 대한 시정을 상소한다. 선비는 장차 나라에 필요한 이들로서 국가의 원기(元氣)가 될 사람이라는 이유였다.[379]

자신의 이익보다 대의를 생각하고 살신성인하기를 주저하지 않는 선비 정신은 곧 봉공(奉公)의 정신이요 이러한 정신을 가진 선비들이 나라의 으뜸이 되고 근본이 되는 힘, 즉 원기(元氣)라고 옛 사람들은 믿었다.[380] 그런 까닭에 다산은 선비 됨을 매우 귀중히 생각했다. 만약 향

---

377 Ibid., 97.

378 『牧民心書』 卷八 禮典六條 第五條 辨等, "國家所倚者士族."

379 『朝鮮王朝實錄』 正祖 4卷, 1年(1777 丁酉) 8月 10日(癸卯) 2번째 기사.

380 윤사순, 『한국의 성리학과 실학』, 56.

교의 선비로서 일을 맡았다면 기생방을 출입한다든지, 술집에 드나든다든지 하여 그 행동거지가 비루해서는 안 될 것이다. 그러나 혹 잘못을 범했을지라도 그가 선비의 이름을 지니고 있는 한 귀히 여겨야 도리라고 다산은 주장한다.

> 재임 중에 죄를 범한 자가 있으면 반드시 먼저 유생의 명부에서 삭제하고 보고한 후에야 형장을 쓸 것이다. 오늘날 수령은 볼기 치고 형을 주기를 노예들과 다를 바 없이 하고 그들도 이미 염치를 몰라서 그대로 받아들이고 있기는 하지만, 나의 도리로는 그렇게 하는 것이 부당한 것이므로, 이름이라도 학유(學儒)라고 하는 사람은 대우하기를 명문청족[381]처럼 대해 주는 것이 좋을 것이다.[382]

다산이 선비를 예우하게 한 까닭은 선비를 이름도 더럽혀서는 안 될 정도로 귀히 여겼기 때문이다. 나라를 사랑하고 백성을 섬길 지도자들이기에 선비는 소중하다. 그리고 선비 설교자는 선비보다 더욱 귀하고 중하다. 선비 설교자는 인간 왕이 아니라 영원하신 왕께 부르심을 받은 사명자이기에 더 귀하며, 인간의 나라가 아니라 하나님의 나라와 그 백성을 위해 일할 목민관이기에 더욱 중하다.

그렇다면 선비 설교자는 하나님께 부르심을 받되 어디로 부르심을 받았는가? 사람들은 예수 그리스도와 그의 메시지를 탈상황화 내지

---

381 대대로 명예와 절개를 중시해 온 가문을 가리킨다.

382 『牧民心書』 卷七 禮典六條 第四條 興學.

탈역사화하여 추상적인 그리스도를 만들고 기복적 개인 신앙화를 꾀한다. "역사 속으로 오신 예수님을 역사 밖으로 쫓아내며, 상황 한복판으로 오신 예수님을 상황 변두리로 몰아버린다."[383] 그러나 선비 설교자는 하나님께 부름 받은 자기 현실, 자기 삶의 자리를 떠나지 않는다. 그 자리가 어떠하든지 그는 자기 삶의 한복판에서 그리스도를 주로 고백하며 부르셔서 맡겨 주신 사명에 순종한다. 틸리케(Helmut Thielicke)는 설교자들이 자기 삶의 자리에서 추구해야 할 바를 밝혔다.

> 우리들은 이미 "삶의 자리"에 있다. 우리는 이미 우리가 삶의 자리에 있다는 것을 발견했다.
> …… 그렇기 때문에 삶의 자리에서 복음이 하나의 물음이 되게 하고, 하나의 대답이 되게 하고, 하나의 "읽을 만한 것"이 되게 하고, 다른 분야에서 우리에게 주어졌던 것과는 다른 대답이 되게 하여야 한다.[384]

사회적 경향이 점점 복음을 탈상황화할지라도 오히려 선비 설교자는 자기 삶의 자리에 뿌리를 두고 영향력을 확장하며 살아가야 한다. 자유롭게 이곳저곳을 다니면서 여러 회중에게 복음을 전했던 사도들과는 달리 오늘의 설교자들은 각자의 교회에 매여 있다. 그들은 교회에 의해 청빙되며 세워진다. 그러나 설교자의 직분이 교회에 맡겨져 있고 교회가 있음으로 설교자가 있음에도 불구하고 "한 교회에 의해 이 직분에

383 韓完相, 『民衆과 社會』 (서울: 종로서적, 1980), 169.
384 Helmut Thielicke, *Leiden an der Kirche*, 166.

로 부름 받는 일은 하나님에 의한 소명을 배제하지 않는 것"[385]이라고 바르트는 주장했다. 교회의 부름과 세움 이면에 더 근본적으로 하나님의 부르심이 있다는 말이다. 바르트는 이것을 가리켜 "하나님의 완전한 소명"[386]이라 하였다. 따라서 선비 설교자도 각자의 삶의 자리가 어디이든지, 그리고 어느 곳으로 부름을 받든지 근본적으로는 하나님의 완전한 소명에 의해 직분을 맡았다는 사실을 늘 확신해야 할 것이다.

몰트만이 오늘의 순교자로 추앙한 본회퍼(D. Bonhoeffer)는 20세기에 고난의 신학과 제자의 길을 가장 훌륭하게 가르친 신학자이다. 그는 히틀러에 의해 살해당한 사람들의 시신 속에서 함께 묻혀 있는 그리스도를 발견하였고 제자의 길이 무엇인지를 스스로 보여 주면서 세계 교회를 가르쳤다.[387] 그는 소명의 정의와 소명의 범위를 잘 설명하여, 예수 그리스도와 만나는 데서 인간은 하나님의 부름을 경험하고, 그 부름 가운데서 예수 그리스도와 사귀며 사는 생활에의 소명을 체험한다고 말한다. 그리고 이 삶은 이제 그리스도로부터 보면 나의 소명이고, 나에게서 보면 나의 책임이다.[388] 본회퍼는 소명의 범위가 자기 직업적인 의무에만 한정되지 않고 예수님께서 우리에게 사랑하도록 맡겨 주신 이웃의 배후에 서 있는 예수 그리스도 자신, 곧 하나님 자신에까지 이르는 것이라 한다.[389] 그러기에 소명자들이 자신의 소명적 책임을 다

---

385 Karl Barth/朴根遠 옮김, 『說教學 原講』, 71.

386 Ibid., 74.

387 김명용, "바른 목회와 신학," 바른목회실천협의회 엮음, 『바른목회』, 135.

388 Dietrich Bonhoeffer/孫奎泰 옮김, 『基督教倫理』 (서울: 大韓基督教書會, 1982), 220-221.

389 Ibid., 225.

하기 위해서는 가장 먼 자를 향해 자신의 책임 한계를 돌파해야 한다고 본회퍼는 말한다.

> 예수 그리스도의 부름은 확실히 그로 하여금 세상의 여러 의무에 관여하게 하나, 그러나 그것은 그 부름의 전체가 아니며, 그것은 항상 그 의무를 초월하여, 그들 앞에 그리고 그들 뒤에 있다. …… 소명이란 그리스도의 부름에 응답하고 책임적으로 사는 장소이다. 따라서 소명 가운데서 나에게 주어진 과제는 제한된 것이나, 동시에 예수 그리스도의 부름 앞에서의 책임은 이 모든 한계를 돌파한다.[390]

본회퍼의 주장은 하나님께 부름 받은 설교자들로 하여금 큰 책임감을 느끼게 한다. 소명을 받은 설교자의 책임은 결코 자신이 섬기는 교회에 한정되지 않으며 세계의 끝을 지향한다. 비록 시골 교회를 섬기는 설교자라 할지라도 그의 책임은 전 세계와 연결되어 있다.

따라서 소명의 선비 설교자는 소명 의식의 범위를 분명히 인식하여 언제 어디서든지 책임 있는 태도로 살아가야 한다. 그리고 오늘 내 곁에 있는 이웃을 위해 말씀을 전하지만, 그럼에도 불구하고 세계의 끝에 서 있는 그리스도, 가장 먼 이웃을 지향하는 태도가 바로 선비 설교자가 취할 바람직한 모습이라는 사실도 명심해야 한다. 불러 세우신 자리가 어디이든지 선비 설교자는 옛 선비들처럼 '지금 여기서' 소명자로 살아가야 한다. 그의 가슴에는 하나님 나라에 대한 높은 이상이 분명히

---

390 Ibid., 221-222.

간직되어 있지만 그럼에도 그는 자신의 삶의 자리인 현실에 올곧게 서서 한 걸음씩 뚜벅뚜벅 설교자의 삶을 살아가야 한다.

### 2) 수기의 선비 설교자

선비는 수기에 힘쓰지만 초야에 묻혀서 자신의 몸만 깨끗하게 수양하려는 사람이 아니다. 선비의 수기는 자연히 치인으로 이어져 많은 사람에게서 선비 정신을 꽃피우고 열매 맺게 해야 비로소 완성된다. 이처럼 수기로 치인을 이루는 선비에 대해 율곡 이이는 여러 단계로 구분지어 설명하였다. 그 중에서도 가장 바람직한 선비가 벼슬에 나아가 정도로 천하를 다스려 요순의 길을 구현하는 선비인데, 율곡은 그를 대신(大臣)이라 하였다.[391]

이처럼 요순시대의 이상적 치인을 꿈꾸며 수기로써 그 사명을 준비하는 선비는 그 인격과 삶이 매우 청렴결백하고 고매하다. 백성 앞에 서서 이끌며 돌보는 지도자이기에 선비의 정신과 태도는 늘 예배드리는 자처럼 단정하다. 다산은 그런 목민관이 되도록 "술을 끊고 여색(女色)을 멀리하며 노래와 음악을 물리쳐서 공손하고 단정하고 위엄있기를 큰 제사 받들 듯 할 것이요, 감히 놀고 즐김으로써 거칠고 방탕해져서는 안 될 것"[392]이라 경계했다.

선비 설교자도 그러하다. 하나님 나라의 이상을 실현하려는 선비 설교자는 자신을 갈고 닦기에 그 인격이 청렴결백하고 고매하다. 큰 제

---

391 『栗谷先生全書』 卷之十五 雜著二 東湖問答.

392 『牧民心書』 卷一 律己六條 第一條 飭躬, "斷酒絶色。屛去聲樂。齊遬端嚴。如承大祭。罔敢游豫。以荒以逸。"

사를 받드는 선비 이상으로, 그의 삶은 예배이다. 그러기에 그는 많은 이들에게 신뢰 받을 뿐 아니라 그가 증거하는 하나님의 말씀 역시 소중히 받아들여져서 듣는 이들의 삶을 변화시킨다.

그러므로 좋은 설교 이전에 좋은 설교자가 되어야 하고 좋은 설교자가 되기 이전에 좋은 사람이 되어야 한다. 좋은 설교나 훌륭한 설교자의 척도가 곧 그 설교자의 사람됨에 달려 있기 때문이다. 바우만은 설교자의 사람됨이 중요함을 강조한다.

> 설교를 위한 준비의 한 가지 중요한 모형은 설교자의 준비이다. 설교단에서의 효과는 실로 복음을 선포하는 그 사람의 생활과 고결함(integrity), 그의 그리스도인 된 성품에 달려 있다. 훌륭한 설교자들은 그 몸에 메시지를 가득 담고 있으며, 사람들은 그것을 들을 것이다.[393]

스펄전 역시 설교자가 자신의 진보를 위해 힘쓸 여러 가지 사항들을 제시하면서, 가장 중요하게 생각하며 힘쓸 일로 인격의 거룩함을 들었다. 스펄전이 말하는 거룩함이란 생명 없는 조각상처럼 차가운 도덕성이 아니라 완벽하고 균형 잡힌 인품으로서 최상의 설교이다. 그는 설교자들에게 결심하고 거룩하심에 이르라고 권면한다.

> 거룩함이란 생명이다. 여러분은 거룩해야만 한다. 그리고 친애하는 형제들이여, 설령 여러분에게 정신적 자격이 부족하더라도(나는 여러분이 그렇지 않

393 J. D. Baumann, *An Introduction to Contemporary Preaching*, 43.

기를 바라지만), 또한 연설가의 재능이 빈약하더라도(나는 여러분이 그렇지 않으리라 믿지만), 그럼에도 불구하고 여러분은 거룩함에 의존해야만 한다. 즉 거룩한 생활은 본래 놀랄 만한 힘이 있고 많은 결핍을 메워준다. 실로 거룩함이야말로 최상의 인간이 전할 수 있는 최상의 설교이다. 우리가 성취할 수 있는 최고의 청렴을 이루고야 말겠다고 결심하자. 우리가 도달할 수 있는 최고의 고결함에 이르고야 말겠다고 결심하자. 그리고 이 죄된 세상 안에서 실현 가능한 그리스도를 닮은 최고 모습을 성령님의 역사하심을 통해 우리 안에서 반드시 드러나게 하고야 말겠다고 결심하자.[394]

대학자요 저술가요 설교가인 종교 개혁자 칼빈 역시 그 삶이 남달랐다. 설교자로서 칼빈이 보여 준 삶의 모습은 옛 조선의 선비나 다름이 없었다. 그는 자신의 삶과 사명을 마무리하면서 유언장[395]에 고백하였다.

내가 또한 선언하거니와, 주님께서 내게 베푸신 은혜와 선하심의 분량을 따라서, 나는 나의 설교나 저술과 주석 작업 모두를 통해 그분의 말씀을 맑고 정결하게 설교하고, 거룩한 성경을 충실하게 해석하려고 노력했습니다. 나는 또 증언하고 선언합니다. 내가 복음의 적들과 싸워온 모든 신앙의 논쟁과

---

394 C. H. Spurgeon, *Lectures to My Students: Being Addresses Delivered to the Students of the Pastors' College, Metropolitan Tabernacle* (London: Passmore and Alabaster, 1877), 35.

395 칼빈은 죽기 한 달여 전(1564년 5월 27일 별세)인 1564년 4월 25일에 제네바의 시민이자 공증인인 피에르 슈늘라(Pierre Chenalat)를 불러 자신이 구술한 바를 기록하게 한 후 친필로 확증하여 유언장을 작성하였다.

반박 중에 나는 어떠한 속임수도 쓰지 않았고, 사악하고 현학적인 간계도 부리지 않았으며, 오직 진리를 지키는 일에 정직하고 성실하게 행했습니다.[396]

칼빈은 한국 기독교에 지대한 영향력을 끼친 개혁자이기에 그의 '맑고 정결한' 선비적 설교 정신은 매우 친근하며 앞으로 설교 사역을 감당할 설교자들 역시 본받아야 할 것이다.

그러나 선비 설교자는 인격의 향상으로 만족하는 사람이 아니다. 선비 설교자는 선비의 인격에 신령한 영성을 더한 사람이어야 한다. 왜냐하면 제 아무리 훈련된 인격을 갖춘 설교자라 할지라도 그 심령이 성령으로 충만하지 않으면 그 설교에서 생명력이 사라지기 때문이다. 그 점에 대해 바운즈는 매우 적절한 가르침을 주었다. 그는 "죽은 사람들은 죽은 설교를 한다. 그리고 죽은 설교들은 영혼을 죽인다."[397]면서, 반드시 끊임없는 기도로 거룩한 기름 부음을 받아야 생명력 있는 설교자가 된다고 주장하였다.

기름 부음 받은 설교자에게는 신비한 영향력이 있다. 말씀의 문자 하나하나에 성령님께서 생명을 불어넣으셨기 때문에 강력한 움직임의 진통이 느껴진다. 그 기름 부음은 양심에 퍼져 나가 양심을 휘저으며 가슴을 찢어 놓는다. …… 그러면 이 기름 부음은 어디서부터 어떻게 임하는가? 기름 부음은 기도의 응답으로 하나님께서 직접 부어 주신다. 기도하는 마음만이 이 거

396 Philip Schaff, *History of the Christian Church* Vol. Ⅷ, 829.

397 Edward M. Bounds, *Peacher and Prayer*, 9.

룩한 기름으로 채워진 마음이다. 기도하는 입술만이 이 거룩한 기름 부음으로 기름 부음을 입는다.[398]

이렇게 성령님의 거룩한 기름 부음을 받는 기도에 대해 백스터도 말하기를, "우리는 우리의 사역을 설교와 마찬가지로 기도로 수행해야만 한다. 자신의 양들을 위해 열심히 기도하지 않는 사람은 양들을 위해 성심으로 설교하지 않는다."[399] 하였다. 기도에 관한 한, 한국 교회 전통은 어느 나라 교회에도 뒤지지 않는다. 초기 한국 교회는 신앙이 삶을 지배하는 모습이었다. 당시 한국 교회의 독특한 특징으로 새벽 기도회와 성경 공부 모임을 들 수 있는데, 초기 한국 교회의 기도에 대한 열정을 직접 보고 진술한 목격담을 보자.

한국 그리스도인들이 기도하러 산에 가는 것은 이상한 일이 아니었다. 종종 그들은 큰 소리로 기도했다. 때때로 이른 아침이나 저녁에 산자락에서 기도하는 소리나 노래가 들려왔다. 여러 해 동안 수요 저녁 기도회가 주일 예배처럼 지켜졌고 아직까지도 대부분의 교회들이 더욱 잘 지키고 있다. 종종 교회들은 금요일 저녁에 특별 기도회를 가졌으며 어떤 교회들은 주간의 매일 밤을 기도회로 모였다.[400]

---

398 Ibid., 99-100.

399 Richard Baxter, *The Reformed Pastor*, 185.

400 Harry A. Rhodes ed., *History of the Korea Mission: Presbyterian Church U. S. A.* Vol. 1, 1884-1934 (Seoul: PCKDE, 1984), 251-252.

초기 한국 교회에서는 새벽 기도를 2시나 3시부터 시작하는 이들이 있었고 4시면 교회 종이 온 마을을 깨웠다. 이런 기도의 열정들이 초기 한국 교회의 모습이었다. 그러니 초기 한국 교회를 이끌었던 설교자들의 기도와 말씀의 삶은 분명 더욱 철저했을 것이다.

1939년 3월 20일 감리교 신학교 제7회 졸업식에서 총리사 김종우(金種宇)는 예비 설교자인 신학생들에게 목회에 성공하려면, 믿을 만한 사람이 되고, 무릎 꿇는 기도가 힘인 것을 잊지 말며, 자신이 열매를 맺기 위해 썩어질 씨임을 생각하고, 육신적 심방과 영적 심방을 해야 한다고 권면했다. 영적 심방이 없는 육신적 심방은 사교적 심방밖에 되지 않기 때문이다. 따라서 교역자는 "이른 아침 다섯 시로부터 한 시간 동안을 무릎 꿇고 기도할 때 교인과 교회를 위해 기도하며 심방할 것"[401]이라 하였다. 이 권면이 한국 교회를 이끌어 갈 지도자들을 졸업시키는 공식 석상에서 행해졌다는 사실을 고려할 때, 초기 한국 교회의 설교자들에 대한 영적 기대치가 매우 높았음을 알 수 있다. 한국 성결교회를 조직한 길보른(吉寶崙)[402]도 교역자의 무기는 하나님의 능력이라면서 이 능력으로 사역을 하려면 어떻게 살아야 할 것인가를 말하였다.

아! 교역자의 유일무이한 무기는 하나님의 능력이다. 우리들이 이 능력 가

---

401 金種宇, "成功하는 敎役者,"「神學世界」통권24권 제2호 (1939, 4), 3, 11.

402 길보른(Ernest Albert Kilbourne, 1865~1928)은 캐나다 온타리오에서 출생하여 무디 성서학원을 졸업(1899)하고 목사(1902)가 되었고, 1921년 3월부터 OMS 한국 감독으로 활동하여 '조선예수교 동양선교회 성결교회'를 조직했다. 기관지「활천」을 창간(1922)하여 초대 사장으로 교육과 문서 선교에 헌신했다. 그는 마지막 일기에서 말했다. "내가 하나님 앞에 감사하며 담대히 말할 수 있는 것은 수십 년 동안 수백 만금의 돈을 출납하였으나, 나의 소유는 송곳 한 개 박을 땅이 없고, 집도 없고, 화려한 가구도 없고, 생활비로 쓰다가 남은 돈 60$밖에 없는 것이 나의 기쁨이요 자랑이다."

운데 계속해 나가기 위하여 항상 기도하여야 하겠다. …… 항상 사랑의 눈물로 목욕을 하고 기도의 생애 중에서 복음을 전하여야 하겠다. 이렇게 하여야 그 전하는 말이 불같이 뜨거울 것이다.[403]

또한 선비 설교자에게 필요한 요소를 박종렬[404]이 잘 제시하고 있다. 그는 설교자에게 세 가지 밀실이 필요하다 하였다. 즉 독경 생활과 기도 생활, 묵상 생활을 할 수 있는 골방이 필요하고, 학구적 노력을 할 글방이 필요하며, 심방 등으로 청중에 대해 이해할 수 있는 사랑방이 필요하다 하였다.[405]

그 밖에 시간을 지키는 문제도 선비 설교자들에게는 중요하다. 다니엘 바우만은 설교자가 부주의하기 쉬운 분야가 여럿 있지만 "아마 가장 일반적으로 소홀히 하기 쉬운 훈련이 시계 훈련"[406]이라 하였다. 설교자는 회사원 같지 않아 근무 시간을 정확히 기재하지 않기 때문에, 근무 시간을 그냥 지나치고 자칫 말재주나 피울 수 있다는 뜻이다. 시간의 문제는 초기 한국 교회 설교자들에게 어려운 숙제였다. "목사의 체경"에 따르면, 어떤 모임이든지 시간을 지켜 늦지 말라는 권면을 첫 번째로 하고 있다.

一. 어떠한 회를 개최하든지 늦지 말고 개회 시에 시간을 꼭 지킬 것이오

403 길보른(吉寶崙), "교역자의 무구(武具)," 「활천」 51호 (1927. 2), 58.

404 예장(통합) 총회장 역임. 충무 교회 원로목사로 2004년 6월 29일 별세(향년 83세). 절약 청빈하게 살았던 열정의 설교자.

405 박종렬, "종탑보다 높아져야 할 설교자의 인격," 「그말씀」 通卷2號 (1992. 9), 99-100.

406 J. D. Baumann, *An Introduction to Contemporary Preaching*, 39.

六. 강도 시작할 때에 시계를 보고 반시를 지나게 하지 말 것이오[407]

(해설) 목사 백 명 중에 혹 한 사람이나 반시 지나게 함으로 유익케 할 수 있을 듯하나 보통으로 말하면 반시 지나게 강도하는 것은 유익이 없나니 만일 한 시간 동안 설명할 것 있으면 미리 준비하여 반시 동안만 하면 좋을 것이오[408]

선비적 인격과 신령한 영성을 갖춘 설교자는 꾸준히 선비적 삶을 실천함으로써 그가 행하는 설교 사역이 지속적인 힘을 얻게 해야 한다. 윌리엄 퍼킨스(William Perkins)는 소명을 받은 목사의 율기적 모습을 이사야 6장을 근거로 설명한다. 그 중에 몇 가지를 보면, 하나님께 부르심을 받은 소명의 위대함과 자신이 섬겨야 할 하나님의 위엄 앞에서 자신의 무가치함을 깨닫고 겸손해야 하며, 사소한 일에도 조심하고, 민감한 양심을 가지고 살되 특히 무엇보다 입술이 정결해야 한다[409] 하였다. 늘 예민한 영적 감각을 가지고 선비 설교자의 삶을 완성해 가라는 말이다.

다산이 소개한 죽대 선생 이종화 공의 절개 역시 선비 설교자들에게 필요하다. 평소 이종화는 남루한 옷에 갓끈이 없어 대(竹)를 잘라 연결하여 갓끈을 삼고 띠(帶)를 만들어 차고 다녔기에 어린이들이 죽대 선생이라 불렀다. 거처도 없어 체제공의 집에서 더부살이를 했는데, 순조 1년 신유박해 시 이미 죽은 체제공의 관작을 추탈하려 하자 아무도 나서서 그 부당함을 지적하지 못하였다. 그러나 죽대 선생만은 목숨을

407 郭安連, "牧師의 體鏡," 「神學指南」 2권 1-2호, 148.

408 盧解理, "牧師의 體鏡," 154.

409 William Perkins/채천석 옮김, 『설교의 기술과 목사의 소명』 (서울: 부흥과 개혁사, 2007), 169-177.

걸고 그들의 잘못을 꾸짖었으며 그 당당함에 모두 고개를 숙였다.[410] 이런 절조는 그냥 생기지 않는다. 오랜 세월을 수기한 결과이다. 선비 설교자 역시 작은 교회를 섬기고 세상의 기준으로는 심히 보잘것없는 목회 환경에서 살아갈지라도 하나님의 사명자로서 결코 그 의로운 기개와 당당한 자긍심을 잃지 않아야 한다. 그리고 이 시대를 그렇게 당당히 살아가기 위해서는 늘 생활 속의 수기에 힘써야 한다.

다산은 중국의 조예(趙豫)도 소개하였다. 조예는 백성의 청으로 한 곳에서 15년 동안 근무하였으나 그 "맑고 고요하기가 하루 같았다."[411] 15년을 하루같이 여일한 태도로 맑고 고요히 처신한 조예는 진정 선비 설교자의 아름다운 모델이다. 장기 목회가 힘들다고 하지만 조예와 같은 자세로 일한다면 틀림없이 존경과 사랑받는 설교자가 될 것이다. 어거스틴의 회심에 영향을 끼친 밀라노의 성 암브로시우스(St. Ambrose)의 글에서도 선비 설교자를 발견한다. 그는 "목회자의 의무에 관하여(De officiis ministrorum)"에서 말하길, "우리는 겸손하고, 점잖고, 온순하고, 엄숙하며, 인내심이 강해야 한다. 침착한 표정과 조용한 말로 우리의 삶에 아무런 악덕도 없음을 나타내야 한다."[412] 하였다.

선비 설교자는 그 출입이 분명하다. 김장생(金長生)은 말했다. "선비의 출처는 사람의 대절(大節)이다."[413] 이장희는 이 말을 인용하면서, 선비는 출처거취(出處去就)를 분명히 해야 하며 그렇지 못하면

410 『與猶堂全書』 第一集 詩文集 第十七卷○文集 傳 竹帶先生傳.

411 『牧民心書』 卷十四 解官六條 第六條 遺愛, "在職十五年。淸靜如一日。"

412 Philip Schaff ed., *NPNF2-10. Ambrose: Selected Works and Letters* (Grand Rapids, MI: Christian Classics Ethereal Library, 2004), 50.

413 『沙溪先生遺稿』 卷三 書 答金巘問目, "士之出處。人之大節。"

선비로서 신의를 잃고 지탄의 대상이 된다[414] 하였다. 은퇴할 때를 놓치지 말고 분명하게 처신해야 선비답다는 말이다.

다산은 숙종 때 사람 유정원(柳正源)의 청빈한 은퇴 모습을 『대산집』에서 인용하였다.

> 유정원은 여러 고을의 목민관을 역임하였는데, 그만두고 고향에 돌아갈 때는 언제나 채찍 하나만 가지고 길을 나섰고, 의복이나 기구는 조금도 불어나지 않았다. 자인(慈仁)[415]에서 교체되어 집에 돌아와 있는데, 관아에 남아 있던 그의 아들이 헌 농짝을 집으로 돌려보내면서 속이 비면 쉽게 찌그러지지 않을까 염려하여 농짝 속에 짚을 채워 넣었다. 고을살이를 그만두고 왔기 때문에 마을 아낙네들이 몰려와 다투어 농짝 속을 보려고 하였는데, 짚단임을 알고는 모두 한바탕 크게 웃고 헤어졌다.[416]

설교자는 미리 스스로를 다듬고 훈련하여, 은퇴할 때 그 아름다운 모습에 모두들 웃으며 축복할 수 있어야 한다.

선비 설교자는 은퇴 후에도 영향력을 지닌다. 본래 선비는 초야에 묻혀서도 나라를 염려하며 세상을 변화시키는 사람이다. 선비가 낙향하여 "비록 현실 정치에 직접 영향을 미칠 수는 없다고 하더라도 높은 지조와 맑고 고결한 인품은 스스로 사범이 되어 후학에게 비추어 먼 훗

414 李章熙, 『朝鮮時代 선비 硏究』, 102.

415 경상도 경산군(慶山郡)에 있었던 고을 이름.

416 『牧民心書』 卷二 律己六條 第五條 節用.

날에 이르기까지 교훈을 주게 된다."[417] 선비 설교자 역시 은퇴하면 직접 교회 일을 하지 않으나 계속 말씀을 연구하고 실천하여 맑고 고결한 삶을 살아가야 한다. 그리고 그런 삶이야말로 말이 아니라 몸으로 하는 더 강력한 설교일 것이다.

### 3) 치인의 선비 설교자

수기의 선비가 치인을 지향하듯, 수기의 선비 설교자 역시 치인을 지향한다. 그리고 그들의 사역 현장은 일상생활이다. 치인의 선비 설교자가 사명을 감당할 자리는 먼 곳에 있지 않다. 그가 섬기는 교회와 그가 살아가는 사회 속에 그의 사명 자리가 있다. 치인의 선비 설교자는 자기 삶의 자리에서 하나님의 말씀을 전파하며 그 말씀으로 살아가야 한다.

일상생활 속에서 실천적 삶을 살았던 선비의 예들이 있다. 다산은 치인의 삶을 경건하게 살아간 선비로 중국 송나라의 호원(胡瑗)을 소개하였다. 호원이 제자들을 가르칠 때, "무더운 날씨라도 반드시 공복(公服)을 입고 종일 생도들을 대하여 스승과 제자의 예절을 엄격히 하였으며, 경서를 풀이할 때 중요한 대목에서는 생도에게 자상히 말해 주었다."[418] 다산은 호원을 통해, 가르치는 이의 엄격한 자기 관리와 간절하고 자상한 교육 정신을 강조하였다. 이런 태도와 마음가짐은 분명 오늘의 선비 설교자가 가져야 할 바람직한 치인의 자세이다.

그러나 초기 한국 교회가 건강한 영성을 잃어가던 시기의 설교자

417 李章熙, 『朝鮮時代 선비 硏究』, 152.

418 『牧民心書』 卷七 禮典六條 第四條 興學.

들에게서 선비 정신이 무너진 모습도 보인다. 1935년에 쓴 송창근의 글을 보면, 마치 우리 민족을 협박하는 일본 경찰처럼 하나님의 말씀으로 성도를 협박하는 목사들이 없지 않았다. 송창근은 성경은 읽지 않으면서 교회 정치와 규칙에만 밝아서 법만 따지는 설교자들에 대해 일침을 가하였다.

> 기도가 없고, 본문 애독을 결(缺)한 사람들은 은혜나 권위의 뜨거운 동정을 잊어버리고 생명을 등한시하고, 그 진리를 망각한 후 성서를 가지고 일종 형사 피고인에게 당하는 경찰법 규격으로 주창하는 폐단에 떨어지는 경향을 볼 수 있는 것입니다. 그래서 목사를 보면 인정스럽기보다 경찰서 사법 주임 보는 감(感)이 있다고들 합니다.[419]

참으로 두려운 일이다. 어찌 생명의 복음, 기쁜 소식을 전할 사명의 설교자가 일본 경찰서 사법주임 같단 말인가. 물론 오늘의 대한민국은 제국주의의 압제 하에 있지 않다. 그러나 혹여 영적으로는 일본 순경보다 더 성도를 두렵게 하거나 무섭게 하지 않는지, 모든 설교자는 스스로 돌아봐야 할 것이다.

다산이 말하는 목민관은 올곧은 선비 정신의 소유자이다. 그는 "상사(上司)에서 이치에 어긋난 일을 강제로 고을에 배정하면 목민관은 마땅히 이해(利害)를 두루 개진하여 봉행하지 말아야 한다."[420]고 하

---

419 宋昌根, "牧師의 私生活論,"「神學指南」8권 17-2호 (1935. 3), 50.

420 『牧民心書』卷三 奉公六條 第五條 貢納.

였다. 더욱이 "가지가지로 이치에 맞지 않아 받들어 행할 수 없는 것이면 사리를 낱낱이 보고하되 그래도 들어주지 않으면 그 때문에 파직을 당할지라도 굴해서는 안 된다."[421] 하였다. 그렇지만 "비록 사의를 표명하여 필경은 관인을 던지고 결연히 돌아가는 지경에 이르더라도 말씨와 태도는 마땅히 온순하고 겸손하여 털끝만큼이라도 울분의 기색을 터뜨림이 없어"[422] 예(禮)에 맞는 처신을 해야 한다 하였다. 이로써 보건대 다산의 선비 목민관은 자신의 사적 이익을 위해 방어하거나 반항하는 사람이 아니며, 오로지 백성을 위해 강직하게 저항하면서도 철저한 수기를 통해 끝까지 예를 지키는 훌륭한 인격자이다.

이런 선비적 삶을 다산은 이론으로만 펼치지 않았다. 그 역시 무오년(1798년) 곡산 도호부사로 재직 중 조세 문제로 상사의 지시를 받았으나 이치에 맞지 않고 백성을 괴롭히는 일이어서 굴하지 않았다. 조세의 현물 수납을 이미 반이나 끝냈는데, 좁쌀 7천석을 현금으로 납부하라는 독촉을 받자 다산은 거절하고 고집하여 현물로 수납하고 창고를 봉하였다. 이에 서울 관아는 다산을 죄줄 것을 왕께 청하였으나 정조(正租)가 감사의 장계를 보고 "잘못은 서울 관아에 있고 정약용은 죄가 죄가 없다."고 하였다. 다산은 사표를 내고 돌아가려다 통지문을 받고 그만두었다.[423]

다산처럼 선비 설교자는 교회 안에서 늘 불편부당하게 처신할 뿐 아니라 부지중에라도 편협과 편애가 발생하지 않도록 경계해야 한다.

---

421 Ibid.

422 『牧民心書』 卷三 奉公六條 第三條 禮際.

423 『牧民心書』 卷三 奉公六條 第五條 貢納.

혹 교회 안에서 불의한 일들이 발생하여 힘없는 성도가 피해를 입게 되었을 때에는 그 어떤 유력자 앞에서도 강직하게 성도를 보호해야 한다. 그러나 그때에라도 결코 예에 벗어남이 없도록 평소에 수기를 힘써야 할 것이다. 그뿐 아니라 바깥세상의 불의에 대해서도 의로움과 강직함으로 맞서며 성도를 보호하고 진리를 사수하는 설교자가 진정 치인의 선비 설교자라 할 것이다.

선비 설교자를 내조하는 부인 역시 선비의 기개를 지녀야 한다. 다산은 그 삶이 맑은 목민관의 좋은 아내로 고려 때 유석의 부인을 소개한다. 유석은 안동 부사로 선정을 베풀었는데 모함을 받아 유배를 가게 되자 백성이 울부짖으며 가지 못하게 붙듦으로 호송 군졸이 꾸짖어야 길이 열렸다. 그의 부인과 자녀들은 고향으로 돌아가는데, 고을 사람들이 하루 더 묵기를 간청해도 듣지 않았고, 종들로 모시게 하려 해도 사양하여 말했다.[424]

> 부인이 사양하기를, "가장이 유배되었으니 그 처자들도 모두 죄인이다. 어찌 인마(人馬)를 번거롭게 하겠는가."라고 했다. 고을 사람들이 굳게 청했으나 끝내 받아들이지 않았다. 사람들은 "참으로 우리 사또의 배필이로다." 하며 감탄하였다.[425]

다산은 목민관의 청렴과 베풂에 대해 중국 송나라 완장지(阮長

424 丁若鏞/다산연구회 편역, 『정선 목민심서』, 329.

425 『牧民心書』 卷十四 解官六條 第二條 歸裝.

之)를 예로 들었다. 완장지는 벼슬할 때 항상 낡은 솜옷을 입었다. 그가 직위를 물러날 때였다. 아직 후임이 오지 않아서 하루만 더 있으면 일 년 동안의 녹봉을 받을 수 있었다. 그러나 완장지는 미리 물러나 그 녹봉이 후임자에게 돌아가게 하였다. 그뿐 아니라 친구들이 이별할 때 준 기물들을 봉함하여 기록해 두었다가 나중에 돌아가서 모두 되돌려 주었다. 그는 일생 동안 캄캄한 방 안에서도 자기 양심을 속이지 않았으며, 자기가 맡은 고을들을 모두 은혜롭게 다스렸다.[426] 다산은 이런 완장지를 소개하면서 "생각건대 이는 맑은 선비의 행실이니 힘써서 본받을 것이다."[427] 하였다.

선비 설교자의 삶도 이와 같이 맑다. 자신의 삶을 맑고 검소하게 살았던 어거스틴은 "성직자는 국가 보조금을 받아도 안 되고 부동산을 소유해서도 안 된다. 신자들의 애덕에서 나오는 희사금으로 살아야 한다."[428]고 말했으며, 이런 어거스틴에 대해 "그는 자신이 가르친 대로 살았고, 그가 살아온 것을 가르쳤다. 그것이 그의 설교의 힘이었다."[429]고 브뢰멜(Brömel)은 평하였다. 토마스 아 켐피스(Thomas À Kempis)도 경건한 교부들을 가리켜, 그들에게서는 참된 완덕과 흠 없는 신심이 찬란히 빛난다면서 그들의 모범적 삶을 소개하였다.

그들은 하나님을 사랑하기 위해 모든 재산과 명예와 지위와 친척과 친구들

426 丁若鏞/茶山研究會 譯註,『譯註 牧民心書』VI (서울: 創作과 批評社, 1985), 167-168.

427 『牧民心書』卷十四 解官六條 第一條 遞代.

428 Carlo Cremona/성염 옮김,『성아우구스티누스傳』(서울: 성바오로출판사, 1992), 273.

429 Edwin Charles Dargan, *A History of Preaching* Vol. 1 (New York: A. C. Armstrong & Son, 1905), 102.

을 다 포기하였다. 이 세상의 것은 아무것도 탐내지 않았으며, 육신을 돌보는 데 필요한 것들도 거의 취하지 않았다. 그들은 세속의 것들에는 가난하였으나 은혜와 덕행에는 부요하였고, 겉보기에는 궁핍하였으나 내적으로는 그들의 심령에 신령한 위로와 은혜가 충만했다.[430]

다산은 선비 목민관의 영향력에 대해 "대개 나 자신이 진실로 굳세고 명석하면 비록 본래 간교한 사람일지라도 능력 있는 신하가 될 수 있다."[431]하였다. 선비의 지혜롭고 맑고 굳셈이 악한 사람이라도 변화시킬 수 있다는 말이다. 선비 설교자의 영향력도 이와 같다. 그 삶이 선비처럼 청렴결백하고 강직하며 지혜와 지식이 풍부할 뿐 아니라 신령한 인격을 갖춘 설교자는 타락한 사람들을 능히 하나님의 말씀으로 감화시키며 회개케 할 수 있다. 그러므로 설교자들이여, "설교를 잘하는 만큼 실천도 잘하자."[432]

다산의 『목민심서』는 백성을 다스리는 목민관의 지침서이지만 설교자의 인격뿐 아니라 설교의 작성에도 연관이 있다. 그는 봉공 6조 중 문보에서 사람의 마음을 움직이는 공문 작성 요령을 말하였다.

고을에 병폐가 있어서 고쳐야 할 경우에 반드시 정경을 그려 내되 눈에 보이는 듯해야 납득시킬 수 있을 것이다. 또 혹 식량을 이송해 줄 것을 청한다

---

430 Kempis, Thomas À, *De Imitatione Christi*, trans. by Richard Whitford, *The Imitation of Christ* (Mt. Vernon: Peter Pauper Press, 1872), 27-28.

431 『牧民心書』 卷三 奉公六條 第六條 往役.

432 Richard Baxter, *The Reformed Pastor*, 105.

든지 혹 재정의 원조를 청한다든지 혹 부세의 삭감이나 연기 내지 면제를 청한다든지 하는 경우에는 모름지기 조목조목 밝혀서 사리가 환하게 드러나야만 납득될 수 있을 것이다.[433]

비록 상급 기관에 올리는 공문 작성이지만, 그림을 그리듯 하거나 사리에 맞게 함으로써 이해를 증진시킨다는 점에서 그 작성 원리만큼은 오늘의 선비 설교자들도 기억해야 할 사항이다. 또한 다산은 "사람의 목숨에 관한 문서는 지우고 고치는 것을 조심해야 한다."[434]고 말하였다. 하나님의 말씀을 전하는 설교가 생명에 관계되는 일이기에 선비 설교자는 목민관의 조심성을 가지고 신중히 설교문을 작성해야 한다. 특히 다른 사람의 설교문을 훔쳐서 설교하는 일은 결코 선비 설교자의 맑은 모습일 수 없다.

치인의 선비 설교자가 지녀야 할 가장 귀한 덕목은 사랑이다. 선비 설교자가 본받을 백성 사랑하는 목민관의 예가 있다. 다산은 손순효를 소개한다.

손순효가 강원 감사였을 때, 가뭄이 들었다. 비를 빌어도 효험이 없자 손순효는 "다른 까닭이 없다. 수령이 정성을 다하지 않은 때문이다." 하고서 드디어 재계하고 몸소 나아가 기우제를 지냈다. 밤중에 빗소리를 듣고 기뻐하며 돌아와서는 "내 마땅히 하늘에 감사하리라." 하고 조복을 입고 뜰에 서

---

433 『牧民心書』 卷三 奉公六條 第四條 文報.

434 Ibid., "人命之狀。宜慮其擦改。"

서 비를 맞았다. 빗발이 점차 급해져 아전이 우산을 들고 뒤에 와 받쳐 주니 손순효는 우산을 치우게 하여 옷이 흠뻑 젖었다.[435]

다산이 말하는 목민관은 어려운 일을 당할 때, 그 허물을 자신에게서 찾고 적극적으로 해결하며, 그 일이 해결되었을 때는 그 공을 자신에게 돌리지 않고 진정으로 하늘에 감사할 줄 아는 사람이었다.

또한 선비 설교자는 삶의 예배를 통해서도 가르치는 사람이다. 다산은 목민관이 주인이 되어서 예를 행함으로 도리를 가르치라 하였다.

9월에는 양로의 예를 행하여 노인을 노인으로 대접하는 도리를 가르치고, 10월에 향음(鄕飮)의 예를 행하여 어른을 어른으로 대하는 도리를 가르치며, 2월에는 향고(饗孤)의 예를 행하여 고아를 돌보는 도리를 가르치도록 할 것이다.[436]

그러나 예배가 사람을 해롭게 해서는 안 된다. 다산은 친구 윤외심(尹畏心)의 예를 들어 소위 제사를 위한다는 생각으로 백성에게 해를 끼치는 일을 경계하였다.

나의 친구 윤외심은 그 아우가 해남 현감이 되었을 때, 공채(公債)가 아직 많은데도 제수(祭需)를 보내왔으므로 이를 물리치고서 말하였다. "아래로 백

435 『牧民心書』 卷七 禮典六條 第一條 祭祀.

436 『牧民心書』 卷七 禮典六條 第四條 興學.

성의 재물을 빼앗아 조상의 제사를 받드는 일은 차마 할 수 없는 일이다." 이 말은 격언이다. 제사도 이러하거늘 하물며 다른 경우일까.[437]

치인의 선비 설교자도 마찬가지다. 하나님께 드리는 예배 중에 하나님의 말씀을 전하는 설교자가 지나치게 헌금을 강조하여 어려운 성도로 시험 들게 하는 행위는 차마 해서는 안 될 일이다.

치인의 선비 설교자는 성실히 사명을 감당하면서도 쉼을 누릴 줄 아는 설교자이다. 다산은 아들 학연에게 주는 글에서, 선비 생활에 대해 언급하기를 "집에 있을 때는 오로지 책을 읽고 예를 익히며, 꽃씨를 심고 채소를 가꾸며, 샘물을 끌어다 연못을 만들고 돌을 쌓아 동산을 만들어야 한다."[438] 하였다. 전원생활 속에서 삶을 즐기는 선비의 여유를 느끼게 한다.

그러나 한가히 쉼을 누리던 선비도 목민관이 되어 외직으로 나갈 때는 자애롭고 어질고 청렴결백하기를 힘써서 아전들이나 백성 모두가 편하도록 해야 한다. 특히 나라가 큰 난리를 당했을 때는 죽음을 무릅쓰고 절개를 지켜 나라를 구해야 한다. 다산은 이렇게 하는 선비가 어찌 임금의 존경을 받지 않을 것이며 이미 존경을 받는다면 어찌 신뢰 받지 않을 수 있겠는가[439] 하였다. 이처럼 선비 설교자는 생활 속에서 영적 쉼을 누릴 줄 아는 이요, 사역에 임하여서는 자애롭게 성도를

437 『牧民心書』卷二 律己六條 第六條 樂施.

438 『與猶堂全書』第一集 詩文集 第十八卷○文集 家誡 示學淵家誡, "居家唯讀書講禮。蒔花種菜。引泉爲沼。累石爲山。"

439 Ibid.

돌보고 하나님께 죽도록 충성하는 신실한 일꾼이다.

선비 설교자가 수기치인에 최선을 다하지만 완벽한 삶을 살 수는 없다. 선비 설교자도 인간인 한 부족함이 있다. 그러기에 선비 설교자는 수기치인에 힘쓰면서도 더욱 겸손히 하나님을 의지하고, 여러 모로 부족함에도 불러 주시고 맡겨 주신 하나님의 은혜를 기억해야 한다. 수기에 힘쓸수록 드러나는 자신의 연약함을 성찰하고 치인에 힘쓸수록 나타나는 사역의 사각지대를 안타까워하며, 늘 하나님 앞에 엎드려 성령님의 기름 부으심을 사모해야 한다. 그리할 때 선비 설교자는 신령한 영성을 겸비한 설교자로 성장하게 될 것이다. 선비 설교자가 자신의 한계를 느낄 때면 기억할 바르트의 말이 있다.

> 설교는 변함없이 죄인의 사역이며, 자기 자신으로서는 이 일에 대하여 능력도 좋은 의지도 가지고 있지 못하다. 오직 하나님의 명령을 받고 있을 뿐인 것이다. 설교는 결코 완성이 아니라, 오직 앞으로 올 것의 징조에 지나지 않는다. 그러면서도 설교자는 약속되어 있는 하나님의 축복을 앞에 놓고, 설령 자기의 무력함과 무능력을 깨닫고 있다 하더라도 자기에게 내려진 명령 때문에 희망 속에서 자기 자신을 위로하는 일이 허용되어 있다. 그는 단순히 율법 아래에서가 아니라, 그와 아울러 약속 아래, 곧 하나님의 축복 아래 있는 것이며, 자기의 일은 가난한 것임에도 불구하고 결코 헛된 것은 아닐 것이다. 오직 이러한 성화에 의해서만 설교는 할 수가 있는 것이며, 또한 허용되어 있는 것이다.[440]

---

440 Karl Barth/朴根遠 옮김, 『說敎學 原講』, 97-98.

하나님의 말씀을 선포하는 설교는 설교자의 것이 아니라 하나님의 것이다. 설교는 설교자가 의롭고 잘 나서 행하는 사역이 아니다. 설교는 오로지 하나님이 부르셔서 맡기셨기 때문에 감당하는 사역이다. 따라서 선비 설교자는 자신의 한계가 느껴질수록, 연약하지만 택하여 거룩하게 하시고 말씀을 전하도록 세우시는 하나님의 은혜 안에서 담대히 설교해야 할 것이다. 그러므로 치인의 선비 설교자가 취할 태도는 한없는 겸손과 감사이다.

#### 4) 선비 설교자의 실례

초기 한국 교회 안에서 선비 설교자를 찾는다면 여럿이 있다. 감리교 목사 이용도와 성결교 목사 이성봉은 선비 설교자로 손색이 없다.

자신의 호를 시무언(是無言)[441]이라 한 이용도(1901~1933)는 한국인의 심성에 기독교를 재구성한 이로서, 이용도에 와서야 기독교는 비로소 한국의 두루마기를 입었다고 할 수 있다. 이런 이용도를 가리켜 민경배는 "선교사의 영향력이 거의 없어져 가고, 교회가 사회 변화의 도전에 신음하던 때에, 50여 년의 역사를 가진 한국 교회의 자립과 토착화의 실험에 나서서 고고하게 음성을 내다가 사라져 간 신앙인"[442]이라 하였다.

이용도는 그의 1931년 2월 28일자 일기에서, 그의 설교가 그의 중

---

441 邊宗浩 編著, 『李龍道牧師의 日記』 (서울: 新生館, 1966), 8. "무언(無言), 겸비, 기도, 순종, 이것을 우리의 좌우명으로 삼아 잊지 맙시다. 나의 별명을 시무언이라 함은 말 없음이 옳다는 의미와 메시아 오시기를 기다려 일생을 성전에서 지내다가 마침내 만나서 즐거워하든 시므온을 그리워하야 그리 지었읍니다."

442 閔庚培, 『韓國基督敎會史』 (서울: 大韓基督敎出版社, 1988), 391.

심에 가득히 서리어 있다며 그가 흘리는 눈물이 곧 그의 설교라 말한다. 그러면서 예수님을 말없는 설교자로 묘사한다. 예수님께서 겟세마네와 골고다에서 흘리신 피와 땀과 눈물은 예수님의 진실한 설교가 아니냐며 인간의 귀가 아니라 영에 외치는 설교를 들으라 한다. 이용도는 예수님의 이런 설교를 하늘의 설교라 부르며 절대의 권위를 가지고 절대의 진리를 설교하는 예수님을 보라 하였다.[443] 그러고 보면 이용도는 아예 예수 그리스도를 설교자일 뿐 아니라 설교 그 자체로 바라보게 함으로써 그리스도 중심의 설교 신학을 보여 주고 있다. 그의 이런 신학은 그의 예수주의에서도 볼 수 있다. 그는 말한다.

> 예수님이다! 우리의 신앙의 초점은 예수님이다.
>
> 소망에도 예수님이요 인내에도 예수님이요, 기도에도 예수님이요 찬송에도 예수님이다.
>
> 떠들어도 예수님이요, 잠잠해도 그저 예수님뿐이다.
>
> 생시에도 예수님, 그리고 또 잠꼬대에도 예수님이다.
>
> 먹어도 예수님이요 입어도 예수님이요, 자도 예수님이요 일하여도 예수님이다.
>
> 그저 우리의 생명의 초점은 예수님뿐이다.[444]

이용도에 대해 이단 시비와 비판이 많았다. 그러나 그 고독한 중에

---

443 邊宗浩 編著,『李龍道牧師의 日記』, 146.

444 Ibid., 3.

서도 예수님께 집중된 그의 마음, 전 삶을 기울인 예수님 사랑, 그리고 설교의 열정은 타의 추종을 불허한다. 그는 설교를 위해 목숨을 걸었고 결국 병들어 쇠한 몸으로 설교를 계속하다 죽은 설교의 사람이었다. 따라서 그의 설교는 "한마디 한마디가 모두 유언"[445]이었다.

성결교 목사 이성봉(1900~1965)은 '한국의 무디'로 불리며 이성 문제, 금전 문제, 명예 문제에서 전혀 흠을 찾을 수 없을 만큼 성결한 생활과 영혼 구원의 열정으로 살다간 설교자이다.[446] 그는 평생 주먹을 쥐고 다녔는데 주님의 손을 붙들고 산다는 의미였으며, 강단에서 인사할 때에는 손가락 세 개를 세워 인사했는데 "하나님 제일, 예수 중심, 성령 충만"의 뜻이었다. 그런 그가 부흥회 때마다 빼놓지 않고 드리는 기도가 있었다. 그는 이렇게 기도했다.

"흠과 티와 주름 잡힘 없는 수정같이 맑은 마음, 예수님의 마음같이 되게 하여 주시옵소서."[447]

그의 기도는 그가 평소에 얼마나 자신을 성결하게 지켜 살려고 애를 썼는지 그 마음가짐, 기본자세를 알려 준다. 참으로 선비적 태도가 아닐 수 없다.

이성봉은 자신의 첫 번째 설교집을 내면서, 그동안 많은 요청이 있었으나 왜정 시대에 설교집을 내지 않은 까닭은 언론의 자유가 없어서 "성령님의 계시와 말씀을 가감할까 두려워 함"이었다고 말한다.[448] 그

---

445 邊宗浩 編著, 『李龍道牧師思慕50年』 李龍道牧師全集7 (서울: 長安文化社,1993), 235.

446 이성봉, 『말로 못하면 죽음으로』 (서울: 생명의말씀사, 1993), "개정판에 부쳐" 참조.

447 백수복 외 5인, "한국의 무디 이성봉 목사 탄생 100주년기념: 이성봉 목사 탄생 100 주년기념 좌담회" 「활천」 550호 (2000, 4), 13, 16.

448 이성봉, 『임마누엘 講壇』 (서울: 청암출판사, 1975), 머리말 참조.

만큼 그는 설교를 성령님의 계시와 하나님의 말씀으로 인식하고 있었다. 또한 자신의 인생을 마무리하는 심정으로 낸 『부흥 설교 진수(眞髓)』에서, 사명자들이 이 책을 참고하여 말씀을 전할 때 "냉냉한 강단에 불이 되고 기갈한 영혼에 양식과 생수가 되고 병든 영혼에게 양약이 되고 흑암에 헤매는 자들에게 광명한 등불이 되고 악마의 적진을 쳐부수는 원자탄이 되어 주시기를 바라면서"[449] 서문을 쓰고 있다.

이런 이성봉에 대해 정성구는, 김익두의 뒤를 이은 부흥사로서, 한국 교회 강단의 거성이었으며 성결교회의 사중복음, 즉 중생, 성결, 신유, 재림을 그대로 받고 의지하고 체험하고 전하려 힘쓴 설교자로 평하였다.[450]

또한 장로교의 주기철도 선비 설교자의 모범이다. 그에 대해 민경배는 평하기를, 한국 현대사를 빛낸 여러 지사들이 있을 것이나 "주기철은 실로 신념과 신앙의 삶이 가지는 고귀함을 우리 역사에 남겨, 위대한 인간 승리의 의미를 보여 준, 몇 안 되는 훌륭한 한국인"[451]이라 하였다. 주기철은 그의 유언 설교라 할 수 있는 "오종목의 나의 기원"에서 푸른 소나무와 같은 신앙의 정절을 외친다.

> 나의 사랑하는 교우 여러분, 그리스도의 사람은 살아도 그리스도인답게 살고 죽어도 그리스도인답게 죽어야 합니다. 죽음을 무서워 예수님을 저버리지 마시우. 풀의 꽃과 같이 시들어 떨어지는 목숨을 아끼다가 지옥에 떨어

---

449 이성봉 편, 『부흥설교眞髓』 (서울: 聖雲出版社, 1980), 서문 참조.

450 鄭聖久, 『韓國敎會 說敎史』(서울: 총신대학교출판부, 2000), 165-166.

451 민경배, 『주기철』 근대 인물한국사 313 (서울: 동아일보사, 2004), 195.

지면 그 아니 두렵습니까? 한번 죽어 영원한 천국 복락 그 아니 즐겁습니까! 이 주목사가 죽는다고 슬퍼하지 마시우. 나는 내 주님밖에 다른 신 앞에서 무릎을 꿇고는 살 수 없습니다. 더럽게 사는 것보다 차라리 죽고 또 죽어 주님 향한 정절을 지키려 합니다. 주님을 따라 나의 주님을 따라서의 죽음은 나의 기원입니다. 나에게는 일사 각오 있을 뿐입니다.

소나무는 죽기 전에 찍어야 시푸르고, 백합화는 시들기 전에 떨어져야 향기롭습니다. 세례 요한은 33세, 스데반은 청장년의 아주 뜨거운 피를 뿌렸습니다. 이 몸도 시들기 전에 주님의 제단에 제물이 되어지이다.[452]

푸른 소나무처럼, 눈보라가 몰아치는 한겨울에도 지절의 빛을 잃지 않는 선비 설교자의 기상이 느껴지는 외침이다.

주기철과 다르지만 그의 삶이 주는 교훈 때문에 한경직도 선비 설교자로 꼽는다. 비록 젊은 날에 신사 참배를 하여 지절이 꺾였으나, 그는 허물진 모습으로 다시 일어나 더 겸손하고 청빈하게 자신의 사명을 완수하였기에 의의가 크다. 극한 시련의 때에 지절을 지킨 이들은 말할 것도 없지만 실패한 삶으로도 아름답게 사명을 완수한 실례는 지절이 굳세지 못한 대다수 설교자들에게 용기와 희망을 주기 때문이다. 더욱이 한경직은 자신의 허물을 공개적으로 고백하는 용기를 보여 주었다. 겸손과 청빈과 사랑의 목회자로 평가받는 한경직의 삶을 가까이에서 확인한 임영수는 이렇게 증언했다.

---

452 한국교회순교자기념사업회 편, 『주기철 설교집』 (서울: 엠마오, 1988), 12.

한 목사님과 분리해서 생각할 수 없는 몇 가지 단어가 제 가슴속에 남아 있습니다. 그것은 먼저 겸손입니다. 한 목사님과 겸손은 동의어였습니다. …… 그 다음으로 떠오르는 말이 청빈입니다. 목사님의 삶은 청빈 그 자체였습니다. …… 또한 목사님에게서 연상되는 단어는 사랑입니다. 목사님은 교인들을 진정 사랑으로 섬기셨습니다.[453]

한경직이 후배 설교자들에게 어떻게 해야 권위를 가지고 설교할 수 있는가를 설명했다.[454] 첫째, 설교자의 권위는 하나님으로부터 오기에 설교자는 자신의 권위가 아니라 하나님의 권위로 설교해야 한다. 둘째, 전하는 말씀에 대해 설교자 자신이 먼저 굳세고 확실한 믿음을 가져야 한다. 셋째, 설교자의 생활이 곧 산 설교임을 언제나 잊지 말아야 한다. 설교자의 도덕적 생활에서 얻어진 권위는 곧 그의 설교에 영적 권위를 준다. 넷째, 인간에 대한 깊은 사랑과 그들을 구하고자 하는 간절한 정열을 품어야 한다. 다섯째, 설교자가 성령님으로 충만할 때 그의 말은 사람의 말이 아니라 하나님의 말씀으로 변화되며 듣는 이들도 사람의 말이 아니라 하나님의 말씀으로 듣는다. 듣는 이들의 마음 가운데 역사하시는 성령님과 설교자 안에서 역사하시는 성령님이 동일하기 때문이다. 따라서 성령님으로 충만한 설교를 하기 위해서는 성경 연구와 참고서를 읽고 묵상하는 일과 함께 기도가 필요하다. 그는 권했다. "설교를 옳게 하려면 종일토록 연구하여라. 그러나 밤새도록 기도하여라."[455]

---

453 탁준호, 『영원한 스승 한경직 목사』, 188-189.

454 한경직, 『참 목자상』, 145-149.

455 "Work all day, but pray all night": 이 말은 한경직이 프린스턴에서 배울 때, 그의 설교학 교수였

또 한 사람, 결코 잊을 수 없는 선비 설교자가 있다. 그는 손양원이다. 민족이 수난 당하던 시기에 손양원은 살기를 바라지 않고 잘 죽기를 바랐다. 그는 옥중에서도 올곧게 믿음의 지절을 지켰으며, 전쟁 중에도 순교 정신으로 사명을 지켰다. 그를 지켜본 장로 양재평의 증언에 따르면, 붙잡혀 순교하기 전까지 금식 기도와 철야 기도, 특별 집회를 인도하면서 교인들을 격려하였고, "믿음을 지켜 죽을 준비를 하고 잘 죽자."[456] 하였다. 그뿐 아니라 "깨끗한 죽음 귀한 죽음으로 죽으려면 평소에 깨끗하고 아름다운 생활이 따라야 합니다. …… 갑자기 순교자가 되는 법이 아닙니다. 잘 준비해야 되는 법입니다. 앞서 간 순교자들이 우리를 보고 있으니 말만 하지 말고 실천에 옮깁시다."[457]라고 설교하였다. 이로써 보건대 손양원의 순교는 우연히 당하거나 피할 수 없어 맞은 순교가 아니었다. 그는 이미 죽음을 각오하고 살았던 준비된 순교자였다.

그는 신사 참배를 거절하고 투옥되어 끝까지 지절을 지켰고, 그의 설교가 성경 중심이었던 것처럼 그의 삶 역시 말씀에 순종한 설교자였다. 해방이 되어 출옥한 손양원이 광복 축하 부흥회 강사로 초청 받았을 때, 그는 남루한 옷을 얻어 입고 고아원에 있던 두 자녀까지 데려갔다. 사람들은 손양원 가족을 거지 대하듯 하였다. 그러나 예배가 시작되자 그는 강단 위에 세워진 우상을 내동댕이친 다음, 회개하라 외쳤

---

던 스미스에게서 들은 말이다.

456 이광일, 『사랑의 순교자 손양원 목사의 생애와 사상』 (여천: 손양원목사순교기념사업회, 1999), 84.

457 이광일 엮음, 『주 안에서 죽는 자들이 복이 있다』 손양원 목사 설교집3 (여천: 손양원목사순교기념사업회, 1994), 135.

다. 해방 전 교회는 '가미나다'라 불리는 이동식 신사를 예배당 안 동편에 두고 먼저 예를 갖춘 다음 예배를 드렸다. 초라한 행색으로도 우상을 부수고 청천벽력 같이 회개하라 외치자, 사람들은 통곡하며 회개하였다.[458] 손양원의 선비적 기개를 알려 주는 일화이다.

손양원은 그리스도의 사랑을 전할 뿐 아니라 그 사랑을 실천한 설교자이다. 애양원 환자들에 대한 손양원의 사랑을 보면 그가 얼마나 철저히 말씀의 삶을 실천한 설교자였는가를 알 수 있다.

손양원이 애양원에 부임할 당시 애양원은 직원들 구역과 환자들 구역이 철조망으로 분리되어 허가를 받은 후에야 출입이 가능했다. 애양원 교회 당회실도 목사가 앉는 부분과 환우 장로들이 앉는 부분이 유리로 가로막혀 있었고 유리 창문을 통해 대화하였다. 그러나 손양원은 부임하자 그 유리 칸막이를 제거하였고 환자들의 거처에도 무시로 드나들었다.[459] 손양원은 "그 흉한 환자의 목을 껴안고 이마를 대고 기도를 해 주었"[460]으며 함께 음식을 먹었다. "나병의 환부에는 사람의 침이 좋은 약이 된다고 알려졌기 때문에 입으로 피고름을 빨아내는 일도 마다하지 않았다."[461]

손양원의 말씀 실천과 사랑 실천은 여기서 그치지 않는다. 두 아들을 잃은 아픔에 "지팡이 둘을 집고 가다가 한꺼번에 가운데가 부러

---

458 손동희, 『나의 아버지 손양원 목사』 (서울: 아가페출판사, 2000), 164-169.

459 차종순, 『애양원과 손양원 목사』 (광주: 삼화문화사, 2005), 42-43.

460 이광일, 『사랑의 순교자 손양원 목사의 생애와 사상』, 29.

461 손동희, 『나의 아버지 손양원 목사』, 58.

진 것 같다."[462]면서도 아들들을 죽인 안재선을 양자로 삼아 원수를 사랑하라는 주님의 말씀을 실천하였다. 그뿐 아니라 6 · 25 전쟁 중에는 능히 피할 수 있었음에도 죽음을 각오하고 사명의 자리를 지키다 인민군에게 붙잡혔다. 그는 끌려가면서도 복음을 전하였고, 순교하면서도 "총을 쏜 사람들을 용서해 달라."[463]고 기도하였다. 사랑의 원자탄이라고 불리는 손양원의 놀라운 사랑은 고난 속에서 체득한 십자가 사랑의 열매였다. 손양원은 이미 십자가 사랑으로 모든 사상, 모든 사람을 하나로 끌어안는 수신을 이루고 있었다.

그는 애양원이라는 초야에 묻혀서도 전 세계에 진정한 신앙과 사랑이 무엇이며 설교자의 정도가 무엇인지를 자신의 삶과 죽음으로 보여 주었다. 그를 선비 설교자로 주목하는 이유이다.

필자의 스승 정장복은 강의 시간이면 누누이 설교자에게 필요한 세 요소를 강조하였다. 그것은 영성이 깊은 예언자들과 사도들이 말씀 사역에 조화시킨 로고스(logos), 파토스(pathos), 그리고 에토스(ethos)이다.[464] 선비의 삶에서도 이 셋이 잘 조화를 이룰 때, 바람직한 선비 설교자가 될 수 있다. 그렇지만 그런 설교자를 찾아보기 어렵다. 논리적이지만 열정이 부족하거나 열정적인데 논리성이 모자라고, 논리와 열정은 있으나 도덕성이 약한 경우가 적지 않다. 또한 논리와 열정과 도덕

---

462 차종순, 『애양원과 손양원 목사』, 262.

463 당시 총알이 가슴과 팔 사이로 비껴지나가 생존한 차진국의 증언에 따르면 총에 맞았다는 생각에 쓰러져 있는데 손양원 목사가 총을 맞고 자기 위로 넘어졌다. 그때 숨을 거두면서, "총을 쏜 이들을 용서해 달라."고 하는 손 목사의 마지막 기도를 들었다 한다: 차종순, 『애양원과 손양원 목사』, 270. 차종순은 이 증언을 자신의 숙모인 오마르다 권사와 차진국의 조카 차숙철에게 들었다: 차종순, "손양원, 그는 누구인가?," 「한국기독공보」 2010. 12. 4.

464 정장복, "설교 사역에 있어서 영성의 위치," 「基督敎思想」 통권 334호 (1986, 10), 195.

성은 강하지만 모두를 아우르는 사랑이 부족하기도 하다.

그러므로 바람직한 선비 설교자상을 세운다면, 한경직의 지성과 인격에 이성봉의 성결한 영성과 열정,[465] 이용도의 주님을 향한 영성 깊은 사랑, 그리고 주기철, 손양원의 순교적 지절과 성자적 인애를 더한다면 가히 선비 설교자의 전범(典範)이라 할 것이다.

465 이성봉은 "구령과 전도의 열이 항상 불붙으신 분"으로서 셋째 딸 결혼식 때에는 하객들에게 몇 마디 인사를 한 다음 곧 이어 전도 강연을 시작하였다.

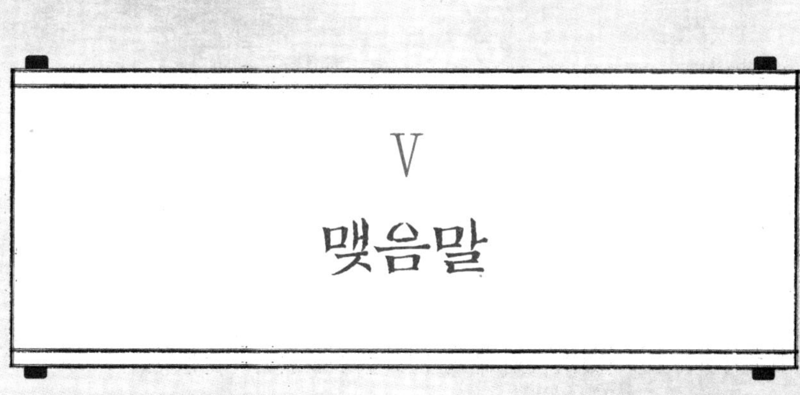

# V
# 맺음말

# V 맺음말

오늘의 세태가 기본에 소홀하다. 성장주의, 성공주의의 열풍이 부흥이라는 이름으로 교회 안까지 불어닥쳤다. 세상의 기업 마인드가 교회 안에서도 각광 받고 있다. 희생하고 나누는 은혜의 복음보다 이익을 추구하는 목표 지향적 사고가 교회 지도자들의 마음을 사로잡아 세상 풍조에 휘둘리게 하고 있다. 교회의 대형화 추구, 성도의 물질 우선 풍조가 도를 넘었다. 물량주의, 물질 만능주의가 교회 안에 파고들어 자리를 잡은 지 오래다.

상대주의가 인간의 의식 구조 속에 깊이 자리 잡고 종교의 탈성성(脫聖性)과 다원적 가치가 수용되는 21세기에, 교회가 요구하는 지도자상을 한숭홍은 몇 가지로 제시하였다. 그가 말하는 오늘의 교회 지도자는 첫째, 다원주의 문화 속에 살아가는 인간이 다양한 가치로부터 개체적 가치를 발견할 수 있도록 도와줄 사람이다. 둘째, 모든 것을 품을 수 있는 포용적 인격의 사람이요 셋째, 성직에 충실한 사람이며 넷째, 본질적으로 정직한 사람이라 하였다. 21세기는 성직을 수행하기가 그 어느 때보다 어려울 것이므로 가장 순수하고 정직한 마음으로 성직을 수행해야 실패하지 않을 것이기 때문이다.[1] 그의 제안을 보면 오늘의 교회가 원하는 지도자는 인격이 잘 갖춰진 사람임을 알 수 있다.

그렇다면 오늘의 설교자들이 본받고 따를 만한 인격의 모델은 누구인가? 그들은 선비로서 수기(修己)하다 임금이 부르면 언제든지 백성을 위해 치인(治人)에 나섰던 목민관들이요, 경건한 신앙과 헌신의 열정을 품고 설교자의 사명을 다한 초기 한국 교회 설교자들이다.

## 선비 설교자의 장점

다산은 목민의 비전과 열정을 품고 백성을 사랑하며 목민을 실천한 목민관이었다. 그러나 정치적 상황 변화로 인해 그 비전과 열정은 실현 될 수 없는 꿈이 되고 말았다. 그런 와중에, 다산은 뜻을 세우고 목민의 바른 정신과 지침을 『목민심서』에 기록하였다. 그가 남긴 『목민심서』에는 목민에 대한 열정과 수기치인의 선비 정신이 구구절절 흘러넘치고 있다.

그러면 다산이 주장한 목민 정신, 선비 정신과 초기 한국 교회 설교자들의 정신으로 세우는 선비 설교자상은 어떤 장점들이 있는가?

첫째, 선비는 오래전부터 우리 민족에게 친숙한 인간상이다. 그러기에 선비 설교자 역시 우리 민족에게 친숙할 수 있다. 선비 선교자상의 정립은 그동안 서학이나 서양 종교로 알려진 기독교의 설교학에 의해 길러진 한국 교회 설교자들로 하여금 한국 문화에 적합한 설교학을 모색하게 하는 바람직한 시도가 될 것이다.

---

1 한숭홍, "21세기 교회가 요구하는 지도자상," 「敎會와 神學」 제31호 (1997, 겨울), 72-77.

둘째, 선비 설교자는 작거나 적은 것, 작은 사람이나 적은 사람들을 소홀히 여기는 대형주의, 물질주의, 대중 인기에 저항한다. 선비 설교자는 속 알이 차지 않은 채 겉보기로만 사람들의 마음을 빼앗으려는 풍조에 기죽지 않고 휩쓸리지 않는다. 선비 설교자는 초야에 묻혀서도 하나님의 말씀을 맡은 사명자로서 자긍심을 가지고 당당하고 떳떳하게 사역할 수 있다. 그것은 배금주의(拜金主義, mammonism)가 팽만한 시대를 살아가야 할 설교자들에게 반드시 필요한 장점이자 강점이다.

셋째, 선비 설교자론은 설교의 방법론에 치우친 현대 설교학의 흐름에 설교자의 인격을 강조함으로써 균형을 이루게 한다. 특히 설교자의 인격을 수기와 치인으로 나누고, 부임에서부터 퇴임까지 목민관의 삶과 비교하여 구체적인 지침을 제시한 점에서 많은 설교자들에게 유익이 될 수 있다.

넷째, 다산이 강조한 목민관의 정신은 백성을 사랑하는 애민 정신이다. 목민관이 백성을 사랑하되 마치 부모가 자녀를 사랑하듯 하라는 가르침은 선비 설교자도 마음에 새겨 지킬 덕목이다. 선비 설교자가 애민 정신으로 설교할 때 설교의 현장이 행복해질 것이다.

다섯째, 모든 설교자가 소명 의식을 품고 일하지만 선비 설교자는 더욱 강한 소명 의식을 지닌다. 임금의 명을 받고 임지에 나아가 임금 대신 백성을 다스리는 목민관처럼, 하나님의 부르심에 응답한 선비 설교자는 그 소명을 목숨처럼 소중히 여기며 그 사명을 완수하기 위해 혼신의 힘을 다한다. 소명 의식이 남다르게 강한 선비 설교자는 자신의 사명을 결코 저버리지 않을 것이다.

여섯째, 선비 설교자는 초기 한국 교회 설교자들의 신앙과 열정과 헌신을 귀히 여기며 그 정신을 물려받았다. 가난과 고난이 극심한 시기에 복음의 씨를 심고 거두어 한국 교회 발전에 기초를 닦았던 초기 한국 교회 설교자들의 열정과 설교 정신은 한국 교회가 귀히 간직할 보배이다. 그 값진 정신을 이어받아 계속 발전시켜야 할 선비 설교자는 한국 교회를 책임질 보배로운 사명자들이다.

일곱째, 선비 설교자는 말씀만 전하는 전달자가 아니라 자신의 삶을 통해 선포한 말씀을 실천하는 사명자이다. 선비 설교자는 '삶이 곧 설교'라는 명제를 자각하고 몸소 실천하여 보여 줄 뿐 아니라, '삶이 곧 설교여야 한다'는 명제를 설교자들로 하여금 자각케 하고 실천케 하는 장점이 있다. 그리고 이 장점은 모든 권위를 무너뜨리는 포스트모더니즘을 극복할 강력한 대안이다.

### 선비 설교자의 주의할 점

그러나 선비 설교자에게 주의할 점이 없지 않다. 선비에 대한 비판이 지나치다 할지라도 그 부정적 요소들이 선비 설교자에게서 나타날 위험이 있다. "선비는 죽일 수는 있어도 욕되게 할 수는 없다."[2]는 선비 정신을 잘못 해석하여, 온갖 수치와 고난을 묵묵히 감당하신 예수 그리스도의 정신과 상치된 삶을 살 수 있다. 다산도 청렴의 지나침을 경계하였지만, 자칫 선비 설교자가 바리새인처럼 자기 의를 자랑하며 자기 기준으로 남을 판단할 수 있다. 그렇게 엘리트주의에 빠져 회중을 무시하고, 성경 말씀이라며 자기 고집만 피우고 명분만 내세운다면 큰

---

2 『東文選』 卷之一 辭 東方辭, "士可殺不可辱兮。"

잘못이다. 선비 설교자는 항상 자신의 사고와 삶이 경직되지 않도록 경계하고, 올곧음에 비례하여 온유와 겸손의 덕 쌓기를 힘써야 할 것이다.

수기와 치인으로 잘 훈련받은 선비 설교자의 삶과 인격은 고매하다. 그러나 선비 정신과 그 삶을 너무 강조하다가 설교의 방법론을 무시하거나 소홀히 취급하여 하나님의 말씀 전달에 실패할 수 있다. 설교자에게 인격이 중요하지만 전달 방법도 중요하다. 선비 설교자는 수기치인과 함께 설교 방법론 계발에도 힘써야 할 것이다.

선비 설교자는 소명 의식이 강하기에 그 소명감이 지나쳐 성도 위에 군림하려 하거나 겸손으로 위장한 교만에 빠질 우려가 있다. 교만은 패망의 선봉이다. 그러므로 소명 의식이 강한 선비 설교자는 교만을 경계하고 또 경계해야 한다.

또 하나 주의할 점은 설교보다 설교자 자신이 드러나는 것이다. "인격적인 면에 너무 비중을 둔 설교는 필시 성경의 권위를 약화시키고, 청중에게 메시지보다는 설교자의 인상을 남겨 놓는다."[3] 물론 하나님의 말씀은 설교자를 통해 선포되기 때문에 설교에는 어느 정도 설교자의 인격이 드러나지 않을 수 없다. 그러나 말씀은 잊히고 설교자만 기억되는 설교는 실패이다. 선비 설교자는 이 문제를 늘 의식하고, 한편으로는 선비의 인격을 갖추기 위해 힘쓰면서 다른 한편으로는 설교 현장에서 자신이 드러나지 않도록 경계심을 늦추지 말아야 할 것이다.

---

3 Wayne McDill, *The Moment of Truth: A Guide to Effective Sermon Delivery* (Nashville: Broadman & Holman, 1999), 24.

## 몇 가지 제언

한국 교회에 목민 정신과 선비 정신을 지닌 설교자들이 있다는 사실은 큰 복이다. 선비 설교자상은 이 시대에도 설교자들이 힘써 본받을 이상적 모델이다. 한국 교회는 선배 설교자들의 선비적 얼을 잇는 설교자들에 의해 새로워지게 될 것이다.

오늘의 한국 교회 설교자들과 다음 세대의 설교자들에게 몇 가지 제언한다.

첫째, 한국 교회 설교자들은 목민관과 초기 한국 교회 설교자들의 바람직한 정신과 전통을 잘 계승해야 한다. 그들의 탐구열, 철저한 수기, 강한 소명 의식, 애민하는 목민 정신, 그 밖의 선비 정신을 잘 잇도록 배우고 익히며 발전시켜 나아가야 한다.

둘째, 목민관이나 설교자는 백성의 어버이나 다름이 없다. 그러므로 선비 설교자는 자녀를 위해서라면 목숨도 내어 주는 부모의 심정으로 복음을 전해야 한다. 비록 위대한 설교는 하지 못할지라도 성도 한 사람 한 사람을 위로하고 그들에게 힘과 용기를 주는 설교, 그들을 구체적으로 돕고 살리는 설교에 최선을 다해야 한다.

셋째, 선비는 풍류를 아는 사람이다. 선비 설교자도 그러하다. 그 자신이 행복한 설교자였던 로이드 존스는 설교하는 즐거움을 가리켜, '설교의 낭만!'이라 하면서, 설교는 세상에서 가장 위대한 사역이며, 가장 짜릿하고, 가장 흥분되고, 가장 보람 있고, 가장 놀라운 일이라[4] 하였다. 선비 설교자로서, 은혜의 복음을 전하는 설교가 고역이 아니라 행

---

4 D. M. Lloyd-Jones, *Preaching & Preacher*, 297.

복한 사명임을 확신하며 설교의 낭만을 즐기자.

넷째, 하나님의 부르심을 받은 선비 설교자는 자긍심을 가지고 옛 선비들처럼 의연히 살아야 한다. 비록 맡은 교회가 작거나 시골에 있다 할지라도 당당히 복음을 전파하며 최선을 다해 선한 영향력을 끼쳐야 한다. 언제 어디서든 존경받는 지도자가 되어 힘써 하나님의 말씀을 심고 가꾸어서 사람을 살려 낼 뿐 아니라, 세상 속에 그리스도의 문화를 꽃피우는 일에도 앞장서야 한다.

다섯째, 선비 설교자는 이상뿐인 심서(心書)의 한계를 뛰어넘어야 한다. 다산은 목민에 대한 간절한 이상을 품고 목민서를 쓰면서 심서라 이름 붙였다. 그 까닭은 당시의 정치 상황이 다산으로 하여금 목민의 뜻을 실행하도록 허용치 않았기 때문이다. 가슴 아픈 일이지만 다산의 비통함은 다산만으로 족하다. 선비 설교자는 다산의 한계를 넘어서서 진정한 목민을 하나님의 말씀으로 실현해야 한다. 존귀하신 하나님의 생명 말씀이 설교자의 훌륭한 인격으로 말미암아 널리 전파되고 확신되도록, 각자 자기 삶의 자리에서 일평생 수기와 치인의 삶을 힘써야 할 것이다.

다산이 세상을 떠난 지 13년 후인 1849년 12월 어느 주일에 영국의 한 소년이 삶의 전환점을 맞았다. 당시 15세였던 소년은 눈보라로 인해 낯선 원시 감리교회(Primitive Methodist Church)의 작은 예배당에 들어갔다. 거기서 소년은 "젊은이여 예수 그리스도를 바라보시오!"라는 설교를 듣고 회심을 경험하였다.[5] 그가 바로 일평생 청교도 신앙으로 복음

---

5 C. H. Spurgeon, *The Autobiography of Charles H. Spurgeon* Vol.1. 1834-1854 (Chicago: Fleming H. Revell, 1898), 105-106.

을 전한 불멸의 설교자 스펄전이다. 그 스펄전이 사명에 불타는 열정으로 품었던 다짐은 오늘도 선비 설교자들의 가슴에서 등불이 될 것이다.

> 나는 램프를 켜는 사람을 보지 못했다. 그의 이름, 그의 나이, 그가 사는 곳도 알지 못한다. 그러나 그가 밝혀 놓은 등불들을 나는 보았다. 이 등불들은 그가 떠나간 후에도 남아 있었다. 마차를 타고 가면서 혼자 생각했다. "영생의 신성한 불꽃으로 한 영혼, 한 영혼을 밝게 비추는 데 나의 삶을 쓰겠다고 얼마나 간절히 바랐던가! 나는 내가 사역하는 동안에는 되도록 내 자신을 숨기고, 내가 사역을 마칠 때에는 하늘의 영원한 광채 속으로 사라지리라."[6]

---

6 C. H. Spurgeon, *C. H. Spurgeon the Early Years 1834-1859* (London: Banner of Truth, 1962), 372.

# 참고도서

## Ⅰ. 다산의 저서


경집(經集)
시문집(詩文集)
잡찬집(雜纂集)
정법집(政法集)


## Ⅱ. 한국 고전 문헌


가정집(稼亭集)
단곡집(丹谷集)
담헌서(湛軒書)
동문선(東文選)
사계유고(沙溪遺稿)
상촌고(象村稿)
순암집(順菴集)
승정원일기(承政院日記)
연암집(燕巖集)
율곡전서(栗谷全書)
일성록(日省錄)
조선왕조실록(朝鮮王朝實錄)
청장관전서(青莊館全書)
퇴계집(退溪集)
회재집(晦齋集)


## Ⅲ. 중국 고전 문헌


논어(論語)
맹자(孟子)
순자(荀子)

## Ⅳ. 동양서적


강석윤 편.『현대적 선비, 그 참삶을 위하여』. 서울: 大正眞, 1991.

강신항 외 7인.『이재난고로 보는 조선 지식인의 생활사』. 성남: 한국학중앙연구원, 2007.

고요한.『교육의 철학: 소유에서 존재로』. 서울: 서현사, 2007.

郭安連.『牧師之法』. 京城: 朝鮮耶蘇敎書會, 大正八年.

______,『牧師必携』. 京城: 朝鮮耶蘇敎書會, 1932.

______.『說敎學』. 서울: 大韓基督敎書會, 1970.

______編.『朝鮮예수敎長老會憲法』. 京城: 朝鮮耶蘇敎書會, 大正十一年.

救世軍大韓本營.『軍令及軍律要領』. 서울: 救世軍大韓本營, 1955.

國際文化財團編.『韓國의 선비 文化』. 김포: 김포대학출판부, 2002.

금장태.『다산 정약용』. 서울: 살림, 2005.

______.『실천적 이론가 정약용』. 파주: 이끌리오, 2005.

______.『儒敎와 韓國思想』. 서울: 성균관대학교출판부, 1984.

김경일.『공자가 죽어야 나라가 산다』. 서울: 바다출판사, 1999.

金光洙 외 7인.『長老會 神學大學 70年史』. 서울: 장로회신학대학교, 1971.

김기현.『선비: 사유와 삶의 지평』. 서울: 민음사, 2011.

김명혁.『한국교회 쟁점진단』. 서울: 규장, 1999.

金相洪 편저.『(다산의 꿈) 목민심서』. 서울: 새문사, 2007.

金勝惠.『유교의 시중과 그리스도교의 식별』. 서울: 바오로딸, 2005.

김언종.『한자의 뿌리』Ⅰ. 서울: (주)문학동네, 2007.

김외식.『목회 전문화와 한국 교회 예배』. 서울: 감리교신학대학교출판부, 1994.

김형태.『목회적 교육』. 서울: 한국장로교출판사, 2003.

김희곤.『나라 위해 목숨 바친 안동 선비 열 사람』. 파주: 지식산업사, 2010.

남국용권.『교육의 역사철학적 기초』. 서울: 학문사, 1995.

노영상 편.『21세기 대학 교육과 신학』. 서울: 동아일보사, 2008.

노혜경.『朝鮮後期 守令 行政의 實際』. 서울: 혜안, 2006.

다산학술문화재단.『茶山學』제10호. 서울: 전통과 현대, 2007.

다산학연구원 편. 『李乙浩選集』. 광주: 이을호전서 간행위원회, 2000.

마포삼열박사전기편찬위원회 편. 『馬布三悅博士傳記』. 서울: 大韓예수敎長老會總會敎育部, 1973.

목회와 신학 편집부 엮음. 『한국교회 설교 분석』. 서울: 두란노아카데미, 2009.

민경배. 『주기철』 근대 인물한국사 313. 서울: 동아일보사, 2004.

———. 『韓國基督敎會史』. 서울: 大韓基督敎出版社, 1988.

바른목회실천협의회 엮음. 『바른목회』. 서울: 한들출판사, 2001.

박경일 외 8인. 『사회복지학강의』. 파주: 양서원, 2005.

朴根遠. 『오늘의 敎役論』. 서울: 大韓基督敎出版社, 1982.

———. 『오늘의 牧師論』. 서울: 大韓基督敎書會, 1987.

박홍갑 외 2인. 『승정원일기, 소통의 정치를 논하다』. 서울: 산처럼, 2009.

邊宗浩 編著. 『李龍道牧師의 日記』. 서울: 新生館, 1966. 8.

———. 『李龍道牧師思慕50年』 李龍道牧師全集 7. 서울: 長安文化社, 1993.

부남철. 『조선 시대 7인의 정치사상』. 서울: 사계절출판사, 1996.

손동희. 『나의 아버지 손양원 목사』. 서울: 아가페출판사, 2000.

손병규. 『호적』. 서울: 휴머니스트, 2007.

손양원/KIATS 엮음. 『손양원』. 서울: 홍성사, 2009.

심경호. 『산문기행 조선의 선비, 산길을 가다』. 서울: 이가서, 2007.

安甲濬 編著. 『茶山의 牧民精神』. 서울: 政文出版社, 1974.

안대회. 『선비답게 산다는 것』. 서울: 푸른역사, 2007.

안용준. 『사랑의 원자탄』. 서울: 성광문화사, 2009.

안재정 편저. 『牧會의 證言』. 서울: 牧羊, 1999.

安鼎福/金東柱 옮김. 『臨官政要』 乙酉文庫 133. 서울: 乙酉文化社, 1974.

梁翊煥 編. 『百牧講演』 第1集. 서울: 奎文名, 1976.

오인탁 외 12인. 『기독교교육론』. 서울: 대한기독교교육협회, 1986.

우용제. 『조선후기 교육개혁론 연구』 韓國敎育史庫 연구총서 II. 서울: 교육과학사, 1999.

유영원 외 4인/강만길 외 5인 역. 『한국의 실학사상』 삼성세계사상 31. 서울: 삼성출판사, 1994.

尹絲淳 編. 『정약용』. 서울: 고려대학교출판부, 1990.

———. 『한국의 성리학과 실학』. 서울: 열음사, 1990.

이광일.『사랑의 순교자 손양원 목사의 생애와 사상』. 여천: 손양원목사순교기념사업회, 1999.

______ 엮음.『주 안에서 죽는 자들이 복이 있다』 손양원 목사 설교집 3. 여천: 손양원목사순교기념사업회, 1994.

李基白.『韓國史新論』. 서울: 一潮閣, 1987.

李起春.『한국적 목회신학의 탐구』. 서울: 감리교신학대학교출판부, 1997.

李 蘗/河聲來 옮김.『성교요지』. 서울: 성요셉출판사, 2007.

이덕주.『초기 한국 기독교사 연구』. 서울: 한국기독교역사연구소, 1995.

이성무.『조선을 만든 사람들』. 파주: 청아출판사, 2009.

이성봉.『말로 못하면 죽음으로』. 서울: 생명의 말씀사, 1993.

______.『부흥설교眞髓』. 서울: 聖雲出版社, 1980.

______.『임마누엘 講壇』. 서울: 청암출판사, 1975.

이원설.『이데올로기의 초극』. 서울: 성광문화사, 1977.

이을호 編.『實學論叢』. 광주: 全南大學校出版部, 1983.

______.『茶山經學思想研究』. 서울: 乙酉文化社, 1966.

李章熙.『朝鮮時代 선비 研究』. 서울: 朴英社, 1989.

이종호.『안동선비는 어떻게 살았을까』. 서울: 신원, 2004.

李柱翊 譯編.『蒙養園』. 서울: 도서출판 濯斯, 1999.

이태선.『초기 한국교회 불의 사자 김익두 목사』. 서울: 보이스사, 1993.

이태형.『두려운 영광』. 서울: 포이에마, 2008.

이현웅.『21세기에 다시 본 존 칼빈의 설교와 예배』. 서울: 이레서원, 2009.

張東杓.『朝鮮後期 地方財政研究』 韓國史研究叢書 18. 서울: 國學資料院, 1999.

장승희.『茶山 倫理思想 研究』. 서울: 景仁文化社, 2005.

鄭聖久.『韓國敎會 說敎史』. 서울: 총신대학교출판부, 2000.

丁淳睦.『옛 선비교육의 길』. 서울: 文音社, 1992.

丁若鏞/李乙浩 옮김.『茶山學提要』(上). 서울: 大洋書籍, 1975.

______/茶山研究會 譯註.『譯註 牧民心書』Ⅰ. 서울: 創作과 批評社, 1978.

______/茶山研究會 譯註.『譯註 牧民心書』Ⅳ. 서울: 創作과 批評社, 1984.

______/茶山研究會 譯註.『譯註 牧民心書』Ⅵ. 서울: 創作과 批評社, 1985.

———/다산연구회 편역. 『정선 목민심서』. 파주: 창비, 2007.

정옥자. 『(우리가 정말 알아야 할) 우리 선비』. 서울: 현암사, 2003.

정장복. 『설교 사역론』. 서울: 대한기독교서회, 1990.

———. 『설교학 서설』. 서울: 엠마오, 1993.

———. 『한국 교회의 설교학 개론』. 서울: 예배와 설교 아카데미, 2006.

정출헌 외 3인. 『고전문학사의 라이벌』. 서울: 한겨레출판, 2006.

丁熙淑. 『丁若鏞의 社會敎育思想』. 서울: 培英社, 1987.

趙善出 編. 『說敎者必携』. 서울: 大韓基督敎書會, 1954.

趙興胤. 『한국문화론』. 서울: 東文選, 2001.

주기철/KIATS 엮음. 『주기철: 한국 기독교 지도자 강단설교』. 서울: 홍성사, 2008.

주요한 編. 『島山全書』. 서울: 삼중당, 1963.

차종순. 『애양원과 손양원 목사』. 광주: 삼화문화사, 2005.

千寬宇 외 8인. 『朝鮮實學의 開拓者 10人』 新丘文庫 16. 서울: 新丘文化社, 1974.

최병철. 『공자가 살아야 나라가 산다』. 서울: 시아출판사, 1999.

탁준호. 『영원한 스승 한경직 목사』. 서울: 대광고등학교, 2000.

태학지번역사업회 역저. 『국역 태학지(太學志)』 상. 서울: 成均館, 1994.

——— 역저. 『국역 태학지(太學志)』 하. 서울: 成均館, 1994.

한경직. 『참 목자상』. 서울: 규장문화사, 1987.

한국고문서학회 엮음. 『조선 시대 생활사』. 서울: 역사비평사, 2006.

韓國敎會史學會 編. 『朝鮮예수敎長老會史記』 下卷. 서울: 연세대학교출판부, 1968.

한국교회순교자기념사업회 편. 『주기철 설교집』. 서울: 엠마오, 1988.

한국역사연구회 조선시기 사회사 연구반. 『조선은 지방을 어떻게 지배했는가』 대우학술총서 477. 서울: 아카넷, 2000.

한도현 외 4인. 『유교의 예와 현대적 해석』. 서울: 청계출판사, 2004.

한영우. 『한국선비지성사』. 파주: 지식산업사, 2010.

韓完相. 『民衆과 社會』. 서울: 종로서적, 1980.

韓㳓劤 외 13인. 『丁茶山硏究의 現況』 대우학술총서 · 茶山學硏究 1. 서울: 民音社, 1986.

한형조. 『왜 조선 유학인가』. 파주: (주)문학동네, 2008.

허 균/김원우 옮김. 『청빈의 즐거움』. 서울: 솔출판사, 1998.

허순길. 『개혁주의 설교학』. 서울: 기독교문서선교회, 1996.

호사카 유지. 『조선 선비와 일본 사무라이』. 파주: 김영사, 2007.

## Ⅴ. 서양 서적

Achtemeier, Elizabeth/차호원 옮김. 『창조적인 설교』. 서울: 소망사, 1986.

Aristote/이종오 옮김. 『수사학』Ⅱ. 서울: 리젬, 2007.

Aristotle. *The Art of Rhetoric*. London: Pinguin Books, 1991.

Augustinus, Aurelius/성염 역주. 『그리스도교 교양』 제4권. 왜관: 분도출판사, 1989.

Babin, Pierre. *L'ère de la communication*. Translated by David Smith. *The New Era in Religious Communication*. Minneapolis: Fortress Press, 1991.

Barth, Karl/朴根遠 옮김. 『說教學 原講』. 서울: 展望社, 1981.

Baumann, J. Daniel. *An Introduction to Contemporary Preaching*. Grand Rapids: Baker, 1981.

Baxter, Richard. *The Reformed Pastor*. New York: The American Tract Society, 1829.

Benedictus/이형우 옮김. 『베네딕도 수도 규칙』. 왜관: 분도출판사, 1991.

Blackwood, Andrew. *The Fine Art of Preaching*. New York: Macmillan, 1952.

Bonhoeffer, Dietrich. *Gemeinsames Leben*. München: Chr. Kaiser Verlag, 1939.

______. *Wer ist und wer war Jesus Christus?: Seine Geschichte und sein Geheimnis*. Translated by John Bowden. *Christ the Center*. New York: Harper & Row, 1966.

______ /孫奎泰 옮김. 『基督敎倫理』. 서울: 大韓基督敎書會, 1982.

______ /허혁 옮김. 『나를 따르라』. 서울: 大韓基督敎書會, 1965.

Bounds, Edward M. *Power Through Prayer*. Grand Rapids, MI: Christian Classics Ethereal Library, 2000.

Branson, Roy L./박광철 옮김. 『나는 설교자로 부름 받았는가?』. 서울: 생명의 말씀사, 1996.

Broadus, John A. *A Treatise on the Preparation and Delivery of Sermons.* New York: A. C. Armstrong and Son, 1887.

Brooks, Phillips. *Lectures on Preaching.* London: Allenson, 1877.

Buber, Martin/金天培 옮김. 『나와 너』. 서울: 大韓基督教書會, 1973.

Buttrick, David/김운용 옮김. 『시대를 앞서가는 설교』. 서울: 요단출판사, 2002.

Buttrick, George A. *Jesus Came Preaching: Christian Preaching in the New Age.* New York: Scribner's Sons, 1931.

Calvin, John. *Institutes of the Christian Religion* Vol. III. Philadelphia: Philip H. Nicklin, 1816.

Campbell, Charles L. *Preaching Jesus: New Directions for Homiletics in Hans Frei's Postliberal Theology.* Grand Rapids: Eerdmans, 1997.

Chartier, Myron R. *Preaching as Communication: An Interpersonal Perspective.* Nashville: Abingdon, 1981.

Clark, Charles Allen/高麗偉 옮김. 『講道學』. 京城: 耶蘇教書會, 1932.

Clinebell, Howard J./오성춘 옮김. 『牧會와 地域社會』. 서울: 大韓基督教出版社, 1984.

Clowney, Edmund/유재갑 옮김. 『목회소명』. 서울: 생명의 말씀사, 1982.

Craddock, Fred B./김운용 옮김. 『권위 없는 자처럼』. 서울: 예배와 설교 아카데미, 2003.

Cremona, Carlo/성염 옮김. 『성아우구스티누스傳』. 서울: 성바오로출판사, 1992.

Dargan, Edwin Charles. *A History of Preaching* Vol. I. New York: A. C. Armstrong & Son, 1905.

———. *A History of Preaching* Vol. Ⅱ. New York: Hodder & Stoughton, 1905.

———. *The Art of Preaching in the Light of its History.* New York: Doran, 1922.

Demaray, Donald E. *An Introduction to Homiletics.* Grand Rapids, Michigan: Baker Book House, 1990.

Dodd, C. H. *The Apostolic Preaching and Its Developments.* New York: Harper & Row, 1964.

Farmer, Herbert H. *The Servant of the Word.* New York: Charles Scribner's Sons, 1942.

Forsyth, P. T. *Positive Preach and Modern Mind.* New York: A. C. Armstrong & Son, 1907.

Gladden, Washington. *The Christian Pastor and the Working Church.* Edinburgh: T. & T. Clark, 1901.

Goddard, Donald. *The Last Days of Dietrich Bonhoeffer.* New York: Harper & Row, 1976.

Godsey, John D./유석성, 김성복 옮김. 『디트리히 본회퍼의 신학』. 서울: 대한기독교서회, 2006.

Guinness Os. *The Call: Finding and Fulfilling the Central Purpose of Your Life.* Nashville: Word Publishing, 2003.

Heisler, Greg. *Spirit-Led Preaching: The Holy Spirit's Role in Sermon Preparation and Delivery.* Nashville: B&H Publishing, 2007.

Hippolytus/이형우 역주. 『사도전승』. 왜관: 분도출판사, 2005.

Howe, Reuel L. *Partners in Preaching: Clergy and Laity in Dialogue.* New York: Seabury, 1967.

Johnson, Gerald/추연수 옮김. 『(설교학) 말씀선포』. 서울: 기독교문서선교회, 1994.

Kempis, Thomas Á. *De Imitatione Christi.* Translated by Richard Whitford. *The Imitation of Christ.* Mt. Vernon: Peter Pauper Press, 1872.

Kennedy, Gerald/白理彦 옮김. 『說敎의 理論과 實際』. 서울: 大韓基督敎書會, 1985.

Kern, John A./白南奭 옮김. 『敎衆에 對한 職務(講道學 講演)』. 京城: 朝鮮耶敎書會, 1926.

Kinlaw, Dennis F./정일오 옮김. 『성령과 설교』. 서울: 기독교문서선교회, 1995.

Lewis, Peter/서창원 옮김. 『청교도 목회와 설교』. 서울: 청교도신앙사, 2002.

Lischer, Richard/정장복 옮김. 『설교신학의 8가지 스펙트럼』. 서울: 예배와 설교 아카데미, 2008.

Lloyd-Jones, D. M. *Preaching & Preacher.* Grand Rapids: Zondervan, 1971.

Lohfink, Gerhard/정한교 역. 『예수는 어떤 공동체를 원했나?』. 왜관: 분도출판사, 2005.

Long, Thomas G. *The Witness of Preaching.* Louisville, Kentucky: Westminster / John Knox Press, 1989.

Luther, Martin. *Tischreden.* Translated by William Hazlitt. *The Table Talk of Martin Luther.* London: Bell & Daldy, 1872.

Marty, Martin E./정준기 옮김. 『청중과 함께하는 설교』. 서울: 대학생성경읽기선교회, 1989.

McCheyne, Robert Murray. *The Life and Remains, Letters, Lectures and Poems of the Rev. Robert Murray.* New York: Robert Carter, 1860.

McDill, Wayne. *The Moment of Truth: A Guide to Effective Sermon Delivery.* Nashville: Broadman & Holman, 1999.

Messer, Donald E./이면주 역. 『새 시대 새 목회』. 서울: 기독교대한감리회홍보출판국, 1997.

Miller, Calvin. *The Empowered Communicator: 7 Keys to Unlocking an Audience.* Nashville: Broadman & Holman, 1994.

Moxon, T. Allen. *St. Chrysostom On the Priesthood.* New York: E. S. Gorham, 1907.

Murphy-O'Connor, Jerome. *Paul on Preaching.* New York: Sheed and Ward, 1963.

Oates, Wayne E. *The Christian Pastor.* Philadelphia: Westminster Press, 1946.

Oden, Thomas C. *Pastoral Theology: Essentials of Ministry.* San Francisco: Harper & Row, 1983.

Perkins, William/채천석 옮김. 『설교의 기술과 목사의 소명』. 서울: 부흥과 개혁사, 2007.

Pieterse, H. J./정창균 옮김. 『설교의 커뮤니케이션』. 수원: 합동신학대학원, 2002.

Pollard, Frank. *The Preaching Pastor.* United States, 2003.

Rhodes, Harry A. ed. *History of the Korea Mission: Presbyterian Church U. S. A.* Vol. 1. 1884-1934. Seoul: PCKDE, 1984.

Ritschl, Dietrich/손규태 옮김. 『說敎의 神學』. 서울: 대한기독교서회, 1990.

Robinson, Haddon and Larson, Craig Brian. *The Art and Craft of Biblical Preaching.* Grand Rapids: Zondervan, 2005.

Robinson, J. A. T. *Honest to God.* Philadelphia: The Westminster Press, 1963.

Rordorf W.-A. Tuilier/정양모 역주. 『열두 사도의 가르침: 디다케』 교부문헌총서 7. 왜관: 분도출판사, 1993.

Schaff, Philip. *History of the Christian Church* Vol. Ⅲ. Grand Rapids: Eerdmans, 1910.

______. *History of the Christian Church* Vol. Ⅷ. Grand Rapids: Eerdmans, 1910.

______. ed. *NPNF2-10. Ambrose: Selected Works and Letters.* Grand Rapids, MI: Christian Classics Ethereal Library, 2004.

Skudlarek, William. *The Word in Worship: Preaching in a Liturgical Context.* Nashville: Abingdon, 1981.

Spann, J. R. ed. *The Ministry*. New York: Abingdon-Cokesbury, 1949.

Spurgeon, C. H. *An All-Round Ministry: Addresses to Ministers and Students*. London: Banner of Truth , 1960.

______. *Lectures to My Students: A Selection from Addresses Delivered to the Students of the Pastors' College, Metropolitan Tabernacle*. London: Passmore and Alabaster, 1875.

______. *C. H. Spurgeon the Early Years 1834-1859*. London: Banner of Truth, 1962.

______. *The Autobiography of Charles H. Spurgeon Vol. 1. 1834-1854*. Chicago: Fleming H. Revell, 1898.

Stauffer, Richard/박건택 편역. 『칼빈의 설교학』. 서울: 나비, 1990.

Stott, John R. W. *Between Two Worlds: The Art of Preaching in the Twentieth Century*. Grand Rapids: Eerdmans, 1982.

______. *I Believe in Preaching*. London: Hodder & Stoughton, 1988.

______. *The Preacher's Portrait: Some New Testament Word Studies*. Grand Rapids: Eerdmans, 1961.

Thielicke, Helmut/沈一燮 옮김. 『現代教會의 고민과 說教』. 서울: 大韓基督教出版社, 1982.

Traill, Robert. *Select Practical Writings of Robert Traill*. Edinburgh: John Greig, 1845.

Turnbull, Ralph G. ed. *Baker's Dictionary of Practical Theology*. Grand Rapids: Baker, 1976.

Webber, Robert E. *God Still Speaks: A Biblical View of Christian Communication*. Nashville: Nelson, 1980.

Willimon, William H. *Integrative Preaching: The Pulpit at the Center*. Nashville: Abingdon, 1981.

## Ⅵ. 논문

權文奉. "傳統的 선비精神에 대한 一考察." 「한문교육연구」 No. 23 (2004), 185-218.

盧相浯. "韓國 傳統思想을 通한 선비精神研究." 「부산교육대학 논문집」 Vol. 23, No. 1 (1987).

朴東玉. "목민심서에 나타난 다산의 서학사상." 「聖心論文集」 第26輯 (1994), 129-152.

박동준. "韓國 教師像으로서의 專門職的 선비에 관한 適合性 考察." 「韓國教師教育」 Vol. 15, No. 2 (1998), 1-23.

윤사순. "16세기 조선 유교사회와 竹川(朴光前)의 선비정신." 「退溪學과 韓國文化」 Vol. 32 (2003), 1-24.

주승중. "한국교회의 예배, 설교의 위기." 「教會와 神學」 제50호 (2002), 12-22.

崔淳姬. "茶山 丁若鏞이 본 農民生活 및 그의 改善策-牧民心書를 中心하여-." 「史學志」 第7輯 (1973), 73-117.

한숭홍. "21세기 교회가 요구하는 지도자상." 「教會와 神學」 제31호 (1997), 60-77.

## Ⅶ. 학위 논문

朴奉柱. "茶山의 牧民心書를 통한 現代公職腐敗의 改善方案에 관한 研究." 석사학위논문, 충남대학교 대학원(2002).

이명례. "한국 근현대시의 선비정신 연구." 박사학위논문, 청주대학교 대학원(2001).

## Ⅷ. 정기간행물

孔韋亮. "牧師의 思想的 生活." 「神學指南」 4권 1-4호 (1919. 1), 82-94.

곽안련. "讀書." 「神學指南」 81권 17-3호 (1935. 5), 54-59.

______. "牧師의 體鏡." 「神學指南」 1권 1-1호 (1918. 3), 140-152.

______. "牧師의 體鏡." 「神學指南」 2권 1-2호 (1918. 7), 148-151.

______. "牧師의 體鏡." 「神學指南」 3권 1-3호 (1918. 11), 139-140.

그라넬. "새로 委任한 牧師의 하지 아니할 일." 「神學指南」 90권 18-6호 (1936. 11), 38-39.

길보른(吉寶崙). "교역쟈(教役者)의 무구(武具)." 「활천」 51호 (1927. 2), 1-3.

金種宇. "成功하는 教役者." 「神學世界」 24권 2호 (1939. 4).

金熙寶. "牧會現場에 첫 出發하는 자에게." 「月刊牧會」 (1978. 4), 33-34.

南宮爀. "牧會의 眞精神." 「神學指南」 59권 13-5호 (1931. 9), 2-5.

南大理. "牧師體鏡." 「神學指南」 4권 1-4호 (1919. 1), 134-135.

盧解理. "牧師의 體鏡." 「神學指南」 2권 1-2호 (1918. 7), 152-155.

리사장(理事長). "교역자 이동에 대한 곤난." 「활천」 222호 (1941. 6).

明信弘. "教役者의 倫理." 「神學指南」 134권 33-3호 (1966. 9), 9-13.

文昌權. "나의 初期 牧會時節을 되돌아본다." 「月刊牧會」 (1978. 4).

박종렬. "종탑보다 높아져야 할 설교자의 인격." 「그말씀」 通卷2號 (1992. 9), 98-109.

방지일. "教會는 隱退教役者를 爲해 무엇을 해야 하나." 「月刊牧會」 通卷13號 (1977. 9), 39-43.

白南奭 譯. "説教學." 「神學世界」 第八卷 第二號 (1923. 3), 36-49.

백수복 외 5인. "한국의 무디 이성봉 목사 탄생 100 주년기념: 이성봉 목사 탄생 100 주년기념 좌담회" 「활천」 550호 (2000. 4), 13-16.

버렬, 제임스. 郭安連 譯. "講道學." 「神學指南」 3권 1-3호 (1918. 11), 74-93.

보아스. "成功的 教役의 要素." 「神學世界」 第九卷 第一號 (1924. 2), 48-54.

宋昌根. "牧師의 私生活論." 「神學指南」 80권 17-2호 (1935. 3), 48-52.

梁柱三. "現代教會가 要求하는 教役者." 「神學世界」 十七卷 第六號 (1932. 11).

옥한흠. "한국교회 강단에 바란다: 설교를 바로 하는 것과 잘 하는 것." 「그말씀」 通卷1號 (1992. 8), 18-23.

尹斗煥. "나는 隱退教役者입니다." 「月刊牧會」 通卷13號 (1977. 9), 44-46.

李聖鳳. "全國復興事業의 任命을 받고." 「活泉」 第十六卷 第二號 (1938. 2).

______. "復興事業巡廻略報." 「活泉」 第十六卷 第三號 (1938. 3).

印魯節. "講道에 熱誠." 「神學指南」 6권 2-2호 (1919. 7), 85-87.

一記者. "勸懲과 祈禱." 「神學指南」 54권 12-6호 (1930. 11), 28.

정옥자. "조선 시대 선비의 선비 정신." 「寒碧文叢」 第七號 (1998. 5), 86.

鄭一亨. "朝鮮監理敎敎役者論." 「神學世界」 제24권 제3호 (1939. 6), 41-47.

丁種休. "茶山의 牧民精神." 「茶山學報」 (1979. 12), 30-31.

정장복. "설교사역에 있어서 영성의 위치." 「基督敎思想」 통권334호 (1986. 10), 189-199.

______. "신학과 현장." 「실천신학」 창간호 (1997. 9), 4-7.

______. "最初의 說敎神學者 Augustine의 說敎理論에 關한 考察 (2)." 「長神論壇」 제16집 (2000. 12), 462-492.

교역자포럼, 뉴스앤조이 공동포럼 자료집 「설교의 복제와 표절문화, 어떻게 할 것인가?」 (2001. 6), 16-17.

## Ⅸ. 백과사전, 신문

백재찬. "신행일치 예배회복 가장 시급한 과제." 「국민일보」 2007. 6. 16.

주기철. "牧師職의 榮光." 「基督申報」 1936. 5. 13.

차종순. "손양원, 그는 누구인가?." 「韓國基督公報」 2010. 12. 4.